P. LÉOPOLD DE CHÉRANCÉ

JEANNE D'ARC

l'Héroïne

5ᵉ Centenaire de sa Naissance

ANGERS
J. SIRAUDEAU
ÉDITEUR

IMPRIMATUR :

Angers, le 21 Novembre 1911.

† JOSEPH,
Évêque d'Angers.

OUVRAGES DU MÊME AUTEUR

Saint François d'Assise. — In-8° illustré (Plon)........	4 f.	»
In-12 (Poussielgue), 7° édition.................	2	50
Saint Antoine de Padoue, d'après les documents primitifs. — In-12 (Poussielgue).........................	2	»
Sainte Marguerite de Cortone. — In-8° illustré (Plon)..	10	»
In-12 (Poussielgue), 4° édition.................	1	75
Saint Bonaventure. — In-12 (Poussielgue).............	1	50
Sainte Claire d'Assise. — (Poussielgue) 3° édition......	1	50
Saint Léonard de Port-Maurice. — (Poussielgue)......	1	50
Bienheureuse Jeanne-Marie de Maillé. — (Poussielgue).	2	»
Édition de luxe................................	3	»
Bienheureux Christophe de Cahors. — (Poussielgue)..	1	25
Nos martyrs (1789-1799). — (Poussielgue).............	2	50
Le Directoire des Supérieures. — (Poussielgue).......	1	»
Jeanne d'Arc, la Libératrice de la France. — In-8° illustré (Cattier ; Tours)..	3	50
Jeanne d'Arc, l'Héroïne. — In-16 colombier, orné des peintures de Lenepveu et de vignettes (Siraudeau, Angers)......	2	50

DÉPÔT GÉNÉRAL : **Librairie Saint-François**
rue Cassette, 4, **Paris** (vi°).

Lettre de Sa Grandeur Mgr RUMEAU

Angers, *le 21 novembre 1911.*

MON RÉVÉREND PÈRE,

Le succès de votre Jeanne d'Arc *vous a donné la pensée d'offrir au public, et particulièrement à la jeunesse, une édition populaire de ce bel ouvrage, avec un texte soigneusement revu et mis au point. Le format plus commode, les gravures dont il est embelli, le prix plus accessible favoriseront sa diffusion.*

Le simple exposé des faits est le plus magnifique éloge de l'héroïne; il est aussi la plus éclatante démonstration du caractère surnaturel de sa mission; et n'est-ce pas la meilleure réponse qu'il

convient d'opposer à tous ceux qui ne veulent pas recon-
naître l'intervention divine dans les destinées de la
France ?

Qu'il aille donc, ce bon livre, multipliant ses lecteurs,
surtout parmi les jeunes! Il fixera dans leur admiration
et dans leur amour le plus pur modèle du patriotisme
et de la foi.

Veuillez agréer, mon Révérend Père, avec mes félici-
tations, l'assurance renouvelée de mon affectueux dévoue-
ment.

† JOSEPH,

Évêque d'Angers.

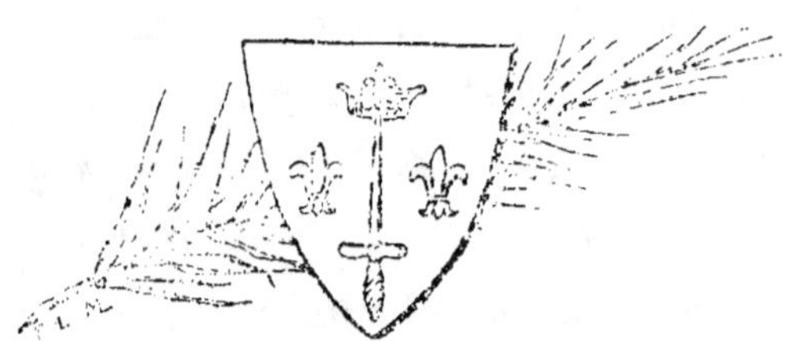

LETTRE-PRÉFACE

Mon Révérend Père,

Saint Bernard disait qu'on ne parlerait jamais assez de la Vierge Marie. Tous les bons chrétiens sont dans ce sentiment. Les bons Français, de même, estimeront tous qu'on ne saurait trop parler de Jeanne d'Arc, qui fut envoyée de Dieu, il y a cinq siècles, pour être chez nous le bouclier de la foi et le salut de la patrie : *ad tuendam fidem ac patriam* (1). Aussi chez nous, — et la constatation est très touchante, — dès que l'on exalte son nom, ni les auditeurs ne manquent aux prédicateurs et aux conférenciers, ni les lecteurs à ses biographes. Orateur, vous avez parlé d'elle plus d'une fois ; et vous devenez aujourd'hui son historien.

(1) Oraison de la messe pour la fête de Jeanne d'Arc.

Soyez-en béni et remercié. Vous aurez des lecteurs très dévots et très nombreux.

Comme son maître Jésus-Christ, et toute proportion gardée, Jeanne d'Arc est « un signe en butte à la contradiction : *in signum cui contradicetur* (1). » Pourquoi ? Parce qu'elle fut, selon la naïve et juste expression de ses contemporains, « vrai miracle et messaige (2) de Dieu ». On est donc pour ou contre elle, suivant qu'on est pour ou contre Dieu, suivant qu'on admet ou qu'on rejette le surnaturel dans l'histoire. Pour elle, en plus, la question religieuse s'est compliquée gravement d'une querelle politique, et nous savons, par expérience, de quelles ombres la politique sait obscurcir la vérité. Ce qui fait que, parmi les historiens de Jeanne d'Arc, on peut distinguer comme trois écoles.

L'École anglaise, naturellement. Elle date du procès de Rouen, et elle relève de Pierre Cauchon, l'indigne évêque de Beauvais, qui mena si bien le procès au compte de l'Angleterre. Cauchon et l'Université de Paris, par le ministère de Thomas de Courcelles, l'âme damnée de Cauchon, furent les premiers historiens de Jeanne. Pour eux et pour les Anglais, qui n'avaient d'autre but que de déshonorer Charles VII, en déshonorant sa Libératrice, Jeanne n'a aucun héroïsme, ni humain ni divin : elle est sorcière, hérétique, apostate, relapse..... Pourtant elle fut si grande et si belle, que l'éclat de ses vertus et de sa raison droite et saine, en dépit de l'habileté des

(1) Luc, c. II, v. 34.
(2) Envoyé, ange.

juristes faussaires, rayonne à travers tout le maquis de la procédure qu'ils ont si laborieusement enchevêtré.

École anglaise, toute guidée par la politique sous couleur de religion. Elle devait s'éteindre, on peut dire qu'elle s'est éteinte chez nous après le procès de réhabilitation terminé en 1456. Sans doute, elle résista longtemps en Angleterre. Mais aujourd'hui, l'Angleterre n'a plus le même bandeau sur les yeux : elle rend justice à notre héroïne, à la patriote et à la sainte française qu'elle loue d'avoir combattu pour son pays.

J'ai dit que le procès de réhabilitation lui porta, en France, un coup mortel. Cependant où rangerons-nous Voltaire qui appelait Jeanne « une malheureuse idiote » et « une servante de cabaret », et son fidèle disciple, Anatole France, pour qui Jeanne n'est qu'*une hallucinée*, une pauvre fille relevant de la clinique pathologique ? Ils ont l'esprit de Pierre Cauchon et de l'École anglaise.

L'École française. Volontiers je la ferais remonter aux docteurs de Poitiers, qui rendirent si bon témoignage à Jeanne ; à Christine de Pisan, qui la salua poétiquement et fortement ; et à Jean Gerson lui même qui répondait en 1429, consulté sur le caractère de la Pucelle et de ses exploits : « Le doigt de Dieu est là ! » Toutefois, c'est au procès de 1455-1456 qu'il convient de la rattacher. De cette enquête, instituée par Calixte III à la prière d'Isabelle Romée et conduite par des évêques français à la lumière de tous les témoignages contemporains, se dégagea une figure d'une netteté merveilleuse et d'une scrupuleuse vérité : la villageoise modeste, la

guerrière inspirée, la vierge chrétienne, la martyre, retrouva
son auréole, et son héroïsme resplendit à tous les yeux non
prévenus. Ainsi l'ont vue l'historien Méseray, frère du Bien-
heureux J. Eudes, le P. Daniel, Bossuet, Chateaubriand,
Barante. Ainsi l'ont vue, surtout parce qu'ils ont eu recours
aux sources, quatre érudits français : Edmond Richer, docteur de Sorbonne, dans son *Histoire de la Pucelle d'Orléans*
(1625-1630), manuscrit qui mériterait de voir le grand jour de
l'impression ; Lenglet-Dufresnoy, dans son *Histoire de
Jeanne d'Arc* (1753-1754) ; François de l'Averdy (1790) ; Le
Brun des Charmettes (1817). Tous les quatre ont écrit en vrais
historiens, rendant à Jeanne le témoignage le plus compétent
et le plus autorisé.

On dira peut-être : « Ils sont, dans l'espace de quatre
siècles, si peu nombreux, et leurs noms, en somme, ont si
peu d'éclat ! » Assurément. Mais ils ont maintenu l'honneur
de la science française ; ils ont continué, dans cette longue
période où Jeanne sembla presque oubliée, la tradition
qu'avait établie le jugement de l'Église en 1456 et qu'ont
renouée brillamment les Wallon, les Marius Sepet, les Ayroles,
les Debout et, entre tous, M. le chanoine Dunand, dont les
essais critiques ont dissipé les dernières ombres qui planaient
sur la vie de notre héroïne... Le 6 janvier 1904 et le
18 avril 1909, l'Église catholique, en proclamant l'héroïcité
des vertus de Jeanne, puis en la plaçant parmi les Bienheu-
reux, mettait le sceau suprême aux travaux de l'École française.

Il est vrai que ce fut la publication de deux procès, faite

par les soins de la *Société de l'Histoire de France* et confiée
à J. Quicherat (1841-1849), qui provoqua ce grand mouvement
d'études au sujet de la Pucelle. Mais quoi ? Il s'agissait de se
prononcer pour ou contre le surnaturel. Et le même fait, qui
rendait possible ou du moins accéléra la béatification de
Jeanne d'Arc, amena, d'autre part, l'éclosion d'une troisième
école que M. le chanoine Dunand, avec un peu de malice et
une grande raison, nomme l'*École franco-anglaise*.

École *franco-anglaise*, en effet, celle de Michelet et de
H. Martin dans leur *Histoire de France*, et de J. Quicherat
dans ses *Aperçus nouveaux* (1850). Pour eux, et pour
d'autres qui n'admettent pas le surnaturel, Jeanne d'Arc fut,
à Domrémy, à Vaucouleurs, à Chinon, à Poitiers, à Orléans,
à Patay, à Reims, à Paris, en un mot jusqu'à la trahison de
Compiègne, la plus vaillante des Françaises ; pour un peu, ils
diraient que l'amour de son cœur a créé chez nous la patrie ;
en quoi ils se montrent Français. Mais à partir de la captivité,
ils changent de ton et reprennent le programme de l'École
anglaise. P. Cauchon, à leur sens, a fait un procès d'une
forme irréprochable, dont le texte est au-dessus de tout soup-
çon et dont la valeur juridique ne doit pas être discutée ; de
l'autre procès, fait par l'Église, on ne pourrait en dire autant !
Au cimetière de Saint-Ouen, le 24 mai 1429, Jeanne abjura ;
elle renia ses visions et ses voix. Héroïne de génie, elle a été
enfermée quand même, et pour toujours, « dans le buisson
fleuri des légendes ! » L'Église l'avait jugée, à Rouen, et
l'avait fait brûler. L'Église l'a réhabilitée ; mais en réhabili-

tant sa victime, l'Église s'est déjugée..... ! Voilà les doctrines
propagées, ouvertement ou timidement, par cette École.

Je n'ai pas besoin d'apprendre à vos lecteurs, mon Révérend
Père, à quelle Ecole vous appartenez. Ils n'ont qu'à feuilleter
les premières pages pour le savoir. Tout de suite ils s'aper-
cevront que vous avez puisé aux sources les plus pures. Aux
calomnies de l'Ecole anglaise, aux préjugés et aux erreurs de
l'Ecole franco-anglaise, vous opposez l'histoire vraie, écrite
sans polémique ni esprit de parti, d'après les documents
authentiques, c'est-à-dire les deux procès et les chroniqueurs
contemporains de la Pucelle. F. Brunetière a écrit justement :
« La critique est l'âme de l'histoire. » Elle est l'âme de votre
livre.

Mais votre critique n'a rien de desséchant ni de morose.
Elle n'a point banni de vos pages la piété tendre, la fraîcheur
d'imagination, la douceur et l'harmonie du ton, qui éclatent
dans *Saint François d'Assise*, dans *Sainte Marguerite
de Cortone* et dans combien d'autres ouvrages. Vos nombreux
lecteurs, dont vous avez fait autant d'amis, vous suivront
avec charme dans ce nouveau travail où se déroule toute
la vie de Jeanne d'Arc : de son enfance à son bûcher, et du
bûcher jusqu'à l'autel. Gravure en taille douce, qui ne dépa-
rera pas vos autres œuvres, et qui aura sa place dans l'im-
mense galerie de portraits, petits ou grands, où nous essa-
yons d'exprimer celle qui fut la toute bonne, la toute humble,
la toute vaillante et la toute sainte, vraie fille de France et
vraie fille de Dieu !

Veuillez agréer, mon Révérend Père, avec tous mes compliments et tous mes vœux pour le succès de votre œuvre, l'hommage de mon affectueux respect.

Alexis CROSNIER,

*Chanoine honoraire, Directeur de l'enseignement libre
et des œuvres de jeunesse, au diocèse d'Angers.*

A NOS LECTEURS

Un tournoi littéraire qui fit grand bruit dans le monde savant, au xviie siè-cle, nous offre en miniature l'image de la bataille qui n'a cessé, depuis cinq cents ans, de se livrer autour du nom de Jeanne d'Arc. Un protestant appelé Rivet, ancien professeur à l'Université de Leyde, avait insinué que rien ne prouvait que la Pucelle eût gardé, fraîche et inviolée, au cours de ses campagnes, la fleur de sa virginité. Une femme alors célèbre dans la société précieuse, Mlle de Scudéry, entreprit de laver la mémoire de la jeune guerrière de ce qu'elle considérait comme une erreur et une injure, et composa à cet effet un chaleureux plaidoyer qui mérita les suffrages de l'académicien Conrart, « juge du camp ». Nous en détachons quelques phrases, celles qui forment comme le résumé de sa thèse.

« La chasteté est la véritable vertu des femmes, comme la valeur est celle des hommes. — Il est aisé de voir que la mission de Jeanne lui avait été donnée du ciel et que sa vertu était sans tache. — Je voudrais bien savoir pourquoi le consentement de tous les peuples a nommé Jeanne d'Arc la *Pucelle d'Orléans*, et non pas l'*Héroïne* ou la *Libératrice*. C'est, si ma raison ne m'abuse, parce qu'elle était encore plus chaste que guerrière et que cette vertu l'emporte sur celle qu'elle possédait, quoiqu'on peut dire qu'elle les possédait toutes éminemment. — Cette chaste fille était l'ornement de son siècle et la gloire de son sexe (1). »

Dans cet éloge et ces conclusions, Mlle de Scudéry n'innovait pas ; elle se faisait simplement l'écho, un écho plus sonore, des traditions nationales et des enseignements de l'École française. Elle ne démontrait pas la sainteté de l'héroïne, et elle ne le pouvait pas. Les preuves de cette sainteté existaient bien quelque part, tout près d'elle, dans les deux procès de condamnation et de réhabilitation, mais enfouies dans la poussière des bibliothèques et ignorées même des historiens, même des érudits. Ce n'est que vers le milieu du XIXe siècle que ces pièces officielles ont été découvertes et publiées (1840-1850). A la *Société de l'Histoire de France* revient l'honneur

----

(1) *Un tournoi de trois pucelles en l'honneur de Jeanne d'Arc* (Paris, Picard ; 1878).

de cette initiative ; à Jules Quicherat, le mérite d'avoir
déchiffré ces vieux manuscrits, comparé les textes, annoté
les passages difficiles, reproduit la minute française d'après
le manuscrit de D'Urfé, et enrichi ces deux procès des chroniques contemporaines qui en sont comme le commentaire.

La publication des deux procès a été le point de départ d'un
vaste mouvement en faveur de Jeanne d'Arc. C'est de leur
lecture qu'a jailli dans le cœur de Mgr Dupanloup la pensée
d'introduire en cour de Rome la cause de la Pucelle. C'est de
ce texte que se sont inspirés, dans leurs dépositions, les
hommes distingués entendus à Orléans par la commission
diocésaine : Godefroy Kurth, Baguenault de Puchesse,
Georges Goyau, de la Rocheterie. C'est à ces sources d'une
autorité incontestable que les juges de Rome ont puisé leurs
arguments pour réfuter toutes les objections. C'est là également que nous avons cherché, à notre tour, la lumière sur
l'enfance de la petite paysanne meusienne, la base du récit
de ses victoires et de ses épreuves, la solution des difficultés
soulevées par les relations mensongères de ses bourreaux,
en un mot tous les éléments d'un portrait que nous voudrions
digne de l'incomparable héroïne et sainte qu'est Jeanne d'Arc.

« L'histoire n'invente pas ; elle raconte. »

Ce principe de saine critique nous a dirigé dans toutes nos
recherches, dans toutes nos appréciations. Notre ouvrage
n'est ni un livre de polémique ni un panégyrique. Nous
estimons que le simple exposé des faits, qu'ils dépassent ou
non les forces de la nature, constitue le plus magnifique
éloge de l'héroïne ; et nous avons tracé ces pages, avec amour,

sans nous préoccuper de ceux dont Henri Martin a dit : « Ces voix du ciel qui parlaient si haut à Jeanne, il y a des âmes qui ne savent jamais les entendre, lors même que la sainte parole éclate en merveilles (*Histoire de France*, t. **VI**, p. 172). »

P. Léopold de Chérancé,
Missionnaire.

Angers, ce 8 décembre 1911.

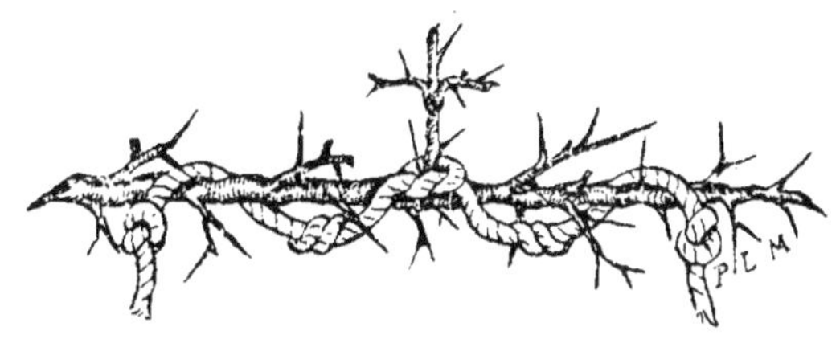

BIBLIOGRAPHIE

Jules QUICHERAT, *Procès de condamnation et de réhabilitation de Jeanne d'Arc* (publication de la Société de l'histoire de France) : 5 volumes in-8° ; Paris. — *Aperçus nouveaux sur l'histoire de Jeanne d'Arc* : in-8° ; Paris. 1850. — *Relation du greffier de la Rochelle :* Orléans, 1879.

Chronique d'Antonio Morosini, publiée par LEFÈVRE-PONTALIS : Paris, Renouard, 1901 ; t. III.

M. J. BELON et Fr. BALME O. P., *Jean Bréhal et la réhabilitation de Jeanne d'Arc :* 1 vol. in-8° ; Paris, Lethielleux, 1893.

Nicolas EYMERIC, *Directorium Inquisitorum :* in-4° ; Rome, 1637.

H. DENIFLE, O. P., *Chartularium Universitatis Parisien. :* 4 vol. in-8° ; Paris, 1897.

Acta Universitatis Parisien. : édition complète, propriété de M. l'abbé Lévesque, prêtre de Saint-Sulpice, Paris.

J.-B. Ayroles, S. J., *La vraie Jeanne d'Arc :* 5 vol., Paris.

Vallet de Viriville, *Chronique de la Pucelle*, d'après les manuscrits : œuvre de Cousinot de Montreuil (Paris, Garnier, 1859). En appendice, p. 363-468, la *Chronique normande* de P. Cauchon.

Edmond Richer, docteur de Sorbonne (xviie siècle), *Histoire de la Pucelle d'Orléans :* manuscrit de 514 feuillets in-folio, recto et verso ; Bibliothèque Nationale, fonds français, cote 10.448.

François de L'Averdy, *Notice et Extraits* des manuscrits de la Bibliothèque du roi : 1790 (*Mémoires de l'Académie des Inscriptions et Belles-Lettres*, t. III).

Mgr H. Debout, *Jeanne d'Arc :* 2 vol. grand in-8° illustrés ; Maison de la Bonne-Presse, Paris, 1905.

Ph. Dunand, *Études critiques sur l'histoire de Jeanne d'Arc :* in-8° ; Toulouse, Privat, 1908.

G. de Beaucourt, *Histoire de Charles VII :* 6 vol. ; Paris, librairie de la Société bibliographique.

Siméon Luce, *Jeanne d'Arc à Domrémy :* Paris ; Champion, 1869.

Lanéry d'Arc, *Le livre d'or de Jeanne d'Arc :* grand in-8° ; Paris, 1894.

Gabriel Hanotaux, *Jeanne d'Arc :* Hachette, 1911.

Etc , etc.

JEANNE D'ARC

CHAPITRE PREMIER

SON ENFANCE

Domrémy, nom connu aujourd'hui des deux mondes, est un petit village perdu dans un pli des Vosges, sur les bords de la Meuse, à l'entrée d'une large et plantureuse vallée qui s'étend jusqu'à Vaucouleurs. Le fleuve y déroule ses eaux paisibles et ombragées de saules, entre deux chaînes de collines aux pentes arrondies, où s'étagent, dans une harmonie douce à l'œil, les prairies, les champs de blé, les vignes et les hautes futaies. C'est là, tout près de l'église paroissiale, dans une chaumière conservée comme une relique, que naquit le 6 janvier 1412, au soir de la fête de l'Epiphanie, la Libératrice de la France, celle que l'histoire appellera *la Pucelle d'Orléans*, les anges, *la fille de Dieu*, l'Église, *la vierge domrémoise* : Jeanne d'Arc.

La France revendique, et avec raison, l'honneur de lui avoir donné le jour. A cette époque, en effet, Domrémy était divisé en deux parties par un ruisseau descendant des hautes fontaines et alimentant le fleuve. La partie sud, rattachée au Barrois mouvant, appartenait à Charles II, duc de Lorraine ; celle du Nord, où commençait la Champagne, relevait directement de nos rois, et c'est sur cette rive que se trouvait la maison qui servit de berceau à notre héroïne (1).

La famille de la future Libératrice était de modeste condition. Son père, Jacques d'Arc, venu de Ceffonds d'après les uns, d'Arc (aujourd'hui Art-sur-Meurthe) d'après les autres (2), et sa mère Isabelle Romée, native de Vouthon, étaient de simples cultivateurs faisant valoir leurs champs et tenant à bail « la forteresse de l'Isle », ancienne habitation des sires de Bourlémont, située à la pointe de l'île formée par les deux bras de la Meuse, et abandonnée depuis que la nièce du dernier seigneur de ce nom, Jeanne de Joinville, avait suivi son époux à la cour ducale de Lorraine (3). Tous deux étaient d'ardents patriotes, tous deux aussi de fervents chrétiens, ayant le sens de leurs devoirs et s'attachant à faire fleurir à leur foyer la

____

(1) « Juxta Lotharingiam » Quicherat, *Procès,* t. V, p. 117). Vers le milieu du xive siècle, Philippe de Valois avait acquis la châtellenie de Vaucouleurs et les villages qui en dépendaient.

(2) V. Léon Dorez, *Les archives du gouvernement à Luxembourg,* p. 9-19.

(3) *Journal de la société d'archéologie lorraine,* janvier et février 1889.

religion non moins que la probité. Dieu bénit leur union en
leur donnant cinq enfants : trois garçons, Jacques (ou Jacque-
min), Jean et Pierre ; et deux filles, Jeanne et Catherine. Les
uns et les autres seront témoins des grands événements que
nous avons à raconter, sauf Catherine qui, mariée de bonne
heure, disparaîtra de la scène de ce monde un peu avant le
départ de sa sœur pour Chinon. Laissons-les dans l'ombre
pour le moment, n'ayant d'autre souci que de mettre en belle
lumière celle dont les hauts faits projettent un rayon de gloire
sur leur visage.

Les origines des personnages célèbres demeurent, comme
la source des grands fleuves, enveloppées d'ombre et de mystère. C'est un attrait de plus pour les esprits curieux, qui les
recherchent avec une opiniâtre avidité, dans l'espoir d'y trouver le prélude de l'avenir. Nous sommes du nombre : remontant aux documents primitifs, nous nous sommes efforcé d'y
recueillir tous les renseignements relatifs à l'enfance et à la
jeunesse de la vierge domrémoise, et nous gardons l'espérance
que nos lecteurs ne seront pas sans bénéficier du fruit de nos
veilles et de nos labeurs.

L'Élue de Dieu fut baptisée dans l'église du village par
Jean Minet, curé de Greux-Domrémy, et reçut le nom de
Jeanne. Parents et amis l'appelleront familièrement Jeannette.
Dès la première heure, au rapport des contemporains, le surnaturel plane sur son berceau. Voici, en effet, ce que relate,
au cours d'une épître qui a la valeur d'un compte-rendu officiel,
le sire de Boulainvilliers, chambellan de Charles VII. « Dans
la nuit qui suivit la naissance de la Pucelle, les habitants de

Domrémy furent saisis d'une indicible allégresse dont la cause leur échappait. Vainement s'interrogeaient-ils les uns les autres à cet égard (1). » Le matin, ils apprirent qu'une fille était née dans la maison de Jacques d'Arc; mais ils n'eurent l'explication du phénomène que vingt ans après.

Les premières années de Jeanne s'écoulèrent, entre son père et sa mère, ses frères et sa sœur, dans le calme, l'innocence et la prière. Isabelle lui forma une conscience droite et délicate, veillant sur ses premiers pas et lui communiquant quelque chose de la robustesse de sa foi, avec la flamme des saints enthousiasmes dont est plein le cœur d'une mère chrétienne. C'est le témoignage que lui rendra hautement sa fille, en face des juges de Rouen : « Toute petite, j'ai appris sur les genoux de ma mère le *Pater*, l'*Ave*, le *Credo* ; c'est d'elle, et non pas d'une autre, que je tiens toute ma créance, et j'ai été dûment enseignée, en tout ce qui est nécessaire aux enfants pour se bien conduire (2). »

Jeanne n'eut point d'autre école que le foyer domestique, ni d'autre science que celle qui s'acquiert par l'audition. Bientôt nous l'entendrons déclarer qu'elle ne sait ni A ni B. Ignorance relative que rachète amplement un rare ensemble de qualités d'esprit et de cœur : un bon sens exquis, une intelligence précocement ouverte aux réflexions sérieuses, une nature expansive qui la rendait aimable à son entourage, et cette distinction de manières qui est le cachet des âmes

____

(1) Lettre de Perceval de Boulainvilliers à Philippe-Marie Visconti, duc de Milan, du 21 juin 1429 : *Procès*, t. V, p. 115.

(2) Jules Quicherat, *ibid*, t. I, p. 47 et 209.

virginales. Elle chérissait toutes ses compagnes et en était
chérie ; deux d'entre elles pourtant étaient ses préférées, Mengette sa voisine et plus encore la petite Hauviette, plus jeune
qu'elle de trois ou quatre ans. Longtemps après, elles se
remémorent encore avec délices ces mille petits riens qui ont
fait le charme de leur enfance ; et lorsqu'elles sont interrogées
au cours du procès de réhabilitation, elles n'ont pas de peine
à retracer le portrait de leur commune amie et nous la dépeignent telle qu'elles l'ont connue : « bonne, simple et douce ;
foncièrement imbue de l'idée chrétienne ; très dévote, trop
dévote pour nous », ajoute naïvement la plus âgée, Mengette (1).

Elles ne se trompent pas : la piété, une piété suave,
embaumante et comme innée, forme, en effet, le trait saillant
de la physionomie morale de Jeanne. La Lorraine et la
Champagne ne sont pas des pays de visionnaires, et la fille
d'Isabelle Romée n'est ni une extatique ni une illuminée. La
finesse et la promptitude de ses réparties font songer au
fameux sire de Joinville, l'ami de saint Louis ; seulement
elle a plus de grâce et une foi plus éclairée. Son bonheur, au
dire des contemporains, était d'aller à l'église, dont elle
n'était séparée que par le jardin de ses parents et le cimetière. Elle y restait en prière, immobile, les mains jointes,
les yeux fixés sur le tabernacle ou sur l'image de la Reine
du ciel. « Je l'y voyais fréquemment, à la messe ou à la
prière du soir, déclare Perrin le drapier, le sonneur du

____

(1) *Procès*, t. II, p. 418 et 430.

village. Lorsque j'avais négligé de sonner les Complies, elle me le reprochait, disant que ce n'était pas bien, et me promettait les plus beaux écheveaux de laine de ses moutons, pour me rendre plus diligent à l'avenir (1). » D'autres fois, elle se rendait à l'ermitage Sainte-Marie, et tous les samedis, au beau temps, à Notre-Dame-de-Bermont, au-delà de Greux, tout heureuse de fleurir l'autel de la Madone ou de faire brûler un cierge en son honneur. Au son de l'*Angelus*, elle se signait et se mettait à genoux, en quelque endroit qu'elle se trouvât. Jamais de serments ; son mot était « sans faute ». Parfois les jeunes gens ou les jeunes filles souriaient d'une dévotion qui leur paraissait exagérée. Elle rougissait alors, mais ne se laissait pas désarçonner pour si peu (2).

Cœur fidèle, tout à Dieu, tout au devoir ; point ennemi, du reste, des plaisirs innocents. A l'orée du Bois-Chesnu se dressait un hêtre superbe. « beau comme un lis aux jours du printemps », selon l'expression d'un contemporain (3), et surnommé le *Beau May*, l'*arbre des Dames*, ou encore l'*arbre des fées*, parce que autrefois, disait-on, les fées y étaient venues danser. C'était un rendez-vous de fête, au dimanche de la Mi-Carême ou *Lætare*. Jeunes gens et jeunes filles y accouraient par bandes joyeuses, folâtraient autour de l'arbre, organisaient des rondes, mangeaient ensemble, assis sur le gazon, les gâteaux préparés la veille par leurs mères, buvaient de l'onde fraîche de la Fontaine des Groseilliers,

(1) *Procès*, t. II, p. 413.
(2) *Ibid.*, p. 432.
(3) Déposition de Gérardin d'Epinal : *ibid.*, t. II, p. 422

puis s'en retournaient chez eux en riant et en jasant. C'est ce
qu'ils appelaient « faire leurs fontaines. » Jeanne ne dédai-
gnait point de prendre part à des ébats et divertissements
qu'elle jugeait inoffensifs (1). Le souvenir des fées ne la
troublait pas non plus ; car les croyances superstitieuses
n'avaient pas de prise sur elle, et elle savait d'ailleurs que
tous les ans, aux processions des Rogations, le curé du lieu,
Guillaume Front, s'arrêtait sous les ombrages du hêtre pour
y chanter l'Évangile de saint Jean. La fille d'Isabelle ne
niera point devant les juges de Rouen avoir dansé autour
de l'arbre avec les enfants de son village. « Seulement,
remarquera-t-elle, je ne me souviens pas de l'avoir fait depuis
l'âge de onze à douze ans ; et encore est-il vrai que j'y ai plus
chanté que dansé (2). »

Pieuse, mais en même temps laborieuse, active, énergique ;
pastourelle à l'occasion, mais rarement, et le plus souvent
occupée aux soins du ménage. Ses compatriotes, ceux qui
l'ont connue dès sa petite enfance, ne nous la dépeignent pas
sous d'autres traits. « Elle était, assure l'un d'eux, habile à
manier l'aiguille et le fuseau avec sa mère, le hoyau avec son
père, aidant aux travaux de la moisson et, à l'occasion,
lorsque venait le tour de Jacques d'Arc, conduisant le trou-
peau communal aux pâturages. D'une charité exquise, elle
faisait volontiers l'aumône et allait jusqu'à céder son lit aux
mendiants sans gîte, pendant qu'elle dormait près de l'âtre,

(1) *Procès*, t. I, p. 68.
(2) *Ibid.*, t. I, p. 68.

sous la grande cheminée du logis. — De plus, affirme un
autre compatriote, elle montrait un extrême empressement à
voler au chevet des malades, pour leur porter ses douces
consolations. Je le sais, moi, par expérience. Enfant, j'étais
tombé malade ; c'est elle qui me soigna (1). »

Simple fille de paysans, où puisait-elle, dans un âge
encore si tendre, un pareil esprit d'abnégation et des sentiments si élevés, sinon dans ses entretiens intimes avec le
Maître suprême et dans la sainte communion ? C'est, n'en
doutons pas, à l'ombre des autels et sous le souffle de la
grâce qu'avaient germé et que s'épanouissaient ces « fleurs
de l'âme » dont ses compatriotes respiraient déjà le parfum.
« Combien je voudrais avoir une fille aussi parfaite ! » dira
plus tard le chevalier Aubert d'Ourches. — Pour la ferveur,
déclarera de son côté le curé de Domrémy, elle n'avait pas
d'égale dans ma paroisse (2). » Autre détail, conservé par un
de ses adversaires et qui n'a rien que de vraisemblable. « On
disait que les oiseaux du vallon accouraient vers elle, en
gazouillant, et qu'ils se posaient familièrement sur ses épaules
ou acceptaient la nourriture de sa main (3). » Ils étaient
attirés comme l'avaient été leurs frères d'Ombrie aux temps
du séraphique François d'Assise, par le charme souverain
qui se dégage d'une âme innocente et pure.

Il y a, dans ces commencements, une fraîcheur et des

____

(1) Déposition d'Isabelle, femme de Gérardin d'Epinal (*Procès*, t. II,
p. 427); — de Simon Musnier : *ibid.*, t. II, p. 424.
(2) *Ibid.*, t. II, p. 402 et 433,
(3) Journal d'un bourgeois de Paris : *ibid.*, t. IV, p. 463.

clartés d'aube. Des documents d'une authenticité incontestable, signés par des contemporains, nous ont parlé sous la
forme la plus froide, une déposition judiciaire, de la vierge
domrémoise ; et malgré tout, elle nous y est apparue resplendissante d'une beauté morale qui dépasse tous nos rêves :
limpide comme les flots de la Meuse, candide comme la
primevère des bois, pure comme les étoiles dont l'or n'est
jamais terni par la poussière terrestre ; sans aucun de ces
avantages, il est vrai, que donnent le génie, la naissance ou
la fortune. Mais elle a ce qui plaît à Dieu, ce qui remplace
tout : la sainteté. Jeanne d'Arc, *la Pucelle*, *l'Angélique*
comme on l'appellera plus tard, c'est le Très-Haut « venant
à nous par un sentier virginal (cardinal Pie). »

JEANNE D'ARC ÉCOUTANT SES VOIX

(Lenepveu ; fresques du Panthéon).

CHAPITRE II

PREMIÈRES VISIONS

La France est née, au baptistère de Reims, d'un contrat bilatéral signé par les deux parties, le Christ et les Francs, le Christ qui a parlé le premier par la victoire de Tolbiac, les Francs qui se donnent à lui avec toute la fougue de leur jeunesse et l'élan de leur reconnaissance. Voilà nos origines, et l'on n'effacera pas cette page de notre histoire.

Fille aînée de l'Église, la France est par vocation *le soldat de Dieu*. C'est là sa constitution foncière et sa prérogative d'honneur, promulguées l'une et l'autre dans la mémorable nuit de Noël de l'an 496 par l'apôtre des Francs, saint Rémi, et acceptées par Clovis, en son nom et au nom de toute sa tribu, avec un enthousiasme qui transpire à travers chacune des paroles inscrites en tête de la *Loi salique*. « L'illustre nation des Francs, depuis peu convertie à la foi. a pour fondateur le monarque des cieux. Vive le Christ qui aime les Francs! Qu'il garde leur royaume et qu'il remplisse leurs chefs des lumières de sa grâce. Qu'il protège leur armée ; qu'il leur accorde une foi énergique, et qu'il leur concède. dans sa clémence, Lui, le Seigneur des seigneurs, les joies de la paix et des jours pleins de félicité (1). » Magnifique préambule auquel le pape Grégoire IX fait écho, six siècles après, dans une lettre adressée à saint Louis : « Les nations, écrit-il, sont voulues de Dieu, et c'est lui qui leur assigne leur mission respective. Autrefois, il avait accordé à la tribu de Juda, de préférence aux autres tribus d'Israël, certaines prérogatives et de plus amples bénédictions ; il a de même choisi, entre toutes les nations chrétiennes, la France, pour l'établir comme le rempart de l'Eglise et de la liberté religieuse. » Cette élection divine explique et justifie l'épigraphe hardie de nos vieux chroniqueurs : *Gesta Dei per Francos*. Elle est le phare qui éclaire, d'un bout à l'autre, toutes les pages de notre histoire, nos victoires, notre prééminence, nos épreuves aussi ; car, tout en ayant pour nous des prédilections manifestes, le Créateur ne se départ pas des lois générales qui président au gouver-

(1) V. Hincmar, *Vita S. Remigii*, c. xxxvii ; et Flodoard, *Historia Ecclesiæ remensis*, l. I. c. xiii.

nement des peuples. Il nous récompense ou nous châtie, selon les règles d'une sagesse dont il nous livre lui-même toute l'économie : « La justice élève les nations ; l'iniquité les abaisse. »

Dans le premier quart du xvᵉ siècle, l'iniquité abaissait visiblement le royaume des lys. Il semblait voué à toutes les hontes, après avoir été le théâtre de tous les forfaits. Sur le trône, un roi dément, Charles VI ; autour de lui, le scandale, l'intrigue et la discorde ; le guet-apens de Montereau, où le duc de Bourgogne, Jean Sans Peur, tombe sous le fer d'un assassin ; chose en un sens plus monstrueuse encore ! la reine Isabeau de Bavière reniant son propre fils au traité de Troyes (1420), et livrant la couronne de France, avec la main de sa fille Catherine, au monarque anglais, Henri V, déjà maître de nos plus riches provinces du Nord et du Midi ; deux ans après, le jeune fils du conquérant officiellement proclamé, sous le nom de Henri VI, « roi de France et d'Angleterre », pendant qu'on descend dans les caveaux de Saint-Denys les restes du pauvre Charles VI ; et là-bas le dauphin, Charles VII, surnommé « le roi de Bourges » par les envahisseurs, reculant avec son Parlement jusqu'à Poitiers, en proie à des angoisses qui le torturent, doutant de sa mère, doutant de lui-même, n'osant se croire le descendant de saint Louis et méditant d'aller mendier aux montagnes d'Ecosse un asile et un tombeau.

Dans une situation si lamentable, où trouver une force sociale capable d'imposer la confiance et de servir de digue contre le flot de l'invasion ? Le peuple, écrasé d'impôts, depuis que durait la guerre de Cent ans, rançonné par les bandes anglo-bourguignonnes coalisées, démoralisé par la défaite, s'abandonnait au désespoir; et lorsque le tocsin jetait l'alarme ou que les bourgades flambaient, les populations, effarées, n'avaient d'autre souci que de chercher un refuge, pour elles-mêmes et leur bétail, derrière les murailles des places fortes voisines. Restait la noblesse; mais elle avait été décimée dans les champs de Crécy, de Poitiers, d'Azincourt; et tout récemment (1423-1424), les noms de Verneuil et de Cravant résonnaient comme le glas, non seulement de la chevalerie, mais de la monarchie elle-même.

Dans les grands périls de la patrie, les Etats Généraux étaient considérés comme une suprême ressource de vie et de salut. Charles VII y eut recours. Le 15 septembre 1428, les trois ordres du royaume, de langue d'oc et de langue d'oïl, clergé, noblesse et tiers-état, dûment convoqués, s'assemblèrent à Chinon. Là, pendant six semaines, ils délibérèrent sur les moyens de sauvegarder l'indépendance nationale et prirent d'énergiques résolutions où l'on entend comme un écho de la voix de la France entière, de ses gémissements, de ses désirs et aussi de ses espoirs invincibles. Ils ne reculent devant aucun sacrifice; et malgré la misère générale, ils votent une aide de 500.000 francs. Le clergé ne se contente pas de souscrire au paiement de cet impôt extraordinaire; élevant les pensées vers le ciel, il décrète que « chaque vendredi, sera faite dans toutes les églises notables du royaume une procession solennelle pour la prospérité des armes du roi. » Puis viennent « les doléances. » Les représentants de la nation supplient le monarque, « pour le bien et la conservation de sa seigneurie et pour parvenir au recouvrement d'icelle par toutes les voies possibles », de réunir auprès de lui tous les princes du sang, d'aviser au moyen de conclure la paix avec le duc de Bourgogne, de réadmettre à son service le connétable de Richemont, et pour cela, de continuer les ambassades et traités qui ont été commencés ; de placer à la tête de la justice publique un magistrat intègre et fort ; d'établir l'unité des monnaies ; enfin de réprimer les vols et brigandages qui ruinent le pays (1).

Mais pendant qu'ils délibéraient de la sorte, les choses allaient de mal en pis, et l'armée anglaise s'avançait en de rapides étapes jusqu'aux portes de la capitale de l'Orléanais. Humainement parlant, c'en était fait de la France, condamnée à devenir une colonie anglaise et par suite à subir les funestes conséquences du schisme du xvi° siècle. La Providence ne le permit pas ; mais pour qu'aucun mortel ne s'arrogeât l'honneur de l'intervention libératrice, elle agit au rebours de la sagesse humaine, choisissant pour instrument de ses miséricordieux desseins tout ce qu'il y a de plus faible, une vierge délicate, une obscure paysanne, la petite pastourelle que nous connaissons. Ecoutons maintenant l'Inspirée, et laissons-la nous redire, avec cet accent de droiture et de conviction qui ne trompe pas, comment elle est entrée en contact avec le monde surnaturel.

Elle avait atteint, depuis quelques mois, sa treizième

____

(1) G. DE BEAUCOURT, *Histoire de Charles VII*, t. II. p. 170.

année. Un jour d'été, vers midi, (elle avait jeûné la veille, probablement à l'occasion d'une solennité religieuse qui n'est pas désignée), elle se tenait dans le jardin de son père. Soudain, aux dernières vibrations de l'*Angelus*, une voix partie du côté de la maison de Dieu, prononce son nom : « Jeannette ! Jeannette !... » Elle se détourne et se trouve en face d'une clarté surhumaine, plus vive que celle du soleil, mais aussi plus douce, d'où émerge une légion d'esprits célestes, aux ailes de feu; et l'un deux, le plus beau, l'enveloppant d'un regard plein de tendresse, lui dit : « Jeannette, sois bonne et pieuse ; aime Dieu et fréquente l'Église (1). » L'enfant tombe à genoux, effrayée : ce qui ne doit pas nous surprendre. Instinctivement, l'homme n'a-t-il pas peur du surnaturel? Cependant elle a compris que l'appel vient d'en haut, de l'Arbitre suprême des destinées humaines, qu'il réclame de ses élus des dispositions particulières; et sur l'heure, elle se consacre totalement à lui par le vœu de virginité perpétuelle (2).

Son mystérieux interlocuteur n'avait révélé ni son nom ni le but de son ambassade. Ce n'est que dans une troisième apparition qu'il dévoila le secret du grand Roi. En apprenant qu'il était saint Michel, le prince de la milice céleste, l'ange des batailles, jadis le protecteur du peuple d'Israël et maintenant de la France, la fille aînée de l'Église, Jeanne s'inclina profondément. « Sache, lui dit l'archange, qu'il y a grande

(1) *Procès*, t. 1, p. 52 et 216.
(2) *Ibid.*, p. 128.

pitié dans tout le royaume ! » Mais la patrie de l'adolescente
n'appartenait ni aux Anglais, ni aux Bourguignons, ni aux
Armagnacs; elle appartenait à Dieu, son vrai suzerain, qui,
par un acte de clémence infinie, lui préparait un libérateur,
assez fort pour lui rendre son indépendance et sa gloire
antique. « *Et quel est ce libérateur?* demande la voyante. —
C'est toi, toi seule ! Va porter secours au dauphin. — *Mais
je ne suis qu'une pauvre fille, ne sachant ni monter à
cheval ni faire la guerre!* » Une telle mission épouvante
sa faiblesse; et les larmes jaillissent de ses yeux. Pour la
rassurer, l'archange lui annonce qu'elle aura pour guides et
protectrices deux habitantes du ciel, deux vierges, martyres
l'une et l'autre : sainte Catherine d'Alexandrie qui, seule, en
face de cinquante philosophes des plus érudits, chargés de
la confondre, déchire, comme en se jouant, la toile ténue
de leurs systèmes et réussit, par un rare miracle, à les
amener aux pieds du Christ; sainte Marguerite de Pisidie,
tombée sous le glaive des bourreaux à Antioche, pour avoir
préféré à l'amour d'un idolâtre la perle précieuse de la virginité (1).

Les deux vierges martyres, « les mêmes, assure Jeanne,
qui sont au Paradis », forment avec saint Michel, ce qu'elle
appellera « mon Conseil, mes Voix. » Pendant cinq années
environ, elles collaborent ensemble à son éducation mystique,
l'initient aux douleurs du pays comme aux remèdes qu'il faut
y apporter, et lui façonnent une nouvelle âme, toute pétrie

____

(1) *Procès,* t. I, p. 53 et 218.

d'oubli d'elle-même, d'énergie morale et d'abnégation. « Je les vois, comme je vous vois vous-mêmes », déclarera-t-elle ingénument aux juges de Rouen. La langue qu'elles parlent est le français. La lumière surhumaine qui annonce leur présence, le parfum qui s'échappe de leurs blanches tuniques, l'éclat de l'auréole qui brille à leur front, la beauté de leurs traits, beauté qui n'a point de terme de comparaison ici-bas, excitent dans tout son être une jubilation qu'elle ne peut contenir. Non seulement elle n'a plus peur ; mais elle vit avec elles, dans une touchante et surnaturelle intimité, ainsi qu'elle nous le déclare elle-même. Quand les célestes messagères s'éloignent, elle pleure ; quand elles ont disparu, elle baise avec respect le sol qu'a foulé leur pied. Elle voudrait s'envoler avec elles au paradis (1). Elle ne les suit pas encore ; mais son âme s'angélise à leur contact, pendant que son cœur s'emplit de deux amours inséparables : Dieu et la France.

Dans un de ses entretiens avec sainte Catherine, elle lui fait toucher une bague que lui ont donnée ses parents (2). Sur le chaton de l'anneau étaient gravés les deux noms de Jésus et de Marie. Elle ne cessera de la porter au doigt et y attachera toujours un grand prix. Peut-être la considère-t-elle comme le mémorial ou le symbole de ses fiançailles mystiques avec l'Amant des humbles.

Ainsi grandissait-elle sous la direction de ses « frères du

(1) *Procès*, t. I, p. 73, 186 et 218.
(2) *Ibid.*, t. I, p. 185.

ciel », attentive à leurs leçons, sans rien négliger des labeurs accoutumés, sans rien dévoiler ni de ses visions ni du message de l'archange, à personne, pas même à ses parents, de peur de les contrister, quoique les Voix lui eussent laissé toute liberté à cet égard (1).

Pendant ce temps-là, « la grande pitié » dont lui parlaient ses Voix allait en augmentant, et le remous de la guerre anglo-française ou des conflits entre grands seigneurs se faisait sentir jusque sur la frontière lorraine. A Domrémy, tous les habitants, sauf un, étaient Armagnacs, c'est-à-dire partisans du roi de France ; ceux de Maxey, sur la rive opposée de la Meuse, s'étaient au contraire ralliés au duc de Bourgogne. A la veillée, il n'était question, dans les chaumières, que de pillage ou de batailles : méfaits de Jean de Vergy, sénéchal de Champagne ; prouesses de son adversaire, Étienne de Vignoles, surnommé La Hire ; rixes entre jeunes gens du pays. « Plus d'une fois, affirme Jeanne d'Arc, j'ai vu mes petits compatriotes revenir de Maxey tout en sang, tout meurtris (2). » En 1423, elle apprenait qu'un de ses cousins, Collot Turbaut, avait été mortellement frappé par un coup de bombarde, en défendant Sermaise contre Jean de Salm, gouverneur du Barrois.

Quatre ans après (1427), elle subit elle-même, par contrecoup, les funestes conséquences de la guerre. Jean de Vergy était la terreur de la contrée ; il avait la réputation, non imméritée, de tout mettre à feu et à sang sur son passage. Le

(1) *Procès*, t. I, p. 66.

bruit courut, un soir, dans la vallée de la Meuse, qu'il approchait avec cinq cents lances. Les Domrémois, épouvantés, poussèrent leurs bestiaux devant eux et s'enfuirent jusqu'à Neufchâteau, ville lorraine, il est vrai, mais dont les bourgeois avaient reconnu et acclamé Charles VII comme leur suzerain. Jacques d'Arc, avec tous les siens, était du nombre des fugitifs ; il reçut l'hospitalité dans l'hôtellerie d'une veuve nommée La Rousse. Là, Jeanne était à l'abri des surprises de l'ennemi, mais non des angoisses ni des difficultés ; elle va elle-même nous en indiquer la cause.

Dans le cours de l'année 1426, son père avait eu un songe qui l'avait rendu sombre et anxieux : il avait vu une troupe d'hommes armés et sa fille chevauchant à côté d'eux sur les grandes routes. Ce rêve lui était revenu plusieurs fois, obsédant et douloureux ; car sa pensée se reportait alors sur ces folles créatures qui suivent les camps. « Si j'étais sûr que pareille chose dût arriver à Jeannette, dit-il un jour à ses fils, je vous commanderais de la noyer ; et si vous refusiez de le faire, je la noierais moi-même. » Le mariage lui sembla le meilleur moyen de conjurer le malheur redouté. Un parti se présentait, agréé des parents. Mais la jeune fille ne partagea point leur avis ; aux premières avances du jeune homme elle opposa le refus le plus catégorique. Le prétendant, évincé, imagina, pour la forcer à donner son consentement, de la traduire devant l'officialité de Toul, affirmant qu'elle lui avait promis de l'épouser. Il connaissait mal celle dont il sollicitait la main. La citation du tribunal parvint à Jeanne, pendant qu'elle était à Neufchâteau. Elle comparut

devant l'officialité, plaida elle-même sa cause, convainquit
de mensonge son adversaire et revint, triomphante, auprès
de ses parents (1). « C'est la seule fois que je leur ai désobéi », ajoute-t-elle en terminant la relation de cette épineuse
affaire (2). Candeur exquise, fermeté inébranlable, voilà
Jeanne d'Arc à seize ans ; voilà ce qu'elle sera jusqu'à son
dernier soupir.

A ces épreuves diverses se mêle une note de consolation.
Pendant son séjour à Neufchâteau, elle aimait à faire ses
dévotions dans la chapelle des Franciscains ; elle lia connaissance avec eux, « se confessa deux ou trois fois » à l'un des
Pères et se conquit parmi eux des sympathies qui lui demeu-
reront fidèles aux jours de l'épreuve (3). Une célèbre correspondance de l'époque, la *Chronique de Morosini*, se sert
même d'un qualificatif qui nous permet d'aller plus loin et de
supposer qu'elle fut agrégée à leur famille spirituelle.
« C'était *une béguine* », y lisons nous (3) : expression un peu
vague qui s'entendait alors tantôt des Béguines proprement
dites, tantôt des tertiaires dominicains ou franciscains, mais
qui, rapprochée des relations intimes de Jeanne avec les Cordeliers et de sa dévotion particulière pour le saint Nom de

(1) *Procès*, t. I, p. 131, 214, 215, 219.

(2) *Ibid.*, t. I, p. 128.

(3) « E iera begina » (*Chronique de Morosini*, éd. Lefèvre-Pontalès, t. III,
p. 92) : lettre du vénitien Pancrace Justiniani à son père, expédiée de
Bruges le 9 juillet 1429, trois mois après l'enquête de Poitiers dont il sera
question plus loin. — Cf. P. Hilaire DE BARENTON, *Jeanne d'Arc tertiaire
franciscaine.*

Jésus, convient mieux, ce semble, au Tiers-Ordre du Patriarche d'Assise.

Les bandes bourguignonnes s'étant enfin dispersées, les Domrémois se hâtèrent de regagner leurs foyers respectifs. L'émigration n'avait duré que quinze jours (1); mais que de ruines dans ce court intervalle de temps! Jeanne ne put retenir ses larmes, en voyant les champs dévastés, les maisons démolies, la vieille église à moitié brûlée.

La razzia opérée par Jean de Vergy marque un des mille épisodes de la guerre de Cent ans : lui et tous ses pareils étaient de simples condottières à la solde d'un souverain étranger. L'homme qui combinait alors ces plans d'attaques partielles porte un nom connu dans l'histoire : c'est le duc de Bedford, personnage en qui les talents les plus divers s'alliaient aux titres les plus brillants : « fils, frère et oncle de rois », comme il s'intitulait lui-même, régent de France au nom d'Henri VI d'Angleterre, habile général, diplomate avisé, administrateur diligent en même temps que patriote toujours en éveil. Enorgueilli par les succès du passé et profitant des divisions intestines toujours vivantes entre Bourguignons et Armagnacs, il résolut, en 1428, de pousser plus loin la conquête et de tenter un effort suprême pour enlever au pauvre « roi de Bourges » les derniers lambeaux de son héritage ancestral. L'exécution suivit de près, et sur une vaste échelle, puisqu'il enjoignait presque en même temps,

_____

(1) *Procès*, t. I, p. 214. « Quinze jours », dit positivement la Bienheureuse ; et non « quatre jours », comme le supposent les témoins du Procès de réhabilitation.

à Pierre Cauchon, évêque de Beauvais, de lever des subsides
à Reims et à Châlons, à Jean de Luxembourg de s'emparer
de Beaumont-en-Argonne et de Vaucouleurs, au comte de
Salisbury d'entrer en campagne et de prendre Orléans pour
objectif. Les événements semblaient justifier son audace. Au
mois de mai de la même année, Beaumont capitulait ; les
villes environnantes succombaient à leur tour, et bientôt il ne
restait plus debout, dans tout l'Est, que la forteresse de Vaucouleurs.

Le moment était critique. Les Voix prennent alors un ton
plus impérieux. « Pars, fille de Dieu, fille au grand cœur ! Il
le faut ! Va, le Seigneur te sera en aide ; va ! — « Dieu le
veut ! » C'était le cri des Croisés ; c'est également celui de
l'humble bergère et le motif de la belle vaillance que nous
admirons en elle. « Quand j'aurais eu cent pères et cent
mères et que j'eusse été fille de roi, dira-t-elle plus tard,
quand j'aurais dû user mes jambes jusqu'aux genoux, je
serais partie, *parce que c'était la volonté de Dieu* (1). » Les
deux Saintes la pressent d'aller trouver Baudricourt, capitaine de Vaucouleurs, et la préviennent, de peur qu'elle ne se
décourage, qu'elle sera d'abord mal accueillie.

Le 1ᵉʳ mai 1428, Durant Laxart, son cousin, qu'elle appelait « son oncle » à cause de la différence d'âge, venait visiter
la famille de Jacques d'Arc. C'était l'auxiliaire que lui
envoyait la Providence, pour lui faciliter les premières
démarches. Il demanda aux parents la permission d'emmener

(1) *Procès*, t. I, p. 129 ; et t. II, p. 448.

avec lui, à Burey-le-Petit, l'aimable adolescente; et par affection pour lui, ils y consentirent, en dépit des alarmes qu'éveillait quotidiennement en eux le souvenir du rêve de Jacques. Laxart et Jeanne partirent donc ensemble dans une après-dînée de printemps, et traversèrent cette vallée de la Meuse à laquelle le renouveau donnait un charme incomparable. Chemin faisant, l'Élue de Dieu découvrit à son conducteur le secret qu'elle avait jusque-là gardé pour elle seule. Elle lui redit, d'une voix que l'émotion rendait plus pénétrante, ce que l'archange lui avait appris des malheurs et de « la grande pitié » qui désolait tout le royaume. Soudain, relevant la tête, elle ajouta : « Mais rien n'est perdu; le ciel vient à notre secours. N'a-t-il pas été dit que la France serait perdue par une femme, et sauvée par une Pucelle venue des Marches de Lorraine ? — C'est vrai, répondit son compagnon de voyage. — Eh bien, cette Pucelle, cette vierge, elle est là devant vous : c'est votre Jeannette. »

Durant Laxart était un croyant doublé d'un patriote, mais non un être crédule; il réfléchit. La piété franche et sincère de sa nièce, la fermeté de son bon sens, l'accent inspiré de sa parole et le rayonnement surnaturel qui s'échappait de tout son être, tout l'inclinait à croire qu'il n'avait point à craindre, ici, d'être la dupe de vaines illusions. « C'est Dieu qui t'a parlé, lui dit-il; que puis-je faire pour toi? — Me conduire auprès de Robert de Baudricourt, capitaine de Vaucouleurs, afin qu'il m'envoie vers Charles le dauphin. » Il y consentit; et le lendemain ou l'un des jours suivants, il s'acquittait de sa promesse et se rendait à Vaucouleurs.

Robert de Baudricourt était un valeureux chevalier, partisan dévoué de Charles VII, mais plus habile à manier la
lance qu'à traiter des manifestations surnaturelles, et
d'ailleurs absorbé, dans ces jours-là, par les mauvaises
nouvelles qui lui arrivaient de Beaumont-en-Argonne. Le
récit des apparitions et la demande de la Pucelle le touchèrent
peu ; aussi congédia-t-il brusquement l'importun solliciteur,
en lui criant : « Ta nièce est folle ; soufflette-la et ramène-la à
son père (1). »

Durant Laxart fut plus heureux auprès d'un gentilhomme
de Maxey-sur-Vaise, Geoffroy de Foug, qui fit partager son
enthousiasme à l'un de ses amis, Bertrand de Poulangy,
officier de Baudricourt ; et l'officier, à son tour, finit par
décider son chef à écouter quelques instants l'Inspirée de
Domrémy.

La scène de l'entrevue eut lieu « vers la fête de l'Ascension (2). » Il nous est facile de la reconstituer, grâce aux déposition des témoins. Jeanne franchit l'enceinte de la forteresse,
pénètre dans la cour du château, où il y a « foison de gens
de guerre vaillants (3) » et s'avance, modeste, gracieuse sous
la robe écarlate des paysannes. Guidée par ses Voix, elle va
droit au capitaine, le salue avec aisance et lui dit, sans préambule : « *Je viens vers vous de la part de mon Seigneur,
pour vous prier de recommander au dauphin de se bien
tenir, de ne pas engager la bataille avec ses ennemis ;*

(1) *Procès*, loc. cit., p. 444.
(2) Déposition de Bertrand de Poulangy : *ibid.*, t. II, p. 456.
(3) Chronique de la Pucelle : *ibid.*, t V, p. 205.

*car mon Seigneur lui enverra du secours avant la
mi-carême.*

— Pourquoi parles-tu de la sorte?

— *Parce que le royaume ne regarde pas le dauphin ; il
regarde mon Seigneur. Cependant mon Seigneur veut que
le dauphin devienne roi et tienne le royaume en com-
mende. Oui, il sera roi, en dépit de ses ennemis, et c'est
moi qui le conduirai au sacre.*

— Et quel est ton seigneur?

— *Le Roi du ciel* (1). »

Ce regard profond jeté, en passant sur le gouvernement
divin, ces vues théocratiques sur le rôle du Christ dans les
destinées de la nation, dépassait l'intelligence d'un soudard
peu familiarisé avec les idées mystiques. Il sourit, d'un sourire qui signifiait : « Passez votre chemin ! » Et la vierge domrémoise, désolée, quoique cet échec lui eût été annoncé, s'en
retourna dans son village, pour y continuer cette vie cachée,
d'immolation, d'aspirations brûlantes et d'espérances, qui est
le prélude obligé de l'action.

Cependant elle se montrait plus expansive que par le passé,
et s'échappait de temps à autre en allusions ou en confidences
qui intriguaient vivement ses interlocuteurs et qui demeurèrent fixées dans leur mémoire. Peu de temps après son
retour, le 23 juin 1428, rencontrant Michel Lebuin, un ami
d'enfance, elle lui murmura tout bas à l'oreille : « Il y a entre
Coussey et Vaucouleurs une jeune fille qui, avant la fin

(1) *Procès*, t. II, p. 456.

de l'année prochaine, fera sacrer le roi de France (1). —
C'est moi, répéta-t-elle plus d'une fois à Jean Waterin, jeune
homme employé dans la maison de son père, c'est moi qui
relèverai la France ; c'est moi qui sauverai le sang royal (2). »

Gérardin d'Épinal était cet unique partisan de l'alliance
anglo-bourguignonne dont nous avons parlé plus haut :
paysan opiniâtre dans ses idées, de qui la fille d'Isabelle
Romée disait, dans une de ces saillies à la Joinville qui lui
étaient familières, « qu'elle aurait été contente de lui voir
couper la tête, pourvu toutefois que ce fût la volonté de Dieu. »
Mais elle ne détestait de lui que ses opinions politiques, et
elle avait accepté de tenir un de ses enfants sur les fonts
sacrés. « Compère, lui dit-elle un jour, si vous n'étiez Bourguignon, je vous dirais bien quelque chose ! » C'est lui-même
qui rapportera ce trait lors du Procès de réhabilitation, et il
ajoutera naïvement : « Je crus qu'il y avait dans l'air un projet
de mariage et que le secret en question n'était autre que le
nom du fiancé (3). »

L'Élue de Dieu avait de bien autres projets en tête. Robert
de Baudricourt, assiégé à Vaucouleurs par Antoine et Jean de
Vergy, était obligé de négocier et de recourir à la médiation
de son puissant voisin, René d'Anjou, duc de Bar, pour
obtenir une trêve. Les Anglais campaient le 7 octobre en vue
d'Orléans et juraient de réduire par la famine une ville dont
la reddition leur ouvrirait infailliblement les portes du

(1) *Procès*, t. II, p. 440.
(2) *Ibid.*, loc. cit., p. 421.
(3) *Ibid.*, t. II, p. 423.

Centre et du Midi. Les assiégés, aux abois, pressaient Charles VII de leur envoyer des secours qu'il était dans l'impossibilité de leur fournir. Et alors comment résister à une armée nombreuse, habituée à la victoire ?

Mais l'heure de l'intervention divine a sonné ; la Pucelle en est avertie par ses Voix. De sa mission, elle a tout accepté, les amertumes du sacrifice non moins que les allégresses du triomphe. Elle part. Durand Laxart, avec qui elle a tout concerté, accourt la prendre à Domrémy sous prétexte de soigner sa femme, qui attend une naissance. Elle embrasse et console ses parents, attristés par la mort récente de Catherine, sa plus jeune sœur. En sortant, elle aperçoit Mengette, la serre dans ses bras et, la couvrant de baisers : « Adieu, lui dit-elle ! Je te recommande à Dieu ! » Elle passe à côté de la maison de sa chère Hauviette, sans y entrer ; elle craint de sentir son cœur défaillir. Dans la suite, Hauviette ne pouvait s'en consoler. A Greux, Jeanne salue en passant Gérard Guillemette et son fils, amis de la famille. « Adieu, leur crie-t-elle ; je vais à Vaucouleurs (1). » Elle dit adieu, par la pensée, à tout ce qu'elle aime, à tout ce qui a bercé son enfance, ses parents, ses amies, sa vieille église, les lieux témoins des apparitions célestes, les coteaux de la Meuse, qu'elle ne doit plus revoir, et s'élance vers l'avenir, vers l'inconnu, avec une confiance illimitée, parce qu'elle marche sous la garde de Dieu.

(1) *Procès*, t. II, p. 416, 419, 431.

CHAPITRE III

A VAUCOULEURS

A peine arrivée à Vaucouleurs, la vierge domrémoise montait à la forteresse. « Capitaine messire, dit-elle à Baudricourt, sachez que Dieu, depuis déjà quelque temps, m'a fait savoir et a commandé que j'aille vers le gentil dauphin, qui doit être et est vrai roi de France; qu'il me donne des hommes d'armes et que je ferais lever le siège d'Orléans et le mènerais sacrer à Reims (1). » Le capitaine demeura sceptique; et sans parler cette fois de soufflets ni de correction, il fit une réponse dilatoire.

A ces détails une relation du temps (2) ajoute un trait qui

(1) Voir dans « Chronique de la Pucelle » (*Procès*, t. V, p. 2u5) le texte en vieux français.

(2) Le Journal du siège d'Orléans : *ibid.*, t. V, p. 118.

n'a rien d'invraisemblable, mais qui n'est honorable que pour
la Pucelle. Etait-ce oubli ou malice ? Baudricourt l'avait
laissée dans le corps de garde, où devisaient, autour du feu,
au sein d'une atmosphère malsaine, quelques soldats grossiers
et sans réserve. Quelques-uns d'entre eux s'avancèrent vers
elle avec des intentions peu chastes ; mais son clair regard et
la dignité de son maintien imposèrent le respect à ces truands,
qui se retirèrent couverts de confusion. Victoire morale, la
plus belle de toutes et la plus difficile, qui fit une profonde
impression sur l'esprit du capitaine.

Rebutée malgré tout et obligée d'attendre, la fille d'Isabelle
Romée logea chez d'honnêtes ouvriers à qui Durand Laxart
l'avait confiée : Henri Le Royer, charron, et Catherine, sa
femme. Tous deux surent l'apprécier et lui vouèrent un véritable culte de vénération mêlée de tendresse. Catherine et
Jeanne filaient ensemble à la maison, « Jeanne avec une
grande habileté, remarque son hôtesse. Elle était bonne,
simple, douce, bien douée et de vie régulière. L'église l'attirait ; je le sais, l'ayant souvent accompagnée (1). »

Cette église qui l'attirait, c'était la collégiale Sainte-Marie,
édifice qui se dressait fièrement parmi les tours crénelées du
château, au sommet de la ville, et faisait corps avec la forteresse. Chaque jour, de grand matin, par la pluie, la neige ou
les frimas, la fervente jeune fille gravissait la pente de la
colline, assistait à une ou deux messes dans la collégiale, puis
descendait dans la crypte aux belles lignes ogivales, pour y

____

(1) *Procès*, t. II, p. 446.

vénérer l'antique Madone de Notre-Dame des Voûtes. Un petit clerc, espiègle et curieux comme on l'est à cet âge, épie ses allées et venues. Il la surprend plus d'une fois à genoux devant la Madone, immobile, les mains jointes, les yeux au ciel, ou bien encore la face prosternée contre terre. L'image de ces ravissements ne s'effacera plus de sa mémoire; et quand, vingt-six ans après, devenu chanoine de la collégiale, il rappellera tous ces souvenirs, il ne pourra, s'empêcher de s'écrier : « C'était une sainte (1). »

La démarche de la Pucelle auprès de Baudricourt était un événement. A Vaucouleurs, son nom volait déjà de bouche en bouche ; et le peuple, voyant reluire en elle l'esprit et la sainteté des prophètes, avait instinctivement foi en sa mission. Deux hommes alors s'attachèrent à sa fortune, deux officiers de la garnison, les premiers héros de l'épopée patriotique qui va s'ouvrir : Bertrand de Poulangy, que nous connaissons déjà ; et Jean de Nouillompont, nommé aussi Jean de Metz. Ils vinrent un jour ensemble la visiter chez Henri Le Royer. Jean de Metz, plus jeune et plus sémillant que son compagnon, interpella sans façon l'Inspirée : « M'amie, que faites-vous ici ? Faut-il donc que le roi soit chassé du royaume et que nous devenions Anglais?

— *Hélas*, soupira-t-elle ! *Je suis venue dans cette ville royale pour prier Robert de Baudricourt de me conduire lui-même ou de me faire conduire vers le roi. Mais il n'a souci ni de moi ni de mes paroles. Et pourtant il faut*

(1) Déposition de Jean Le Fumeux : *Procès*, t. II, p. 460-461.

qu'avant la Mi-Carême, je sois devers le roi, dussé-je m'user les jambes sur les chemins ! Personne au monde, ni prince, ni duc, ni fille du roi d'Écosse (1), *ne peut reconquérir le royaume. Il n'y a de recours qu'en moi. Oh ! J'aimerais mieux filer auprès de ma mère ; car combattre n'est pas mon métier. Mais il faut que je le fasse, parce que mon Seigneur l'ordonne.*

— Et quel est votre Seigneur ?

— *C'est Dieu.* »

Et les deux officiers, épris d'enthousiasme, lui prirent la main, et lui donnèrent leur parole qu'ils la conduiraient vers le dauphin. « Quand désirez-vous partir, reprit Jean de Metz ?

— *Plutôt aujourd'hui que demain*, répliqua-t-elle ; *plutôt demain qu'après.*

— Quoi donc ! avec vos vêtements de femme !

— *Je sais qu'il me faut prendre des habits d'homme ; je le ferai.* »

Jean de Metz lui fit remettre l'équipement d'un de ses serviteurs ; mais les habitants de Vaucouleurs, l'ayant appris, se cotisèrent pour lui fournir un costume masculin mieux approprié à sa taille (2).

Sur ces entrefaites arrivaient à Baudricourt deux missives qui le surprirent étrangement : l'une de Charles II, duc de Lorraine ; l'autre, datée du 29 janvier 1429, de René d'Anjou,

(1) Allusion aux fiançailles récemment conclues entre le dauphin (le futur Louis XI) et Marguerite d'Ecosse.

(2) *Procès*, t. II, p. 436 et 456.

duc de Bar, son gendre. La renommée leur avait porté les
merveilleux récits qui couraient sur la vierge domrémoise.
René d'Anjou, informé de sa présence à Vaucouleurs par
l'évêque de Toul, Henri de Ville-sur-Illon, voulait la voir.
Quant à Charles II, vieux, malade, il la mandait près de lui,
dans l'espérance que la Voyante serait aussi une thaumaturge. Jeanne y vit une occasion de gagner la Lorraine à la
cause française, et s'achemina vers Nancy, munie du sauf-
conduit ducal et accompagnée de trois amis fidèles, Jean de
Metz qui la quitta à Toul, son cousin Durand Laxart et un
bourgeois de Vaucouleurs, Jacques Alain, qui lui servirent
d'escorte pendant tout le voyage. Le fameux sanctuaire de
Saint-Nicolas-du-Port fut sa dernière étape avant d'arriver à
Nancy, « un vrai but de pèlerinage pour elle », affirme
Bertrand de Poulangy. Prosternée sur les dalles du lieu
saint, elle conjurait le patron de toute la région lotharin-
gienne de bénir une démarche où les difficultés contrebalan-
çaient les espérances.

Charles II avait compté des jours meilleurs et plus heureux. A Rosebecq, il avait loyalement combattu sous l'oriflamme de Saint-Denys ; le meurtre de Jean-Sans-Peur l'avait
rejeté parmi les adversaires irréductibles des Armagnacs et
des ducs d'Orléans. De plus, tenant son épouse légitime exilée
de la cour, il offrait à sa ville de Nancy le scandale non voilé
d'une union coupable avec une courtisane nommée Alison du
May. René d'Anjou, au contraire, second fils de Louis II et
d'Yolande d'Anjou, duc de Bar et héritier de la Lorraine par
suite de son mariage avec Isabelle, fille aînée de Charles II,

était, dans ses vingt ans, un esprit chevaleresque, de mœurs régulières, affable, ami du bon savoir et des enluminures, attaché par principe et par tradition à la race de saint Louis. Il refusait, en ce moment même et malgré les instances de son beau-père, de rendre hommage à Henri VI d'Angleterre pour son duché de Bar et son comté de Guise. Après ce coup d'œil sur l'intérieur du palais ducal, assistons à l'entrevue.

Charles II s'enquit d'abord s'il était vrai qu'elle désirât se rendre auprès du roi de France pour combattre les Anglais. « Oui, répondit-elle; et il me tarde d'y être. » Mais son mal le préoccupait plus que la politique. « Guérirai-je, lui demanda-t-il en fixant les yeux sur elle.

— *Mes Voix ne me parlent que de la France et de l'aide que je dois lui porter. Oh! Je vous en supplie, accordez-moi votre gendre, afin qu'il me conduise vers son beau-frère le dauphin.* »

La Pucelle entrait déjà, on le voit, — et avec une fière indépendance, — dans son rôle de libératrice. Le duc ne répondit pas à sa requête. « Guérirai-je, répéta-t-il avec insistance? Guérirai-je? » L'Envoyée de Dieu, rougissante mais franche, répliqua : « Votre vie, noble duc, ne donne pas le bon exemple que vos sujets attendent de leur seigneur. Si vous voulez guérir, changez de conduite, et rappelez près de vous la bonne duchesse, votre épouse. » Le malade, fort troublé, balbutia : « Priez pour moi », puis fit cadeau à la Pucelle d'un superbe « destrier noir » et de quelques pièces d'or (1).

(1) *Procès*, t. I, p. 53-54 et 222; t. II, p. 391 et 444 ; Mgr Debout, *Jeanne d'Arc*, in-8° illustré, t. I, p. 171-175.

Ce fut tout. Il eût acquis plus de gloire à déférer aux sages conseils de la vierge domrémoise, c'est-à-dire à s'inspirer par dessus tout, dans la circonstance, de ce que lui dictaient l'honneur familial et les intérêts de la patrie (1).

Jeanne rentrait à Vaucouleurs, vers le 11 ou le 12 février, avec un prestige singulièrement agrandi. Sans regretter son voyage, elle se montrait de plus en plus impatiente de voler au secours de Charles VII. Un événement dont ses Voix l'informèrent, hâta son départ. Le samedi 12 février, les troupes du dauphin étaient battues à Rouvray. La Pucelle, tout attristée, courut aussitôt chez Baudricourt et lui dit à brûle-pourpoint : « *Le gentil dauphin a subi aujourd'hui même près d'Orléans un grand dommage ; et il court risque d'en subir de plus grands encore, si vous tardez à m'envoyer vers lui* (2). » Quelques jours après, arrivait au château un messager du roi, Colet de Vienne, chargé des dépêches de la cour. Quelles étaient ses instructions particulières et la teneur des missives? Nous l'ignorons. Ce que nous savons, c'est qu'il confirma la triste nouvelle annoncée par la Voyante. Le capitaine, en l'écoutant, devint songeur. Comment la petite paysanne de Domrémy avait-elle pu connaître, au moment même où il se produisait, un épisode militaire qui se passait à plus de cent lieues de là, et en apprécier si exactement la douloureuse portée? La traiter d'aventurière lui eût semblé un blasphème. Qu'était-elle donc? Une voyante inspirée d'en

____

(1) Il mourut le 14 janvier 1431. La Pucelle était alors prisonnière au château de Rouen.

(2) Journal du siège d'Orléans : *Procès*, t. IV, p. 125.

haut ou une possédée? Le problème relevait de l'autorité ecclésiastique. Sans plus de délai, le gouverneur va quérir Jean Fournier, curé de Vaucouleurs, le prie d'exorciser la jeune fille et se rend avec lui chez Henri Le Royer. Le prêtre, vêtu du surplis et de l'étole, commence les adjurations : « Si tu viens du malin esprit, éloigne-toi; si tu viens de Dieu, approche. » Jeanne s'agenouille et se traîne jusqu'aux pieds du représentant de Dieu, par respect, mais non sans se plaindre de sa façon d'agir. « Ce n'est pas bien de sa part, murmura-t-elle, puisqu'il m'a entendue en confession (1). »

Cette fois, Baudricourt céda, non par enthousiasme comme les bourgeois et le peuple de la ville, mais après mûre réflexion, parce que son bon sens lui indiquait qu'il y avait là quelque chose d'extraordinaire et de sacré. Le jour du départ fut fixé au mercredi 23 février. La Pucelle était heureuse; ses Voix ne l'avaient pas trompée; le rude chevalier avait fini par se laisser vaincre.

Sa première pensée fut pour ses parents, qu'elle savait affolés de douleur, depuis qu'ils étaient instruits du véritable motif de son départ. Elle leur écrivit pour les consoler et pour solliciter en même temps un pardon qui ne lui fut point refusé (2). C'est ainsi que la piété filiale s'alliait chez elle, sans rien perdre de sa vigueur ni de son parfum, à deux

______

(1) Déposition de Catherine Le Royer : *Procès*, t. II, p. 446. — A quel moment cet exorcisme eût-il lieu? Le témoin ne précise pas. Nous estimons qu'il est plus logique de le placer, comme épreuve finale, après la confirmation du désastre de Rouvray.

(2) *Ibid.*, t. I, p. 129.

vertus d'un ordre plus élevé : le patriotisme chrétien et l'obéissance à Dieu.

Gens du peuple et bourgeois affluaient autour d'elle, l'interrogeant à l'envi et la pressant de questions relatives à son voyage. « La route est semée d'obstacles; comment les surmonterez-vous? Elle est infestée d'ennemis; comment ferez-vous pour passer au milieu d'eux ? » Et la Pucelle leur répondait avec une admirable simplicité : « Je ne crains ni les uns ni les autres : j'ai Dieu pour moi. C'est lui qui me fraiera la voie. J'irai vers le dauphin; je le conduirai à Reims. » Et elle ajoutait : « C'est pour cela que je suis née (1). » Sublime parole que celle-là ! Le Sauveur l'avait jetée, le premier, à la face de ses contradicteurs. Jeanne se l'approprie sans orgueil . Le Christ est né pour le salut de l'humanité tout entière; la vierge domrémoise, pour l'affranchissement de son pays.

Le 23 février, tout était prêt. Jeanne bondit sur son coursier, acclamée par la foule, belle dans la fraîcheur de ses dix-sept ans, gracieuse sous le costume militaire de l'époque, « pourpoint noir, chausses attachées, robe courte de gros gris noir, cheveux ronds et noirs, chapeau noir sur la tête (2) », l'épée au côté, don du capitaine. Avec son escorte, composée de six hommes, Bertrand de Poulangy, Jean de Metz, leur deux serviteurs Julien et Jean de Hennecourt, le messager royal Colet de Vienne et l'archer Richard, elle montait au château pour saluer le sire de Baudricourt. Celui-ci fit jurer

(1) Déposition d'Henri Le Royer : *Procès*, t. II, p. 449.

(2) *Relation du greffier de la Rochelle* : apud AYROLES, *La vraie Jeanne d'Arc*, t. III, p. 202.

aux deux officiers qu'ils la conduiraient saine et sauve à
Chinon, les chargea d'une lettre à destination du roi, où il
relatait de quelle manière et en quels termes la paysanne
domrémoise lui avait annoncé l'insuccès de la bataille de
Rouvray ; puis, d'un geste martial, montrant au loin les
plaines de l'Ile-de-France : « Va, dit-il à la Pucelle ! Va, et
advienne que pourra (1) ! » Et Jeanne, avec son escorte, descendit les pentes de la colline, passa sous la porte de France
et s'élança au trot, à travers la brume, dans la direction de
Montigny-lès-Vaucouleurs. Elle était entrée dans la période
active de sa carrière : période si courte et si féconde pour
l'avenir du pays !

Le trajet de Vaucouleurs à Chinon dura onze jours, semé
d'incidents dont nous relaterons les principaux, ceux qui nous
font mieux connaître le caractère de la Libératrice.

Les sept voyageurs évitèrent soigneusement le château
d'Echency, occupé par un Anglo-Bourguignon, Jean de Din-
teville. Le jeudi, 24 février, vers les deux ou trois heures
du matin, ils frappaient à la porte de l'abbaye de Saint-
Urbain, où ils reçurent un cordial accueil de la part de l'abbé
Arnoult d'Aulnoy, proche parent du sire de Baudricourt. Le
soir, ils étaient à Clairvaux. Le samedi suivant, 26, à la tombée
de la nuit, ils pénétraient dans les faubourgs d'Auxerre,
après avoir traversé la Marne, l'Aube, la Seine, l'Armançon,
l'Yonne, malgré la crue de ces rivières ; car les ponts étaient
gardés, et il fallait chercher les gués.

(1) *Procès*, t. I, p. 55.

Jeanne exerçait sur ses compagnons un ascendant dont le caractère était d'être aussi bienfaisant qu'il était irrésistible. Il est intéressant, sous ce rapport, d'entendre leurs dépositions. « J'étais jeune alors, déclare Bertrand de Poulangy, et cependant je n'eus jamais aucune mauvaise pensée à son endroit. Je n'eusse jamais osé, du reste, lui faire une proposition peu séante : tant la beauté de son âme resplendissait au dehors ! Souvent, pendant nos onze jours de marche, mille doutes sur l'issue de notre entreprise nous traversaient l'esprit. La Pucelle les dissipait, nous exhortant à ne rien craindre et affirmant qu'une fois arrivés à Chinon, le dauphin nous accueillerait avec bienveillance. — Elle ne jurait jamais, et d'autre part, ses paroles m'enflammaient : *Je la regardais comme une Envoyée de Dieu.* Je ne vis jamais en elle ombre de mal ; elle était aussi bonne que l'eût été une sainte (1). »

Mêmes sentiments, avec un tour plus vif, chez l'autre chevalier, Jean de Metz. Il raconte comment il l'interrogeait, en chevauchant à côté d'elle. « Mais, Jeanne, ferez-vous bien tout ce que vous nous dites ?

— « *Soyez sans crainte*, répartit-elle ; *j'ai ordre d'agir de la sorte, et ce sont mes frères du Paradis qui me tracent ma ligne de conduite. Voilà déjà quatre ou cinq ans qu'ils m'ont prévenue qu'il me faudrait guerroyer pour reconquérir le royaume.* »

La confiance de l'Inspirée était communicative. Ses échap-

(1) *Procès*, t. II, p. 457-458.

pées sur les révélations de ses Voix et les hautes destinées de la France ravissaient l'officier ; ses vertus plus encore, par-dessus tout sa modestie virginale et sa ferveur. « Moi aussi, dit-il, je croyais à sa mission. Sa parole allumait au fond de mon cœur la flamme de l'amour divin. J'estimais qu'*elle était une Envoyée de Dieu*. De plus, la voyant compatir à toutes les infortunes, il m'arrivait fréquemment de lui mettre en main quelques pièces de monnaie (1). » Jeanne les acceptait avec joie ; elle éprouvait ensuite un bonheur infini à distri-buer des aumônes si délicatement offertes, et les hommes de guerre n'étaient pas peu touchés d'entendre tomber de ses lèvres des phrases d'une mélodie supraterrestre comme celle-ci : « Ma mission à moi, c'est de consoler tous les mal-heureux (2). »

Les deux officiers vivaient à côté de la Pucelle, sans la perdre un instant de vue ; aussi leurs déclarations ont-elles une valeur inestimable. Cette vierge pudique, aux pensées si élevées, leur apparaissait, dès les premières journées de cette vie en commun, non comme une amazone des temps antiques, mais comme un être privilégié, en communication intime avec la divinité et d'une vertu supérieure qui les inclinait à croire à la véracité de ses affirmations ; et de là, chez eux, ce fait vraiment étrange, unique dans l'histoire et qui deviendra bientôt général : une soumission aveugle, constante, enthou-siaste, à l'impulsion d'une jeune fille de dix-sept ans.

A partir de Gien, les voyageurs étaient en terre française.

(1) *Procès*, t. II, p. 437-438.
(2) *Ibid.*, t. III, p. 83.

Le samedi 5 mars, ils atteignaient Sainte-Catherine-de-Fierbois et y passaient la nuit. En pays ennemi, la Pucelle, de peur d'être reconnue, n'avait pu assister que deux fois au saint sacrifice, à l'abbaye de Saint-Urbain, et à Auxerre dans la cathédrale Saint-Etienne. A Sainte-Catherine-de-Fierbois, pour se dédommager et satisfaire sa piété, le dimanche 6 mars elle entendit trois messes et répandit son âme, dans une large effusion de reconnaissance, devant la statue de sa protectrice, la vierge martyre d'Alexandrie. C'est de cette localité qu'elle adressa au roi la supplique suivante, d'une allure peu commune. « J'ai fait cent cinquante lieues pour venir jusqu'à vous et vous prêter assistance. J'ai beaucoup d'excellentes choses à vous révéler. Comme preuve de ce que j'avance, je vous reconnaîtrai entre tous (1). » Puis elle monta en selle pour la dernière étape.

On n'était plus qu'à huit lieues de Chinon. Aux approches de cette ville, la faible escorte faillit être victime d'une embuscade que lui tendirent des brigands armagnacs. Prévenus par la rumeur publique de l'arrivée de la Pucelle, ils s'étaient apostés sur la route, en vue de piller ou de rançonner ; mais lorsque Jeanne parut, ils se sentirent comme cloués au sol et dans l'impuissance d'exécuter leur criminel projet ; et les sept voyageurs passèrent, calmes et paisibles, sans même se douter du péril qu'ils couraient. La Providence veillait sur eux, et à cette heure elle intervenait directement en leur faveur. Nous tenons cet épisode de Pierre de Ver-

_____

(1) *Procès*, t. I, p. 75.

sailles, évêque de Digne, à qui les bandits eux-mêmes firent plus tard l'aveu de leur coupable tentative (1).

Enfin le 6 mars (2), Jeanne aperçoit dans le lointain les tours massives du donjon royal. Vers midi, elle met pied à terre dans la ville, en s'aidant de la margelle d'un puits, s'installe provisoirement dans une modeste hôtellerie ; et là elle attend la réponse du « gentil dauphin. »

(1) G. DE COUGNY, *Chinon et ses monuments* (Chinon, 1889), p. 97-98.
(2) Date généralement admise. Voir *Procès*, t. IV, p. 313; MOROSINI, t. III, p. 45 ; et la Chronique du Mont-Saint-Michel.

CHAPITRE IV

A CHINON. — A POITIERS

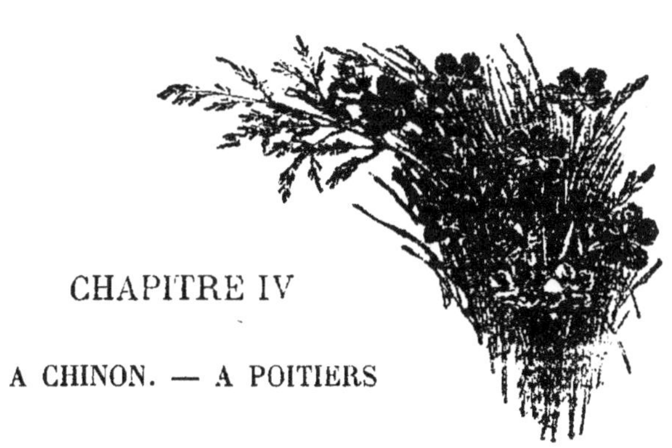

I. — A Chinon

Qui n'a visité les ruines du château de Chinon ? Elles se dressent, grandioses encore, mais silencieuses, dans un site superbe, sur une éminence dominant la ville qui s'agite à ses pieds, le cours de la Vienne et toute la vallée. Au xve siècle, tout vivait dans cette enceinte de murs crénelés qui, avec leurs tours, leurs donjons, leurs barbacanes, formaient une résidence royale unique en son genre, la plus belle, dit-on, de toute la France. Elle se composait de trois châteaux qui, vus de loin, se confondaient, mais en réalité, étaient séparés par des poternes, des douves et des barrières : à droite, le fort Saint-Georges ; à gauche, le château du Coudray ; au centre, le manoir du souverain.

C'est là que s'était réfugié celui que les Anglais appelaient par dérision « le roi de Bourges », Charles VII, alors âgé de vingt-six ans : prince d'une intelligence nette et réfléchie, à qui l'histoire attachera plus tard l'épithète de *victorieux*, mais voué pour le moment à toutes les infortunes ; né d'un monarque devenu fou et d'une reine sans mœurs ; victime des factions et rendu responsable du sang de Jean-Sans-Peur, qui avait été poignardé sous ses yeux, mais malgré lui ; déshérité par son indigne mère, obligé de reculer chaque jour devant les Anglo-Bourguignons, démoralisé par l'insuccès de ses armes ; et par suite inquiet, soupçonneux, morose.

En 1429, le Conseil de la couronne comptait trois personnages qui, à des degrés divers, exerçaient l'autorité royale en son nom : — Georges de la Trémoille, âme basse et cupide, ambitieux sans scrupules, qui n'avait pas rougi de pousser le roi à disgracier le connétable de Richemont, son protecteur ; — Regnault de Chartres, archevêque de Reims, un de ces diplomates qui ne conçoivent pas qu'il puisse y avoir une sagesse supérieure à la leur ; — et Raoul de Gaucourt, bailli d'Orléans, brave soldat à qui la défaite d'Azincourt avait coûté dix ans de captivité, mais peu disposé par tempérament à admettre qu'il faille préférer l'inspiration d'une petite paysanne au jugement des guerriers vieillis sous le harnais. Heureusement il y avait, à côté de ces trois personnages, d'autres conseillers officiels ou officieux chez qui la Pucelle trouverait aide et appui. C'étaient Robert le Masson, seigneur de

Trèves en Anjou, sujet loyal et ami dévoué du prince, à qui il avait sauvé la vie en 1418 lors de la prise de la capitale par les Bourguignons ; Gérard Machet, confesseur du roi, jadis proviseur au Collège de Navarre, théologien éclairé et prêtre très digne ; la reine Marie d'Anjou, et plus encore la belle-mère du roi, Yolande d'Aragon, épouse de Louis II d'Anjou et reine de Sicile, femme de caractère, de décision et de ressources, qui était l'âme du parti national.

Les deux guides de la Pucelle, mandés par le dauphin, lui remirent la lettre de Baudricourt. Sur leurs intances, l'affaire fut soumise au Conseil royal, où se manisfestèrent immédiatement les deux courants d'opinion qu'il était facile de pressentir, les uns regardant comme une folie de recevoir « une aventurière », les autres réclamant une étude attentive de la question. Ce dernier avis prévalut. Par ordre du souverain, on procéda à une enquête ; des Frères-Mineurs partirent pour Domrémy, pendant que les officiers de la cour allaient interroger la jeune fille : « Pourquoi êtes-vous venue de si loin? » Elle se contenta de répondre : « C'est au dauphin que j'ai à parler ; c'est à lui seul que je dirai tout. Je suis venue pour délivrer Orléans et conduire le dauphin à Reims, où il sera couronné (1). »

Peut-être les choses eussent-elles traîné en longueur, sans un message de Dunois, gouverneur d'Orléans : message apporté par deux chevaliers de marque : Archambaud de Villars, capitaine de Montargis, un des survivants du combat

____

(1) *Procès*, t. III, p. 115.

singulier de Montendre (1402) où sept Français se mesurèrent avec sept Anglais ; et Jamet du Tillay, écuyer breton qui venait de se distinguer à Rouvray, en couvrant la retraite des Français. De Gien, le bruit du passage de la Pucelle et du but de son voyage s'était vite répandu sur les bords de la Loire. Illusion ou espoir, Dunois et la ville assiégée tenaient à être renseignés sur ce point. Pressé de répondre, le roi se décida à accorder sans plus de retard l'audience demandée par Jeanne : résolution que celle-ci connut immédiatement par ses Voix. « Fais bon visage, lui dit saint Michel ; l'heure est venue où mes promesses vont s'accomplir. »

Elle se dirigea donc vers le château, accompagnée de ses deux guides, Bertrand de Poulangy et Jean de Metz. C'était le 9 mars, au déclin du jour. Déjà elle approchait du pont-levis, lorsqu'un soudard impudent s'écria : « N'est-ce pas là la Pucelle? » Et il l'apostropha par des injures et des blasphèmes. « Malheureux, lui dit-elle avec un accent de profonde tristesse ! Tu renies Dieu, et tu es si près de la mort ! » Une heure ne s'était pas écoulée que l'insulteur tombait dans la rivière et se noyait (1).

Pénétrons avec Jeanne dans l'enceinte du château. La salle des audiences royales, vaste pièce aux élégantes baies gothiques, au carrelage émaillé de fleurs de lys, n'a jamais été témoin d'une scène plus mémorable. Cinquante hommes d'armes se tiennent le long des murs, torches à la main ; les

____

(1) Déposition de Jean Pâquerel : *Procès*, t. III, p. 102.

pierres précieuses et les broderies d'or des seigneurs de la cour scintillent sous la lumière ; trois cents chevaliers circulent autour du trône. La Pucelle a promis de reconnaître le dauphin entre tous. Il se dissimule dans une chambre de retrait, pendant que Charles de Bourbon, comte de Clermont, joue le rôle du roi. Louis de Bourbon, comte de Vendôme, remplit l'office d'introducteur et va au-devant de la jeune fille. Les tapisseries s'ouvrent ; elle entre, éblouie, mais non déconcertée ; ses yeux ont contemplé d'autres clartés, plus ravissantes, les clartés du ciel ! On la mène au comte de Clermont. « Ce n'est pas là le roi », déclare-t-elle. Troublé, Louis de Bourbon lui montre un autre personnage. « Oh ! non, s'écrie-t-elle ! Si le dauphin était là, je le reconnaîtrais. » Charles VII sort au même moment de la chambre de retrait, pour suivre de plus près les mouvements de l'assemblée. L'Inspirée va droit à lui, et lui fait les salutations accoutumées, « avec la même aisance, racontent les contemporains (1), que si elle eût été élevée à la cour ». « Gentil prince, lui dit-elle, Dieu vous donne bonne vie !

— Je ne suis pas le roi, réplique-t-il. Le voilà, ajoute-il, en désignant le comte de Clermont.

— En nom Dieu, reprend Jeanne, c'est vous et non un autre. Gentil dauphin, j'ai nom Jeanne la Pucelle. Le Roi des cieux vous mande par moi que vous serez sacré et couronné à Reims ; et vous serez le lieutenant du Roi des cieux, qui est roi de France. Mettez-moi à l'œuvre, et la patrie sera bientôt

(1) Jean CHARTIER : *Procès*, t. IV, p. 52.

allégée. » Un sourire sceptique effleure les lèvres du prince. L'Inspirée reprend avec douceur : « Gentil dauphin, pourquoi ne me croyez-vous pas? Je vous dis que Dieu a pitié de vous, de votre royaume et de votre peuple. Saint Louis et Charlemagne sont à genoux devant lui et prient pour vous. » Puis tout bas, à l'oreille : « Je vous dirai, si vous le désirez, quelque chose qui vous prouvera que vous devez me croire (1). »

Le roi l'emmène un peu à l'écart, et la Pucelle, lui révélant un secret qui le torturait depuis longtemps, lui dit avec autorité : « Je te l'affirme de la part de mon Seigneur, tu es vrai héritier de France et fils du roi (2). » Puis, lui rappelant une des pages les plus douloureuses de sa vie : « Un matin, vous êtes entré dans votre oratoire, et là, sans témoin, sans prononcer aucune parole, vous avez adressé à Notre-Seigneur une requête suppliante dont voici les termes : « Si je suis vraiment un descendant de la noble maison de France et l'héritier légitime du trône, qu'il vous plaise de me conserver ma couronne; ou du moins accordez-moi la grâce d'échapper à la mort et à la captivité et de trouver un refuge en Espagne ou en Ecosse, auprès des rois, nos frères d'armes et nos alliés (3). » Elle

---

(1) V. Déposition de Jean Pâquerel : *Procès*, t. III, p. 103 ; — Jean CHARTIER, *ibid.*, t. IV, p. 52 ; — Journal du siège d'Orléans, *ibid.*, t. IV, p. 127 ; — Chronique de la Pucelle : *ibid.*, t. IV, p. 208.

(2) *Ibid.*, t. III, p. 103.

(3) *Le secret* fut révélé plus tard par Charles VII lui-même à Guillaume Gouffier, seigneur de Boisy, son chambellan. Celui-ci, à son tour, en fit part à son jeune ami, Pierre Sala, qui l'a consigné dans son livre des Hardiesses. *Ibid.*, t. IV, p. 280 ; — cf. *ibid.*, p. 258.

évoquait ainsi les uns après les autres maints souvenirs intimes : « ce dont le roi fut fort ébahi ; car il n'y avait personne qui pût les connaître, hormis Dieu et lui (1). » Comment n'y pas voir, ainsi qu'elle l'affirmait, « le signe spécial » et la preuve authentique d'une mission extraordinaire ? Après ce regard sur le passé, elle s'occupa de l'avenir. Esquissant à sa manière les différentes conditions du relèvement national, elle en signala une d'une importance capitale à ses yeux. « *Gentil dauphin, posez d'abord sur le front du Christ la couronne de saint Louis, et le Christ, en retour, vous rendant toutes vos provinces, vous bénira comme il a béni vos aïeux.* »

L'entretien avait duré plus d'une heure. Le roi, pleinement convaincu et surmontant son indécision habituelle, se retourna vers les chevaliers, et d'un air rayonnant : « Vraiment, leur dit-il, la Pucelle m'est envoyée de par Dieu pour m'aider à recouvrer mon royaume (2). » Il congédia la jeune fille avec honneur, lui assigna une demeure dans le château du Coudray et la confia aux soins d'une des femmes les plus vertueuses de la cour, Anne de Maillé, épouse de Guillaume Bellier, majordome du roi et lieutenant de Raoul de Gaucourt.

Telle est l'entrevue royale du 9 mars, intéressante en elle-même et riche de détails empruntés à des documents d'une autorité incontestable, importante surtout à cause de l'orien-

----

(1) Déposition du duc d'Alençon : *Procès*, t. III, p. 91.
(2) Déposition de Jean d'Aulon : *ibid.*, t. III, p. 210.

tation nouvelle qu'allait prendre la monarchie, vers l'espoir et la délivrance.

Le soir même de cette entrevue, Charles VII, d'accord avec son Conseil et pour ne pas compromettre la dignité royale, décidait la création d'une commission d'hommes compétents, prélats et docteurs, chargée de soumettre à un rigoureux examen les dires de la vierge domrémoise. Le lendemain matin, il la mandait de nouveau près de lui. La conversation venait de s'engager, lorsque survint un jeune seigneur qu'il s'empressa de présenter à la petite pastourelle. « Voici mon cousin, le duc d'Alençon », lui dit-il, heureux de la mettre en contact avec les grands de sa cour.

— « Soyez le bien venu, répondit-elle avec aisance, en se tournant vers le duc. Plus il y aura de sang royal ensemble, mieux cela vaudra (1). »

Saluons tout de suite ce jeune seigneur, destiné à devenir l'auxiliaire aussi constant que dévoué de l'Envoyée de Dieu. C'était Jean II, prince de la branche des Valois, cousin de Charles VII et gendre du duc d'Orléans (2). Son père était tombé, percé de coups, sur le champ de bataille d'Azincourt, au moment où il frappait de sa hache Henri V d'Angleterre. Lui-même, blessé au combat de Verneuil le 6 août 1424 et emmené en captivité, n'était rentré en France que le 3 octobre 1427, moyennant une rançon énorme (200.000 écus d'or), non encore entièrement payée. L'invasion anglaise

---

(1) Déposition du duc d'Alençon : *Procès*, t. III, p 91.

(2) Le comté d'Alençon avait été érigé en duché en faveur de son père, Jean Ier.

l'avait forcé à se réfugier avec les siens à l'abbaye de Saint-Florent, près de Saumur. Le mercredi 9 mars, il chassait aux cailles, dans les landes qui avoisinent l'abbaye, lorsqu'on vint lui annoncer l'arrivée à Chinon d'une libératrice, venue des Marches de la Lorraine (1). Eut-il en ce moment un pressentiment de l'avenir ? Peut-être. Il voulut voir cette libératrice, l'entendre ; et dès le lendemain, en effet, il assistait au colloque intime dont nous avons parlé et qui se poursuivit en sa présence. Il entendit Jeanne exprimer au dauphin, avec une touchante franchise, les vœux que lui suggérait la situation du royaume. « Rendez vos États au Seigneur, de qui vous les tenez. Pardonnez à ceux des vôtres qui ont pris les armes contre vous ou vous ont causé quelque peine. Enfin sachez oublier votre propre grandeur, et recevez en grâce tous ceux qui, pauvres ou riches, amis ou ennemis, imploreront leur pardon (2). » Et celle qui émettait des principes d'une philosophie si profonde et d'une application si opportune, était une petite paysanne illettrée ! Le duc d'Alençon, stupéfait, lui voua sur l'heure une admiration qui, nous le verrons, ira toujours croissant, et une fidélité que l'adversité n'ébranlera pas.

Le même jour (10 mars), dans l'après-dîner, Jeanne descendit avec les seigneurs de la cour dans la prairie de la Vienne, pour prendre part à ces joutes équestres qui passion-

(1) *Procès*, t. III, p. 91.

(2) Résumé — de source officielle — fourni par un chroniqueur allemand, Eberhard de Windecken, trésorier de l'empereur Sigismond : *ibid.*, t. IV, p. 486.

naient alors la noblesse. Elle sauta en selle, se tint ferme sur
son palefroi et rompit la lance, avec une dextérité qui émer-
veilla ces rudes chevaliers, et tout particulièrement le duc
d'Alençon. « Jeanne, lui dit-il, c'est parfait. Je vous offre
votre premier cheval de guerre (1). » Elle les étonnait plus
encore, par ses quelques échappées sur le but de sa mission
ou par ses vues prophétiques. « Là-bas, sous les murs
d'Orléans, affirmait-elle un jour en présence du roi, je serai
blessée par un trait, mais n'en mourrai pas (2). » Et dans
une autre circonstance : « Cet été, n'en doutez pas, gentil
dauphin, je vous conduirai à Reims pour votre couronnement. » — Prédictions catégoriques, précises, dont la seconde
était humainement irréalisable, et que tous les auditeurs
consignaient aussitôt dans leurs notes. pour les transmettre
au loin.

Dès le 11 ou le 12 mars. la commission ecclésiastique,
chargée par Charles VII d'examiner la fille d'Isabelle Romée,
entrait en fonctions. Le duc d'Alençon assistait aux séances,
et c'est lui qui nous désigne les membres les plus influents de
cette commission : Gérard Machet, confesseur du roi ; le franciscain Simon Bonnet, plus tard évêque de Senlis ; Robert de
Rouvres, évêque de Séez ; Hugues de Combarel, évêque de
Poitiers ; Pierre de Versailles qui mourut évêque de Meaux ;

(1) Déposition du duc d'Alençon : *Procès*, t. III, p. 92.

(2) Lettre du sire de Rotselaer, représentant du comte de Flandre auprès
de Charles VII, à son souverain : Bibliothèque royale de Bruxelles,
registres noirs, 1er volume. — La lettre est datée du 22 avril 1429, par
conséquent antérieure à la réalisation de la prophétie. Voir *ibid.*, t. I,
p. 79.

et Jourdain Morin, député de Charles VI au Concile de Constance (1). Ils fatiguaient Jeanne de leurs interrogations ; mais
nul n'hésitait à louer la sincérité de ses réponses, l'intégrité
de sa foi, la pureté de ses mœurs. De même les dames de la
cour, Jeanne de Preuilly, épouse de Raoul de Gaucourt, et
Jeanne de Mortemer, femme du seigneur de Trèves. De même
les conseillers de Charles VII, à l'exception de la Trémoille.
Cependant le monarque estima que, dans une affaire si grave,
l'épreuve n'était pas suffisante ; il voulut, pour éclairer l'opinion publique, que la vierge domrémoise fût officiellement
examinée par l'Université, c'est-à-dire par cette partie de
l'Université de Paris qui, pour échapper à la tyrannie anglo-
bourguignonne, s'était transportée, en même temps que le
Parlement, dans la vieille et fidèle capitale du Poitou. Le
départ pour cette ville fut fixé aux derniers jours de mars
(probablement au 28).

C'est dans l'intervalle entre le 12 et le 28 mars, d'après un
document de l'époque, la *Chronique* de Perceval de
Cagny (1), que Jeanne entreprit le voyage de Saumur. « *Ce
ne fut guère après sa venue à Chinon*, y lisons-nous,
qu'elle alla voir la duchesse d'Alençon à l'abbaye de Saint-
Florent. » Jean II et la Pucelle franchirent avec joie la distance
qui sépare Chinon de Saumur, pour des motifs différents, le

(1) *Procès*, t. III, p. 92.
(2) Cette chronique fait autorité en tout ce qui concerne le duc d'Alençon,
dont Perceval de Cagny fut le maître d'hôtel et l'historiographe. V. *ibid.*,
t. IV, p. 10. — Le duc d'Alençon (*ibid.*, t. III, p. 96) narre brièvement
ce voyage, mais sans indiquer ni la date ni le point de départ.

duc se faisant une fête de présenter l'Inspirée à son épouse et
à sa mère, la Pucelle voyant dans cette visite un moyen
d'assurer l'avenir ; car le plan qu'elle poursuivait, en
songeant à son armée future, c'était de placer à la tête de ses
hommes un chef capable d'imposer silence aux diverses compétitions et de commander à des capitaines d'une valeur
incontestable, mais jaloux les uns des autres et se croyant
des droits égaux à la direction ; c'était de s'attacher un prince
du sang, et ce prince du sang chevauchait à ses côtés.

A Saint-Florent, elle trouva deux femmes éplorées,
l'épouse et la mère du duc : Jeanne d'Orléans, fille aînée de
Charles d'Orléans et d'Isabelle de France ; et Marie de
Bretagne, fille de Jean V de Bretagne et de Jeanne de
Navarre. La Pucelle, qu'aucune douleur ne laissait indiffé-
rente, les réconforta l'une et l'autre par de douces paroles.
Mais aux premières ouvertures qu'elle fit sur les projets que
nous lui connaissons, elle sentit qu'elle se heurtait à de
grosses difficultés. Jeanne d'Orléans était en proie aux plus
poignantes angoisses : son père était retenu prisonnier dans
les geôles de Londres, depuis la bataille d'Azincourt (1415) ;
elle-même était ruinée par les sommes exorbitantes
qu'exigeaient, pour la libération de son mari, les vainqueurs
de Verneuil. Et celui-ci affronterait de nouveau les hasards
de la guerre ! Elle craignait pour lui les périls, les blessures,
les rançons ; elle craignait tout. « Cessez de vous désoler,
répartit la Pucelle. Votre père reviendra de la captivité. Et
quant à votre mari, je vous le rendrai, je vous le promets,
sain et sauf, en aussi bon état et même en meilleur état qu'il

est maintenant (1). » Les deux grandes dames eurent foi dans sa parole ; et après leur avoir consacré « trois ou quatre jours », la Pucelle revint à Chinon, heureuse d'avoir trouvé et de ramener avec elle « un prince du sang », un généralissime pour ses milices futures.

L'intimité s'établit vite en pareilles conditions. Aussi se permettra-t-elle désormais d'appeler familièrement Jean II *mon beau duc :* ce qui sera loin de lui déplaire.

Peu de temps après, — dans les derniers jours de mars 1429, ainsi que nous l'avons annoncé plus haut, — Charles VII quittait Chinon et se mettait en route avec son escorte d'honneur et la Pucelle, mais sans indiquer à celle-ci le point terminal du voyage. Elle en fut avertie, à mi-chemin, par ses frères du ciel. « Je sais bien, soupira-t-elle, que j'aurai beaucoup à faire *à Poitiers;* mais mon Seigneur m'aidera. Allons donc de par Dieu (2) ! »

II. — A Poitiers

Pendant toute la durée de son séjour dans cette ville, elle logea à l'hôtel de la Rose, occupé par un magistrat des plus intègres, Jean Rabateau, avocat général pour les causes criminelles au Parlement. C'est dans cette maison qu'elle fut interrogée. La Commission d'enquête n'était pas plus que

(1) Déposition du duc d'Alençon : *Procès*, t. III, p. 96.
(2) Journal du siège d'Orléans : *ibid.*, t. IV, p. 128.

celle de Chinon un tribunal jugeant un procès en matière de foi, mais plutôt un jury d'honneur chargé d'émettre un avis officiel sur une question délicate intéressant l'avenir du pays. Elle se composait de théologiens renommés, avec l'archevêque de Reims, Regnault de Chartres, pour président. La présence de ce dernier était une garantie ; car on savait qu'il n'était pas homme à laisser passer sans contrôle les assertions ou les faits.

Nous n'avons pas la liste complète des examinateurs. De plus (ce qui est une lacune bien autrement regrettable), les procès-verbaux des séances ont été détruits, sans nul doute par des personnages intéressés à leur disparition ; il ne nous en reste, en dehors des conclusions, que des bribes, éparses dans les feuilles du Procès de réhabilitation, assez pourtant pour nous permettre de restituer à l'examen sa véritable physionomie. Une vaste salle, fermée au public ; au sommet, des docteurs bardés d'Écriture Sainte et de droit canon ; à l'extrémité opposée, la fille d'Isabelle Romée, impatiente d'agir, mais résignée.

Au premier interrogatoire, Jeanne rend compte de ses visions et de l'ordre que lui a intimé l'archange saint Michel d'aller au secours du dauphin. « Pourquoi lui donnez-vous le nom de dauphin, lui demande-t-on, alors qu'il y a six ans qu'il a été proclamé roi ?

— Je ne lui donnerai le titre de roi, réplique-t-elle, que lorsqu'il aura été couronné et sacré à Reims, où j'ai mission de le conduire (1). »

(1) *Procès*, t. III, p. 20.

« Quel est votre dessein ? demande à son tour Pierre de Versailles.

— Je ne sais ni A ni B, répond-elle ; mais je viens de la part du Roi des cieux pour faire lever le siège d'Orléans et conduire le roi à Reims, afin qu'il y reçoive l'onction royale (1). »

Sur ce, un Dominicain, Guillaume Aymeri, prend la parole. « Vous nous dites, objecte-t-il, que le Très-Haut veut délivrer le peuple de France du joug des calamités qui l'oppriment. Si tel est son bon plaisir, il n'a pas besoin d'hommes d'armes !

— *En nom Dieu*, réplique-t-elle avec vivacité, *les hommes d'armes batailleront, et Dieu donnera la victoire.* » Éclair de foi ou de génie, le mot frappe le Dominicain, qui, réfléchissant, trouve que c'est bien répondu (2).

Voici un dialogue plus mouvementé, plus important aussi, entre la Pucelle et un autre Frère-Prêcheur, Séguin de Séguin, homme très érudit, mais s'exprimant en patois limousin et avec un accent désagréable. « Quelle langue parlent vos Voix ?

— *Un français meilleur que le vôtre.*

— Croyez-vous en Dieu ?

— *Mieux que vous.* »

Boutades qui dérident un instant la docte assemblée, mais dont l'examinateur ne gardera pas rancune ; car c'est lui-même qui les rappellera, sans récriminer, au Procès de réhabilitation. Piqué, mais non déconcerté, il continue : « Une mission

(1) *Procès*, loc. cit., p. 74.
(2) Déposition du Frère Séguin de Séguin : *ibid.*, p. 204.

extraordinaire ne s'impose point sans miracles. Où sont les
vôtres ? Ce n'est pas moi qui, sur votre seule parole, conseil-
lerai au roi de réunir ses milices et de risquer une bataille !
— En nom Dieu, je ne suis pas venue à Poitiers pour opérer
des prodiges ; mais qu'on m'envoie à Orléans, avec n'importe
quel chiffre de soldats, et je ferai lever le siège de cette ville.
C'est là le signe de ma mission. » Puis, se recueillant,
l'Inspirée fait quatre prédictions « que j'ai entendues de mes
oreilles, déclare le même Frère-Prêcheur, et dont j'ai vu l'accomplissement. » 1° Les Anglais seront chassés d'Orléans, et
la ville sera délivrée ; 2° Le roi sera sacré à Reims ; 3° Paris
rentrera sous l'obéissance de son prince légitime ; 4° Le duc
d'Orléans reviendra de la captivité (1). « Maîtres, — ajoute-
t-elle. comme pour justifier la hardiesse de son langage, — il
y a plus aux livres de Notre-Seigneur qu'aux vôtres (2). »

L'examen se poursuivit de la sorte pendant treize jours.
Les séances étaient longues ; mais, du moins elles permet-
taient aux docteurs, gens de raison plus que d'imagination,
de constater par eux-mêmes, les qualités exceptionnelles de
la petite paysanne qui était devant eux. La lumière se faisait
peu à peu dans les esprits. Un jury de nobles dames, dont
Yolande d'Aragon était l'âme et la présidente, rendait témoignage à l'intégrité virginale de la Pucelle. Les Franciscains,
de retour de leur enquête à Domrémy, racontaient mille récits
merveilleux qui excitaient l'enthousiasme parmi la population

(1) *Procès*, t. III, p. 204-205. — Le duc d'Orléans était alors prisonnier à
Londres.
(2) *Ibid.*, t. III, p. 86.

poitevine. Les hôtes de l'héroïne, Jean Rabateau et son
épouse, ne tarissaient pas en éloges sur son esprit de mortification, sa ferveur et sa piété (1). Bien plus, certains
notables, présidents ou conseillers du Parlement, qui, avant
de l'avoir vue ou entendue, la traitaient de visionnaire, nous
dirions aujourd'hui d'hallucinée, ne la quittaient point sans
la regarder comme une créature absolument privilégiée.
Quant aux dames qu'offusquait son costume militaire, elle
réfutait leurs objections par cet argument à la fois si simple
et si lumineux : « Puisque je dois porter les armes au service
du dauphin, cette vocation n'exige-t-elle pas que je prenne des
vêtements d'homme ? Et n'est-ce pas le meilleur moyen de
sauvegarder mon honneur et ma virginité (2) ? »

Enfin, les docteurs, dûment informés, formulèrent leur
jugement dans un rapport dont les conclusions seules nous
sont parvenues. Ils invitent le souverain, vu l'état calamiteux
du royaume, à ne pas rejeter le secours qui lui est offert.
« Publiquement et secrètement la Pucelle a conversé avec
toutes gens ; mais en elle, on ne trouve point de mal, fors
que (3) bien, humilité, virginité, dévotion, honnêteté, sim-
plesse.... Le roi, attendu la probation faite de la dite
Pucelle..., ne la doit point empêcher d'aller à Orléans avec
ses gens d'armes, mais la doit faire conduire honnêtement, en
espérant en Dieu ; car la mettre en suspicion ou la délaisser
sans apparence de mal serait résister au Saint-Esprit et se

(1) *Procès*, t. III, p. 82 : déposition de Jean Barbin.
(2) Chronique de la Pucelle : *ibid.*, t. IV, p. 211.
(3) Mais seulement.

rendre indigne de l'aide de Dieu, comme dit Gamaliel en un conseil des Juifs au regard des apôtres (1). »

Tel est, en substance, le verdict de Poitiers : verdict prononcé, après un mûr examen, sans pression d'aucune sorte, par les plus célèbres docteurs de l'Université, et confirmé par deux hommes qui étaient alors la lumière de l'Église de France : Jacques Gélu, archevêque d'Embrun, et le grand Gerson, l'ancien chancelier de l'Université de Paris, qui laissait échapper de ses lèvres ce cri d'admiration : « C'est l'œuvre du Très-Haut (2)! » A Rouen, nous entendrons un autre jugement, mais passionné, dicté par la haine, signé par des juges vendus et sans juridiction. Entre les deux, la critique ne saurait hésiter.

Charles VII, fort de l'appui moral de l'Université et du consentement de son Conseil, ne perd pas un instant pour aviser au ravitaillement de la cité orléanaise. Il charge la reine Yolande d'organiser immédiatement un convoi de vivres et de munitions : convoi pour lequel cette femme, entièrement dévouée à la couronne de France, engage jusqu'à sa vaisselle. En même temps, par une glorieuse exception qu'il n'aura pas à regretter, il nomme la Pucelle « chef de guerre (3). » L'héroïne, joyeuse, quitte Poitiers, aux acclamations de toute la ville, traverse Châtellerault et regagne promptement Chinon, en compagnie du roi, pour activer les armements.

---

(1) *Procès*, t. III. p. 391-392. — Cf. La déposition de Jean d'Aulon, témoin oculaire : *Ibid.*, p. 209.

(2) *A Domino factum est istud* (*ibid.*, t. III. p. 301 et 393).

(3) « *Dux belli.* » *Mémoires de Pie II : ibid.*, t. IV, p. 510.

AVANT LE COMBAT

(Doyen.)

CHAPITRE V

PRÉPARATIFS DE GUERRE

Tours était une des villes les plus indus-
trieuses du royaume. On y fabriquait des
draps de soie, d'or et d'argent, et aussi des
harnais de guerre; et ses armuriers rivali-
saient d'habileté avec ceux de Milan, de
Nuremberg et d'Augsbourg. Charles VII fit venir à Chinon un
de ces maîtres-armuriers, qu'on croit être Colas de Montbazon,
et lui commanda un habillement complet pour la Pucelle,
heaume, cuirasse, brassards, gantelets et les accessoires (1).
Quand il s'agit de l'épée, la Bienheureuse arrêta le roi. « Gentil
dauphin, lui dit-elle, ne vous en préoccupez pas; le ciel y a
pourvu. Mes Voix m'ont révélé que Dieu lui-même a voulu
choisir l'arme qu'il me destine : elle repose dans la chapelle

(1) Prix de cette armure : 100 livres tournois. V. *Procès*, t. V, p. 258.

de Sainte-Catherine-de-Fierbois, derrière l'autel. On la reconnaîtra à cinq petites croix gravées près de la garde (1). » L'armurier, muni d'une lettre de la Pucelle, se rendit au lieu désigné et y trouva en effet, renfermées dans un vieux coffre, plusieurs épées rouillées. Il prit celle qui était marquée de cinq croix ; et (chose étrange !) à mesure qu'on la nettoyait, la rouille tombait d'elle-même. L'héroïne, alors à Tours, la reçut avec une satisfaction marquée et la baisa avec respect. Les ecclésiastiques de Sainte-Catherine-de-Fierbois lui avaient offert un fourreau en velours cramoisi, les habitants de Tours, un autre en drap d'or ; elle en fit confectionner un troisième, moins précieux mais plus solide, en cuir.

Qu'était donc cette fameuse épée, une relique de Charles-Martel, ainsi que le rapportait la légende, ou bien un souvenir des croisades ? Peu nous importe. Ce que nous savons, c'est que la Bienheureuse n'en fit jamais usage. Ce que nous savons encore, c'est qu'elle aimait « quarante fois plus » (ce sont ses propres expressions), l'étendard qui lui servait de signe de ralliement, *son étendard à elle* : emblème aux dessins héraldiques, selon les goûts du temps, mais d'une inspiration mystique absolument à part. Ses frères du ciel lui en avaient tracé l'idéal ; un artiste de Tours, Hennes Polnoir, l'exécuta. Jeanne elle-même nous le décrit. C'etait une toile rectangulaire de boucassin blanc, frangée de soie et semée de fleurs de lys, retenue à la hampe par deux tiges de fer et se terminant « en pointe » (2). Tout près de la hampe, l'Homme-

(1) *Procès*, t. I, p. 76. — Cf. t. IV, p. 54, 55, 93.

(2) Chaque chef militaire avait un signe de ralliement. Le pennon « en

Dieu porté sur les nues, d'une main tenant le monde, et de l'autre bénissant deux lis présentés par deux anges, avec « la gloire » iconographique et la devise : *Jhesus Maria*, empruntées aux Franciscains (1). A la pointe de la flamme, la scène de l'Annonciation. Au centre, l'écu de France soutenu par deux anges, et au-dessous le modeste écusson de la Pucelle, une blanche colombe tenant en son bec un phylactère, avec cette inscription : *De par le Roi du ciel* (2).

On conçoit l'affection de Jeanne pour son étendard. C'est son « unique insigne de guerre », un insigne révélé d'en haut, un nouveau labarum cachant dans ses plis l'*In hoc signo vinces*, « le symbole authentique de sa mission et le gage de la victoire » ; ses Voix le lui ont affirmé. « Arbore-le au front des troupes, hardiment : *il porte l'image du Roi des cieux* (3). »

Hennes Polnoir lui peignit une autre bannière, plus petite, probablement celle des prêtres (il en sera question plus loin), représentant Jésus en croix, avec la Vierge Marie et saint Jean à ses côtés. Il reçut pour ce travail vingt-cinq livres tournois. L'année suivante, au mois de janvier, l'héroïne lui manifesta délicatement toute sa reconnaissance ; elle pria

pointe » était accordé aux chevaliers ayant au moins vingt chevaliers vassaux ; la bannière était le privilége des bannerets et suzerains commandant à cinquante chevaliers au moins et à leur suite. Jeanne avait choisi, on le voit, l'insigne des simples chevaliers. De même pour le harnais.

(1) Saint Bernardin de Sienne et ses frères.
(2) *Procès*, t. I, p. 78, 117, 181 ; et t. III, p. 103.
(3) *Ibid.*, t. I, p. 117.

les édiles de Tours de verser dans la corbeille de noces de sa fille Héliote, à la veille de son mariage, la somme de cent écus (1).

Outre son étendard et son épée, elle eut aussi sa maison militaire, ainsi composée : un écuyer, Jean d'Aulon, « homme de grand sens et d'honneur », au témoignage de Dunois (2) ; deux pages, Louis de Coutes dont la sœur avait épousé Florent d'Illiers, capitaine de Châteaudun, et un jeune noble du nom de Raymond ; ses deux guides de la première heure, Bertrand de Poulangy et Jean de Metz ; deux hérauts d'armes, un maître d'hôtel et un chapelain. Le choix de ce dernier nous reporte au grand mouvement religieux qui poussait alors les foules vers le sanctuaire de Notre-Dame-du-Puy, lieu de pèlerinage vénéré pour son antiquité et le plus fréquenté du moyen-âge. On célébrait l'année jubilaire (3), et l'affluence des pèlerins était énorme, avec cette teinte de tristesse et cette intensité d'émotion que produit le sentiment des calamités publiques. Aussi le 25 mars 1429, les nefs de la cathédrale ancienne retentissaient-elles des ardentes supplications d'un peuple éperdu de douleur mais croyant, jetant le cri d'alarme du côté du ciel. Les États-Généraux de Chinon

---

(1) *Procès*, t. V, p. 154-155 et 258. — Les édiles jugèrent la demande trop onéreuse ; néanmoins ils décidèrent que, par honneur pour la Pucelle, ils assisteraient à la bénédiction nuptiale et offriraient à la mariée le pain et le vin des noces.

(2) *Ibid.*, t. III. p. 15.

(3) Le jubilé du Puy se renouvelle toutes les fois que la fête de l'Annonciation (25 mars) coïncide avec le Vendredi-Saint : ce qui eut lieu notamment en 1429 et en 1910.

avaient favorisé cet élan national comme une dernière espérance; Charles VII de même, en obtenant du pape Martin V
que le gain des indulgences fût prorogé jusqu'au 3 |avril. La
Pucelle ne pouvait manquer d'y prendre part; et en effet elle
avait député au Puy deux de ses familiers chargés de la
représenter aux pieds de la Madone miraculeuse. Nommons
les deux pèlerins investis d'un mandat si honorable ; c'étaient
Bertrand de Poulangy et Jean de Metz. Or, ils eurent la
bonne fortune de rencontrer dans la foule la mère de notre
héroïne. Ils y rencontrèrent également — et ramenèrent avec
eux, pour le présenter à la vierge domrémoise, — un saint
religieux nommé Jean Pâquerel, des Ermites de Saint-Augustin de Tours, « bien digne, disaient-ils, de sa confiance. » Elle
se l'attacha à titre d'aumônier : ministère qu'il remplira avec
zèle jusqu'à la fatale journée de Compiègne (1).

Jeanne était descendue chez une dame d'honneur de la reine
Marie d'Anjou, Éléonore de Paul, une Angevine mariée à un
bourgeois notable de Tours, Jean du Puy, conseiller de
la reine Yolande; mais elle ne fit guère que passer. Blois
l'appelait; c'était le rendez-vous des contingents royaux. Dans
la soirée du 24 avril, elle apercevait la silhouette majestueuse
du château où avait pleuré Valentine de Milan, l'infortunée
veuve de Louis d'Orléans (2), et où avaient grandi les orphe-
lins, fils de la victime : Charles, le captif de Londres dont la
Pucelle a prédit le retour; Jean, comte d'Angoulême, et le

(1) Voir sa déposition : *Procès*, t. III, p. 101.
(2) Assassiné à Paris, le 23 novembre 1407, par les affidés de Jean-
Sans-Peur.

Bâtard d'Orléans, plus tard comte de Dunois. Souvenirs assombrissants qui s'effacèrent bientôt devant une scène dont Jean de Metz lui avait peut-être donné le pressentiment : la rencontre de ses frères Jean et Pierre, arrivés à Blois presque en même temps qu'elle, et inscrits par ordre du roi dans la compagnie de leur sœur. Ils la consolèrent : son père lui avait pardonné ; sa mère l'aimait et l'approuvait ; et eux-mêmes, ses frères, lui apportaient le secours de leurs bras. C'était la première joie terrestre qu'elle goûtait, depuis son départ de Domrémy.

Les troupes qu'elle avait sous les yeux, comptaient dans leurs rangs, il est vrai, les plus vaillants capitaines de l'époque : le maréchal de Boussac, l'amiral de Culan, Florent d'Illiers, Gilles de Laval, Ambroise de Loré, La Hire, le sire de Saintrailles et son frère (1). C'était la réserve des forces nationales, une dernière espérance de succès ; mais point d'unité d'action ni de cohésion, point de mœurs ni de discipline. Chefs comme soldats étaient prêts à toutes les aventures. Les rapines, l'incendie, l'assassinat, leur coûtaient peu ; le blasphème ne leur coûtait rien. « Si Dieu se faisait homme d'armes, il se ferait pillard », déclarait sans vergogne le

---

(1) Gilles de Laval, seigneur de Rais et de Champtocé, dont il est question dans ces lignes, est ce même hideux personnage qui, à raison de sa cruauté et de ses meurtres d'enfants, a servi de type à la légende de *Barbe-Bleue*. Conduit à Nantes et justement condamné pour ses crimes à être pendu et brûlé (1440), il expira dans les sentiments du plus sincère repentir : grâce dont il fut sans doute redevable à l'intercession de celle dont il avait été, une dizaine d'années auparavant, l'admirateur et le lieutenant.

plus brave d'entre eux, La Hire. « La guerre avait changé les
hommes en bêtes sauvages (1). » Avant de commander à
« ces bandits », qui refusaient d'obéir à une jeune fille, à une
femme, il fallait les dompter ; et pour les dompter, l'autorité
de l'homme ne suffisait pas ; il fallait celle de Dieu. C'est ce
que comprit la Pucelle, au génie intuitif si lumineux.

Elle pria le frère Pâquerel de réunir matin et soir, autour
de la bannière représentant Jésus en croix, tous les prêtres
présents. Son désir fut accompli. On faisait des processions ;
on chantait des cantiques ; on priait pour la délivrance de la
patrie. Quelques soldats, les meilleurs accoururent ; l'aumônier
fit revivre dans leur cœur les souvenirs embaumés de leur
jeunesse. D'autres venaient, uniquement par curiosité. Jeanne
les arrêtait. « Que pas un de vous, leur disait-elle, ne se
joigne à nous, s'il ne s'est confessé ! » Ou bien encore : « C'est
à cause des péchés des hommes que Dieu permet la perte
des batailles. Convertissez-vous, et il vous donnera la
victoire. » Et ils se convertissaient : La Hire fut des premiers.
Nature méridionale et primesautière, au moment des murmures et de l'effervescence provoquée par le choix du
monarque et l'élection de la Pucelle, il était sorti des rangs
pour protester contre cet acte d'insubordination. « Jeanne,
avait-il déclaré à haute voix, je jure de vous suivre, moi et
toute ma compagnie, là où vous nous conduirez. » Elle le
conduisit aux pieds du prêtre. Il ne se dédit point, se frappa
la poitrine, loyalement, sincèrement, et s'amenda. C'était un

____

(1) MICHELET, *Jeanne d'Arc*, 2ᵉ édition, p. 51.

chef écouté ; son exemple entraîna les autres (1). Et alors quelle transformation ! « Ils avaient rajeuni. Ils s'étaient parfaitement oubliés : ils se retrouvaient, comme en leurs belles années, pleins de bonne volonté et d'espoir, tous jeunes comme elle, tous enfants. Avec elle, ils commençaient de tout cœur une nouvelle vie (2). »

Plus de blasphèmes ! Plus de propos impies ou licencieux ! Plus de ces filles éhontées qui s'attachent au flanc des armées, comme la peste au flanc des navires. L'école libre-penseuse raille la Pucelle de sa pruderie de « béguine ». « Mais il faut se rappeler, répondrons-nous avec un écrivain moderne, qu'elle était une femme de son temps et que sa méthode était celle de Cromwell, celle des plus grands conducteurs d'hommes de toute l'histoire de jadis (3). » Il serait plus juste de la féliciter d'avoir rétabli la discipline, élément indispensable de succès, sans employer ni les menaces ni la violence, mais seulement par des moyens moraux, en allumant dans les cœurs la flamme qui consumait le sien : l'amour de Dieu et l'amour de la patrie.

Cependant, avant d'en appeler au sort des armes, elle remplit une autre obligation, imposée par le droit des gens. Elle adressa au duc de Bedfort une sommation en règle, fière et toute vibrante de patriotisme, approuvée du reste une quinzaine de jours auparavant par les docteurs de Poitiers. Elle

---

(1) *Procès*, t. III, p. 32, 78, 104 et 107 ; et. t. IV, p. 327.

(2) MICHELET. *op. cit.*, p. 53.

(3) Andriew LANG, *La Jeanne d'Arc de M. Anatole France*, p. 122 : superbe réfutation écrite par un protestant écossais.

proposait la paix, sans craindre la guerre. Voici, en français rajeuni, cette missive dont elle dira, à Rouen, que si les Anglais s'y étaient conformés, ils auraient agi en hommes sages (1).

Jhesus Maria

« *Roi d'Angleterre, et vous, duc de Bedfort, qui vous dites régent du royaume de France ; vous, Guillaume de la Poule, comte de Suffolk ; Jean de Talbot ; et vous, Thomas, sire d'Escale, qui vous dites lieutenant dudit duc de Bedfort, faites raison au Roi du ciel ; rendez à la Pucelle, qui est envoyée ici de par Dieu, le Roi du Ciel, les clefs de toutes les bonnes villes que vous avez prises et violées en France. Elle est venue ici de par Dieu pour réclamer (les droits du) sang royal. Elle est toute prête à faire la paix, si vous voulez lui faire raison, c'est-à-dire abandonner le territoire de la France et nous indemniser des maux que vous nous avez causés.*

« *Et vous, archers, compagnons de guerre, gentils-hommes et autres qui êtes devant la ville d'Orléans, allez-vous-en en votre pays, de par Dieu ; et si vous ne le faites, attendez les nouvelles de la Pucelle qui vous ira voir sous peu, à votre grand dommage.*

« *Roi d'Angleterre, si vous ne le faites, — je suis chef de guerre, — en quelque lieu que j'atteindrai vos gens en*

(1) *Procès*, t. I, p. 241.

France, je les ferai s'en aller, qu'ils le veuillent ou non; et s'ils ne veulent obéir, je les ferai tous occire. Je suis envoyée ici de par Dieu, le Roi du ciel, corps pour corps, pour vous bouter hors de toute la France. Et s'ils veulent obéir, je les prendrai à merci. Et n'allez pas vous imaginer que vous tiendrez le royaume de France de Dieu, le Roi du ciel, fils de sainte Marie; celui qui le tiendra, c'est le roi Charles, vrai héritier; car telle est la volonté de Dieu, le Roi du ciel, révélée au roi par la Pucelle; et il entrera à Paris en bonne compagnie. Si vous ne voulez croire les nouvelles de par Dieu et la Pucelle, en quelque lieu que nous nous trouvions, nous frapperons si fort et ferons un si grand tumulte, que depuis mille ans, il n'y en aura pas eu de pareil en France, si vous ne nous faites raison. Et croyez fermement que le Roi du ciel enverra plus de forces à la Pucelle que vous n'en pourrez rassembler contre elle et ses vaillants hommes d'armes; et l'on verra bien, aux horions, qui a le meilleur droit (du Roi du ciel ou de vous).

« *Vous, duc de Bedford, la Pucelle vous prie et vous requiert de ne pas vous détruire. Si vous lui faites raison, vous pourrez encore venir en sa compagnie, là où les Français feront le plus beau fait d'armes qui oncques fut accompli pour la chrétienté* (1). *Répondez, si vous voulez faire la paix en la cité d'Orléans; et si vous*

____

(1) Allusion au projet que méditait la Pucelle de délivrer Jérusalem et la Terre-Sainte.

ne le faites, qu'il vous souvienne qu'il vous en adviendra
prochainement de grands dommages.

« *Écrit ce mardi de la Semaine Sainte* (1). »

Les deux hérauts chargés de porter cette sommation,
Guyenne et Ambleville, de la maison militaire de Jeanne,
étaient partis de Blois le 25 avril. Le lendemain, Ambleville
revenait seul ; les Anglais avaient, au mépris du droit des
gens, retenu l'autre messager, en le menaçant de le brûler,
sous prétexte qu'il obéissait à une sorcière (2). Le [27, sur
l'ordre de Jeanne, l'armée se mit en marche, 3.000 hommes
au plus. Elle était divisée en deux groupes : en tête, les
prêtres avec leur bannière, nombreux, chantant le *Veni*
Creator et autres hymnes de l'Église (3) ; puis l'escorte militaire, et au premier rang l'héroïne avec sa belle armure et
son étendard flottant à tous les vents ; à l'arrière, le bétail et
une file interminable de chariots chargés de vivres.

Pour se rendre à Orléans, il y avait deux voies : l'une par
la rive droite et la Beauce, où se trouvait le gros des forces
ennemies, maîtresses de Beaugency et de Meung ; l'autre par
la rive gauche et la Sologne, restées au pouvoir de Charles VII.
Dans son plan de campagne Jeanne avait choisi la première,

(1) Le 22 mars 1429. *Procès*, t. I, p. 240. — Cf. IV, p. 139, 2!5, 306 ; avec
quelques variantes peu considérables. Le t. V (p. 96) reproduit la même
sommation avec, en plus, la signature et la suscription : « De par la
Pucelle. — Au duc de Bedford, soi-disant régent du royaume de France,
ou à ses lieutenants étant devant la ville d'Orléans. »
(2) *Ibid.*, t. III, p. 27.
(3) Déposition de Jean Pàquerel : *ibid.*, t. III, p. 105.

afin de surprendre et de culbuter immédiatement l'envahisseur ; Regnault de Chartres et le Conseil royal imposèrent la seconde sans prévenir l'héroïne : acte de défiance, d'une défiance inepte et criminelle qui poursuivra sans relâche la fille d'Isabelle Romée et paralysera tous ses efforts. Le soir, on campa à Villeny. La Pucelle s'étendit sur la terre nue, sans se dévêtir, emprisonnée dans sa cuirasse d'acier. Quelle souffrance ! Le lendemain, dès l'aube, elle repartit avec la colonne ; mais ceux qui l'entouraient remarquèrent, à la gêne de ses mouvements, qu'elle avait été meurtrie par son armure (1).

Le 28, dans l'après-midi, elle découvrait, des hauteurs d'Olivet, les tours de la cathédrale de Sainte-Croix, et saluait de loin (on devine avec quel bonheur) les murailles de la cité qu'elle venait délivrer. Le Loiret franchi, elle gagna rapidement les bords de la Loire ; mais mesurant de l'œil la largeur du fleuve et toute consternée, elle regretta amèrement qu'on l'eût amenée par cette route. Dunois, le Bâtard d'Orléans, commandant militaire de la région, avisé par un messager de la reine Yolande de l'arrivée du convoi, venait de traverser la Loire et d'aborder au port du Bouchet. Jeanne va droit à lui et l'interpelle avec sa franchise accoutumée : « *C'est vous le Bâtard d'Orléans ?*

— Oui, et je me réjouis fort de votre arrivée.

— *Est-ce vous qui avez conseillé de prendre cette route, au lieu de celle où j'aurais trouvé Talbot et les Anglais ?*

(1) Déposition de Louis de Coutes, son page : *Procès*, t. III, p. 67.

— Oui, pour plus de sûreté, et d'autres plus sages que moi ont été du même avis.

— *En nom Dieu, le conseil de mon Seigneur est plus sûr et plus sage que le vôtre. Vous avez cru me tromper, et c'est vous-mêmes qui vous trompez ; car je vous amène le meilleur secours qui soit jamais venu à chevalier ou cité : c'est le secours du Roi des cieux. Il ne procède pas de moi, mais de Dieu. A la prière de saint Louis et de saint Charlemagne, le Seigneur a eu pitié d'Orléans, et il n'a pas souffert que l'ennemi possédât à la fois le duc et sa ville* (1). »

Dunois écoutait avec un étonnement mêlé d'admiration un langage si nouveau pour lui. Il fut encore plus émerveillé quelques instants après. Jusque-là, les eaux du fleuve étaient basses et le vent d'Est soufflait en tempête, condamnant à l'immobilité la flottille qu'il avait préparée : ce qui le désolait ; car c'était à l'Ile aux Bourbons, en amont de la ville et près de Chécy, que devait s'opérer l'embarquement. « Prenez patience, assura la Pucelle ; le convoi entrera dans la ville. » Soudain le vent tourna à l'Ouest, la crue se produisit, les voiles s'enflèrent et les chalands remontèrent sans peine le cours de la Loire. Coïncidence où paraît manifestement l'action directe de la Providence, selon la pensée de Dunois et de Jean Pâquerel, tous deux témoins oculaires et narrateurs dignes de foi.

L'héroïque jeune fille aurait voulu attaquer sur-le-champ

(1) Voir *Procès*, t. III, p. 5 et 105 ; et le *Journal de la Pucelle*, t. IV, p. 218.

le guet de Saint-Jean Le Blanc, occupé par les Anglais ; sans crainte, car « tous mes hommes d'armes se sont confessés, disait-elle, et en leur compagnie je ne craindrais pas toutes les forces de l'Angleterre (1). » On voit sur quels motifs reposait sa confiance. Mais les instructions du Conseil royal étaient formelles : elle s'opposaient à toute attaque avant l'arrivée du second convoi, et Jeanne dut se borner à surveiller l'embarquement du premier. Elle se porta à l'avant-garde avec deux cents lances (2), remonta les bords de la Loire jusqu'à la hauteur de l'Ile aux Bourbons, traversa le fleuve sur les bateaux de Dunois et se rendit au château de Reuilly, habité par deux notables orléanais dont l'un, Guy de Cailly, s'attacha à sa fortune (3). Le lendemain, dès l'aube, elle était à cheval, présidant aux travaux de l'embarquement « des vivres et de l'artillerie. » Pendant que les assiégés, pour occuper l'ennemi, engageaient une escarmouche avec la garnison de la bastille Saint-Loup, la flottille redescendait la Loire jusqu'aux fossés de la porte de Bourgogne, et la ville était ravitaillée, sans que les Anglais eussent même fait semblant d'y mettre obstacle (4). Résultat annoncé d'avance par la vierge domrémoise et qui ajouta singulièrement à son prestige.

(1) Journal de la Pucelle : *Procès*, t. IV, p. 219.

(2) C'est-à-dire 200 cavaliers, plus 200 pages pour les servir, et 600 archers.

(3) Anobli au mois de juin suivant, pour sa vaillance et ses prouesses : Ayroles, *La vraie Jeanne d'Arc*, t. III, p. 330.

(4) Journal du siège d'Orléans : *Procès*, t. IV, p. 152.

JEANNE D'ARC

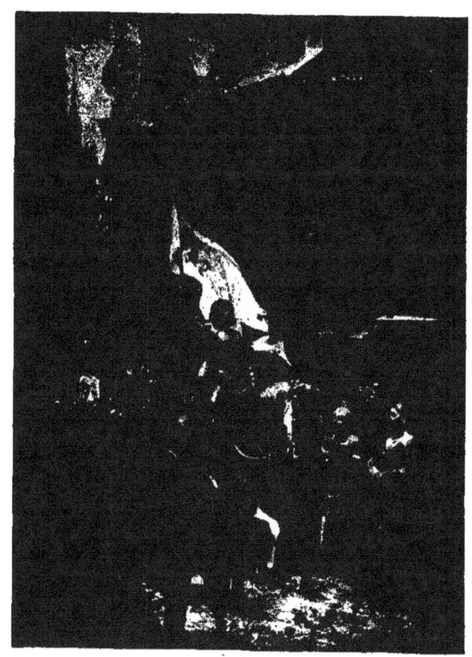

ENTRÉE TRIOMPHALE DE JEANNE A ORLÉANS

(Scherrer.)

Cette première mission achevée, Jeanne voulait repartir pour Blois avec le gros de l'escorte, resté sur la rive droite. Mais sur les instances de Dunois, qui lui représentait que sa présence était nécessaire à Orléans pour réconforter les esprits abattus, elle consentit à se séparer de ses soldats, à la condition, toutefois, qu'ils s'en retourneraient et reviendraient, prêtres en tête, sous la bannière de Jésus en croix. Elles les vit défiler sous la conduite de « Gilles de Laval et d'Ambroise de Loré », et leur dit : « A bientôt. »

Enfin, le vendredi 29 avril, à la tombée de la nuit et à la lueur des torches, elle fit son entrée, par la porte de Bourgogne, dans la cité de saint Aignan : « Armée de toutes pièces, au rapport des chroniques contemporaines, montée sur un cheval blanc et précédée de son étendard fleurdelisé. » A ses côtés se tenaient Dunois et Raoul de Gaucourt, suivis des deux cents lances qui avaient traversé la Loire. La population tout entière était accourue au devant d'elle. « Messire Dieu, disait-elle aux uns et aux autres avec une admirable simplicité, messire Dieu m'a envoyée pour secourir la bonne ville d'Orléans. » Hommes, femmes, enfants, s'efforçaient de toucher son armure, sa bannière ou son coursier. Tous l'acclamaient comme un ange du ciel, l'ange de la délivrance ; « tous se sentaient déjà réconfortés et comme désassiégés », par sa seule présence. C'était le premier frissonnement de l'âme française, au ressouvenir des destinées de la patrie.

Jeanne fut ainsi conduite, à travers les clameurs enivrantes d'une ovation absolument spontanée, jusqu'à l'hôtel de *l'Annonciade*, tout près de la porte Regnard. Cet hôtel était la demeure de Jacques Boucher, trésorier du duc d'Orléans, homme de caractère et l'âme de la résistance contre l'invasion étrangère. C'est là que descendit la Pucelle, avec ses deux frères et ses deux guides fidèles, Jean de Metz et Bertrand de Poulangy. Elle fut accueillie comme une libératrice (1).

Elle était restée en selle toute la journée, « sans descendre ni boire ni manger. » Malgré son état de fatigue, malgré les instances de ses hôtes, fidèle à son habitude de jeûner tous les vendredis, elle n'accepta, du copieux festin qu'on avait préparé, que quelques tranches de pain qu'elle trempa dans une coupe de vin mêlé d'eau. Sa prudence égalait sa mortification. Le repas fini, elle exprima à ses hôtes le désir — aussitôt exaucé — que Charlotte, leur fille, une enfant de dix ans, partageât son lit. Et comme l'épouse de Jacques Boucher se lamentait sur l'intolérable situation de la ville : « Mettez votre espoir en Dieu, lui répondit-elle ; il vous viendra en aide et chassera l'ennemi (2). »

Le reste est une épopée qui n'a pas d'égale dans les annales des peuples : si courte, qu'il faut, pour ainsi dire, saisir les événements au vol ; et en même temps si brillante, que les journées ne s'enchaînent que par des victoires.

(1) Tous les détails qui précèdent, sont tirés du « Journal du siège d'Orléans » : *Procès*, t. IV, p. 152-153. — Cf. déposition d'Aimond de Macy : t III, p. 120.

(2) Déposition de Charlotte Boucher : *Ibid*, t. III, p. 34 ; — et Chronique de la Pucelle : *ibid.*, t. IV, p. 219.

CHAPITRE VI

LE SIÈGE

Le drame de la délivrance exige, pour être compris, qu'on possède au moins quelques notions sur l'état respectif des deux armées en présence non moins que sur les péripéties du siège.

La physionomie de l'Orléans du moyen-âge diffère sensiblement de celle de l'Orléans moderne. C'était une place forte, en forme de quadrilatère; ceinte de murailles, d'environ dix mètres de hauteur, flanquée d'une trentaine de tours, avec cinq portes et deux poternes, et protégée du côté du sud par le cours de la Loire, dont les eaux vagabondes et paresseuses s'attardaient à travers une douzaine d'îlots plantés de bouleaux et d'oseraies. Un pont monumental de dix-neuf arches, dont la première et la dernière formaient pont-levis, établissait des communications faciles avec l'autre rive, et par suite avec les provinces du centre. A travers ses rues étroites et tortueuses, bordées de maisons au toit recouvert d'ardoises, grouillait toute une population de bourgeois, d'étudiants de l'Université, de marchands de tous genres. Dans ses murs s'entassaient environ quinze mille habitants, et presque autant dans les faubourgs, réputés les plus beaux du royaume. Elle était administrée, sous l'autorité d'un gouverneur, par douze édiles ou procureurs, élus tous les deux ans par les bourgeois de la cité. Elle était, comme toutes les villes de ce temps-là, très attachée à ses privilèges, parmi lesquels nous distinguons celui de pourvoir, par elle-même, par sa milice bourgeoise, à sa propre défense. Pas de citadelle ni de garnison. De cette manière elle échappait aux déprédations des miliciens, routiers ou gens du roi (1).

En 1429, elle avait à sa tête deux hommes de mérite : Dunois et Raoul de Gaucourt. Dunois, le bâtard d'Orléans, avait été adopté, tout jeune encore, par Valentine de Milan, qui, frappée de ses qualités naissantes, l'éleva avec le plus grand soin. Il remplissait les fonctions de lieutenant-général, au nom de Charles VII. Raoul de Gaucourt gouvernait la

---

(1) V. BOUCHER DE MOLANDON et A. DE BEAUCORPS, *L'armée anglaise vaincue par Jeanne d'Arc;* et P. MANTELLIER, *Le siège et la délivrance d'Orléans.*

ville, au nom du duc d'Orléans. C'était un capitaine expérimenté ; il avait donné la mesure de sa valeur, au point de vue militaire, en défendant Harfleur contre les assauts de l'armée anglaise (1415).

De leur côté, les envahisseurs étaient commandés par un général justement renommé, Thomas Montaigu, comte de Salisbury et du Perche. Il avait été parmi les vainqueurs à Cravant et à Verneuil ; il venait de s'emparer presque sans coup férir des places qui auraient dû lui barrer la route : Patay, Meung, Beaugency, Jargeau, Saint-Benoît-sur-Loire. Qui pourrait résister à un chef et à des troupes enivrés par la victoire ? Le 7 octobre 1428, il campait en vue d'Orléans, sur la rive gauche. Le 12, il enlevait « le boulevard » des Tourelles, à l'entrée du pont de la Loire (1). Trois jours après, il examinait du haut du fort nouvellement conquis l'enceinte de la ville, pour mieux concerter ses plans d'attaque. « Regardez votre ville », lui dit d'un ton plein de complaisance un de ses officiers, William Glasdal. Il regarde ; aussitôt un éclat de boulet le frappe en plein visage et le blesse mortellement. Une quinzaine de jours après (2), il expirait à Meung, où il avait été secrètement transporté.

Sa mort ne découragea pas les assiégeants. Ses trois successeurs Thomas de Scales, William Poole, comte de Suffolk,

---

(1) « Le boulevard » était un fortin en terre, avec fossés et palissades.

(2) Le 27 octobre, selon le Journal du siège d'Orleans : *Procès*, t. IV, p. 100 ; — le 3 novembre, d'après Dugdale, biographe anglais du comte de Salisbury ; — en novembre, dit — sans préciser davantage — la *Chronique de la Pucelle*.

et John Talbot, comte de Shrewsbourg, renforcés par les 1.500 hommes de Falstolf et résolus à se rendre maîtres à tout prix d'une place si importante, menèrent avec vigueur les travaux de l'investissement. Pour la réduire par la famine, ils l'enserrèrent d'un réseau de bastilles dont voici les principales : sur la rive droite, Saint-Loup, Saint-Laurent-des-Orgerils, la Croix-Boissée, et trois autres dénom_mées par eux : Londres, Rouen (Le Pressoir d'Ars) et Paris (Saint-Pouair); sur la rive gauche, les Tourelles, les Augustins et Saint-Jean-le-Blanc.

De leur côté, les bourgeois d'Orléans étaient déterminés à tout souffrir plutôt que de capituler. Ils brûlèrent leurs faubourgs, consolidèrent leurs ouvrages de défense, masquèrent les portes de la ville par des bastions avec parapets et fossés, et garnirent leurs remparts de soixante bouches à feu, canons ou bombardes, venues du dehors, sans compter les couleuvrines. Le 25 octobre, c'est-à-dire avant le blocus, Dunois avait réussi à faire entrer dans la ville bon nombre de preux chevaliers et huit cents hommes, un peu de tous les pays, Poitou, Gascogne, Biscaye, Espagne et même Italie (1). Les femmes ne déployèrent ni moins de constance ni moins d'énergie. Elles combattaient à leur manière, s'armant de

(1) Une grande partie des pièces justificatives ayant disparu, il est impossible d'évaluer exactement les forces numériques des belligérants. Il faut donc regarder comme approximatif le chiffre donné par Wallon et d'autres historiens; 9.900 Anglais et 1.500 Bourguignons, du côté des assiégeants. Quoi qu'il en soit, les chroniques contemporaines affirment à l'unanimité qu'au mois d'avril 1429, la perte d'Orléans était imminente autant qu'inévitable.

pierres et de haches ou versant de l'eau bouillante, pour rejeter les assaillants dans les fossés. C'est, du reste, une remarque faite à l'honneur des femmes françaises, qu'elles ont toujours eu en horreur, autant et plus encore que leurs époux et leurs fils, le joug de l'étranger.

Cependant, en dépit des prouesses des uns et du courage héroïque des autres, les assiégeants gagnaient chaque jour du terrain. Les bourgeois d'Orléans eurent alors la pensée de se mettre sous la protection du duc de Bourgogne et lui envoyèrent, dans ce dessein, une ambassade dirigée par Poton de Saintrailles. Philippe le Bon agréa leur enquête et se rendit lui-même à Paris, pour négocier l'affaire avec le duc de Bedford : le siège serait levé, et la ville livrée comme ville neutre à sa garde. « Je serais bien marri, répliqua le Régent, d'avoir battu les buissons, si d'autres devaient avoir les oisillons! » Philippe le Bon, mécontent de ce refus, enjoignit à ses troupes, le 17 avril, d'abandonner leur alliés et de s'éloigner des murs d'Orléans (1) : ce qui n'empêcha nullement Bedford d'exciter l'ardeur de ses trois lieutenants, et ceux-ci de resserrer les mailles du blocus. A la fin d'avril, la réduction de la place par la famine n'était plus qu'une question de jours ; et c'est ce qui nous explique, d'une part l'opinion de Charles VII et des docteurs de Poitiers que la délivrance de la ville serait un miracle, et de l'autre les espérances, l'allégresse enthousiaste des habitants lorsque entre en scène la jeune vierge qui lui vient de la part de Dieu.

(1) Journal du siège d'Orléans : *Procès*, t. IV, p. 130 et 116.

Le samedi 30 avril, après sa première nuit de repos à l'hôtel de l'Annonciade, Jeanne alla visiter Dunois. Elle était d'avis d'ouvrir immédiatement les opérations militaires. Le lieutenant-général, qui n'avait ni ses visions ni ses lumières surnaturelles, préféra s'en tenir aux conseils de la prudence et attendre l'arrivée des garnisons voisines et du second convoi de Blois. Elle n'insista pas. Le même jour, La Hire et Florent d'Illiers assaillirent le guet de la Bastille Saint-Pouair et malmenèrent fort les Anglais. La Libératrice ne prit aucune part à cette escarmouche. Néanmoins elle ne demeura pas inactive. A la chute du jour, elle expédia une nouvelle sommation aux assiégeants, menaçant, s'ils s'obstinaient dans leurs idées de conquête, de leur infliger une défaite qui les forcerait à partir. En même temps elle réclamait son héraut Guyenne. Ils voulaient, on s'en souvient, le livrer aux flammes « comme messager d'une sorcière », après s'être assurés de l'assentiment de l'Université de Paris. On voit poindre ici les premiers linéaments d'un plan satanique dont nous verrons plus loin le dénouement (1).

Lorsque Ambleville fut de retour : « Que t'a dit Talbot, lui demanda la Pucelle ? — Lui et tous les siens ont vomi toutes sortes d'injures, ajoutant que s'ils vous tenaient, ils vous feraient brûler! — C'est bien, répondit-elle. Retourne sans crainte : tu ramèneras ton camarade sain et sauf. Dis à Talbot que s'il s'arme, je m'armerai aussi. S'il peut me prendre, qu'il me fasse ardoir ; mais si je le déconfis, lui et ses gens,

____

(1) *Procès*, t. IV, p. 42 et 154 ; t. III, p. 27.

qu'ils lèvent le siège de la ville et s'en retournent en leur
pays (1). » Dunois intervint de son côté en faveur de
Guyenne, et prévint les généraux anglais que les prisonniers
de leur parti répondraient sur leur tête du traitement fait au
héraut français. » La menace produisit son effet, et Guyenne
ne fut point brûlé. Était-ce le résultat de la ferme déclaration
de Dunois ou de celle de notre héroïne ? Peut-être l'un et
l'autre. Toujours est-il (détail frappant!) qu'à partir de cette
heure, les assiégeants furent saisis, à leur tour, de cette
défiance de soi-même, de cet esprit de démoralisation qui est
le pire fléau d'une armée envahissante. C'est le lieutenant-
général lui-même qui nous l'apprend. « A dater du moment
où la sommation de Jeanne fut remise à Talbot, affirme-t-il,
il nous suffit de quatre ou cinq cents hommes armés, pour
lutter contre toutes les forces de nos ennemis, tandis qu'auparavant deux cents des leurs mettaient en fuite huit cents
ou mille des nôtres. Il nous arriva même de les si bien tenir
en respect, qu'ils n'osaient sortir de leurs retranchements ni
de leurs bastilles (2). »

Non contente de la sommation écrite, Jeanne résolut
d'entrer en communication directe avec les lieutenants de
Bedford, pour leur porter une parole de paix. Le boulevard de
Bellecroix, sur le pont, lui offrait un moyen facile de lier
conversation avec ceux de ses adversaires qui occupaient le
fort des Tourelles. Elle s'y rendit, dans la même soirée du

(1) *Procès*, t. IV, p. 154 et 220.
(2) Déposition de Dunois : *ibid.*, t. III, p. 7-8. — Cf. Chronique de la
Pucelle : *ibid.*, t. IV, p. 221.

samedi. « Noble chevalier, dit-elle au commandant, William Glasdal (1), rendez-vous de par Dieu, et vous aurez la vie sauve. » Pour toute réponse, Glasdal la traita de *vachère*, *ribaude* et autres épithètes plus outrageantes encore. « Vous mentez ! » répliqua-t-elle avec l'énergie d'une vierge qui défend son honneur (2). Un chroniqueur du parti opposé et par conséquent peu suspect de partialité en sa faveur, ajoute qu'en ce moment, éclairée d'en haut, elle dit à l'insulteur : « Sous peu, tes compatriotes s'enfuiront, vaincus ; beaucoup seront tués. Mais toi, Glasdal, tu ne verras pas ces choses (3) ! » Prédiction qui devait bientôt se réaliser.

Le 1er mai, de grand matin, Jeanne entend la messe ; puis elle revient aux opérations militaires. Dunois sort de la ville avec Jean d'Aulon, pour protéger le second convoi. En habile stratégiste et pour faire diversion, la Pucelle le suit de près et dispose ses troupes en ordre de bataille, entre les remparts et les bastilles anglaises de Saint-Laurent et de Saint-Pouair. Talbot accourt. Pendant ce temps, le Bâtard d'Orléans, avec ses cavaliers, traverse la forêt et la Beauce dans la direction de Blois. Tout heureuse du succès, l'héroïne se replie sur la cité ; et comme c'est le dimanche, le jour par excellence de la prière, elle s'adonne davantage aux exercices religieux, sans oublier toutefois ni la population ni les soldats. Sur le désir des habitants, elle monte à cheval et parcourt les rues de la ville, en compagnie de plusieurs chevaliers, à la grande

(1) Le Glacidas des chroniqueurs.
(2) Le Journal du siège : *Procès*, t. IV, p. 131.
(3) Journal d'un bourgeois de Paris : *ibid.*, p. 463.

admiration de la foule, « qui ne peut se rassasier de la voir »,
remarque le rédacteur du *Journal du Siège* (1).

Le moral de ses troupes la préoccupe plus que tout le
reste. Apôtre autant que guerrière, à Orléans comme à Blois,
elle chasse les femmes de mauvaise vie, exhorte ses hommes,
officiers ou soldats, à éviter les rapines, la luxure, le blasphème, et reprend vertement les coupables. Ayant entendu
un grand seigneur proférer de gros jurons dans la rue : « Ah !
Maître, lui crie-t-elle, osez-vous bien renier notre Sire et
Créateur ? En nom Dieu, vous vous en dédirez avant que je
parte d'ici. » Et le grand seigneur, touché par le ton persuasif
et pénétrant de l'héroïne, promet de s'amender (2). Il est
beau de voir une jeune fille de dix-sept ans oser entreprendre
plus que saint Louis près des Croisés, et poursuivre ainsi
sans relâche un but vraiment digne d'un chef d'armée : baser
la discipline militaire sur le respect des droits de Dieu.

Guerrière, mais ne recourant que malgré elle à l'emploi du
glaive, et usant de toutes les ressources de la diplomatie pour
éviter l'effusion du sang. Elle a déjà parlementé avec ses
adversaires de la rive gauche ; elle tente un dernier effort
dans le même sens, et sans plus de succès, avec ceux qui
occupent le poste de la Croix-Morin, sur la rive droite. « Quoi,
lui répond d'un ton méprisant le bâtard de Granville ! Voulez-
vous donc que nous nous rendions à une femme (3) ? »
Ennemis insolents autant qu'irréductibles, ils auront la

(1) *Procès,* t. IV, p. 155.
(2) Déposition de Réginalde Huré : *ibid.,* t. III, p. 34.
(3) Déposition de Louis de Coutes : *ibid.,* t. III, p. 68.

guerre : dure nécessité que la Pucelle aurait voulu leur épargner.

Le lundi 2 mai, elle examine tout à loisir, de près et sans être inquiétée, leurs différentes fortifications, puis revient assister, à la cathédrale, aux premières vêpres de l'Invention de la Sainte-Croix, et répète avec le peuple les magnifiques antiennes de la fête : « Par le signe de la Croix, ô notre Dieu, délivrez-nous de nos ennemis, Alleluia. »

Le 3, les garnisons de Montargis, Gien, Châteaudun, ainsi que celles du Gâtinais, pénètrent dans la place ; et le soir, on annonce le retour de Dunois pour le lendemain. Le 4, en effet, il apparaît en vue de la bastille anglaise de Londres, avec le second convoi, provisions de bouche et munitions d'artillerie fournies par Bourges, Angers, Tours et Blois. Il est accompagné du maréchal de Boussac (1), des sires de Rais et de Bueil, et de mille hommes (sur trois mille) ; les autres ont fait défection, par suite des méfiances ou hostilités du Conseil royal. La Pucelle a vu le péril ; elle s'avance avec cinq cents hommes au-devant de l'escorte. La jonction a lieu entre six et sept heures du matin. Un témoin oculaire va nous dire comment s'effectue le passage à travers les bastilles de l'ennemi.

« J'étais là, relate le Frère Pâquerel : je portais la bannière de Jésus en croix. Les Anglais étaient nombreux, puissamment armés et prêts au combat. Ils nous voyaient ; ils entendaient les chants des prêtres. Hé bien ! chose merveil-

(1) Nommé aussi maréchal de Sainte-Sévère.

leuse ! Ils demeurèrent impassibles, laissant passer — sans ombre de résistance — ecclésiastiques, soldats et convoi (1). »

Vers midi, après quelques heures de repos, Dunois se rendit à l'hôtel de l'Annonciade, et abordant la Pucelle : « Mauvaises nouvelles, lui dit-il ! Falstolf approche ; il est signalé à Janville.

— Bâtard, bâtard, répartit-elle d'un air enjoué, je te commande, aussitôt que tu sauras la venue du dit Falstolf, de me le faire savoir ; car s'il passe sans que je le chasse, je te promets que je te ferai ôter la tête.

— N'ayez crainte, répliqua Dunois sur le même ton : je n'y manquerai pas (2). » Cependant, il n'avait lui-même qu'une demi-confiance dans les capacités militaires de la vierge domrémoise. La preuve, c'est qu'il lui avait caché la résolution prise de concert par les chefs de l'armée d'attaquer ce soir-là même les Anglais.

Jeanne, exténuée de fatigue, s'était jetée sur sa couche et s'était endormie. Tout à coup, elle s'éveille en sursaut, et s'écrie : « Le sang de nos gens coule par terre ! Mes armes ! Mon cheval ! » Et s'adressant à Jean d'Aulon : « Mes Voix me disent d'aller contre les Anglais ; mais je ne sais si je dois marcher contre leurs bastilles ou contre Falstolf, qui vient les ravitailler. » Elle descend à la hâte ; et rencontrant son page au seuil du logis : « Ah ! sanglant garçon, lui dit-elle ! Tu ne me disais pas que le sang de France fût

(1) *Procès*, t. III, p. 105-106.
(2) *Ibid.*, p. 68.

répandu ! » Elle saute en selle, saisit son étendard qu'on lui passe par la fenêtre, et part comme un trait. Au bout de quelques minutes, elle est sur le théâtre du combat, sans que personne le lui ait désigné : la bastille Saint-Loup.

Il était temps qu'elle arrivât : déjà les Français fuyaient en désordre. D'un mot, elle les arrête : « Face à l'ennemi ! » Elle, sûre de la vicioire, fait proclamer par un héraut la défense de piller l'église Saint-Loup, située au milieu des retranchements ennemis ; puis elle commande l'assaut. Avec elle, les soldats se sentent protégés, invulnérables : ils s'élancent sur la forteresse. Talbot essaie de les prendre à revers ; mais il est refoulé par le maréchal de Boussac qui, averti par la cloche du beffroi, est accouru avec six cents combattants. Enfin, après trois heures d'un combat acharné, la bastille est emportée et livrée aux flammes, et ses défenseurs tués ou faits prisonniers. *La Chronique de la Pucelle* (1) enregistre ici avec soin les pertes de l'ennemi : 114 tués, 40 prisonniers et tout le matériel.

C'était la première fois que la Pucelle contemplait l'horreur d'un champ de bataille. A la vue du sang versé, des armes brisées, des cadavres qui jonchaient le sol, à la pensée surtout que tant d'âmes avaient comparu devant le Souverain Juge, peut-être sans préparation, elle se prit à pleurer. Outre ce sentiment d'humanité qui l'honore, on cite d'elle certains actes, certaines paroles mémorables : perles précieuses que nous enchâssons avec bonheur dans notre récit. Plusieurs

(1) *Procès*, t. IV, p. 187.

Anglais s'étaient réfugiés dans l'église Saint-Loup, sous l'habit ecclésiastique. Elle ordonna de les épargner et de les conduire à l'hôtel de l'Annonciade. Avant l'engagement, elle avait rencontré à la porte de Bourgogne un blessé couvert de sang qu'on transportait sur un brancard. « *Quel est cet homme,* demanda-t-elle?

— Un Français.

— *Ah! Je n'ai jamais vu couler le sang français, sans sentir mes cheveux se dresser sur ma tête.* » Vierge délicate, grande Française, grande chrétienne, toujours, partout.

Le soir, à sa rentrée dans la ville, la Pucelle fut acclamée comme une libératrice. « Dans toutes les églises, écrit un de ses biographes, on rendit grâces à Dieu en hymnes et dévotes oraisons, au son des cloches, que les Anglais pouvaient bien ouïr : lesquels furent abaissés de puissance et aussi de courage (1). »

Le lendemain 5 mai était le jour de l'Ascension. Avec cette hardiesse et cet esprit de décision qui distinguent les grands génies militaires, Jeanne eût préféré profiter de l'effet moral produit par la victoire et courir sus aux Anglais sans délai ni répit. Pour elle le salut de la patrie primait tout. Cependant cédant à l'avis des chefs, elle accorda un plein jour de repos à ses troupes. En revanche, elle fit publier une ordonnance renfermant deux prescriptions auxquelles elle tenait plus qu'au commandement : défense à tout soldat de combattre le

____

(1) Chronique de la Pucelle : *Procès*, t. IV, p. 224. — Pour le reste, voir *ibid.*, t. II , p. 63, 106, 212; et t. IV, p. 157 et 223-224 .

lendemain sans s'être confessé; ordre de bannir de l'armée toutes les femmes de mauvaise vie. « Et son ordonnance fut exécutée à la lettre », rapporte son aumônier (1).

La veille, elle avait dit à Jean Pâquerel : « Avant cinq jours, le siège sera levé, et il ne restera pas un Anglais sous les murs d'Orléans. » La fête de l'Ascension l'inclina-t-elle aux sentiments de commisération pour ses adversaires? Dans tous les cas, elle dicta à son confesseur une lettre qui était un dernier acte de condescendance.

« *Vous, gens d'Angleterre qui n'avez aucun droit sur le royaume de France, le Roi du ciel vous mande, par moi, d'abandonner vos bastilles et de retourner dans votre pays ; sinon, je vous infligerai une telle défaite qu'on en parlera dans tous les siècles. Je vous écris pour la troisième fois, et ce sera la dernière. — Jhesus. Maria.*

« *Jeanne la Pucelle.* »

Et plus bas : « *Je vous aurais fait parvenir plus honorablement cette missive ; mais vous emprisonnez mes hérauts, et vous retenez Guyenne. Rendez-lui la liberté, et je vous enverrai quelques-uns des vôtres pris à la bastille Saint-Loup ; car ils ne sont pas tous morts.* »

Puis elle attacha son billet à une flèche et la fit lancer aux ennemis, en leur criant : « Lisez, voici des nouvelles. » Ils

____

(1) *Procès*, t. III, p. 107.

ramassèrent la flèche et, après avoir parcouru le message,
répondirent à Jeanne : « Oui, ce sont des nouvelles de la
prostituée des Armagnacs. » Elle bondit sous l'injure, protesta de son innocence, à la face du ciel, et vierge pudique,
répandit son âme en larmes abondantes non moins qu'en fer-
ventes prières. Elle fut sans doute largement consolée ; car
elle dit à ceux qui l'entouraient : « J'ai eu des nouvelles de
mon souverain Seigneur (1). »

Le 4 mai, elle avait démoli la bastille Saint-Loup, sur la
rive droite. Le 6, elle prit pour objectif les forteresses ennemies de la rive gauche, Saint-Jean le Blanc, les Augustins,
les Tourelles, et gagna par l'Ile-aux-Toiles l'autre côté de
la Loire. Elle avait avec elle environ 4.000 hommes. Le combat
dura toute la journée, avec mille prouesses de part et d'autre.
Au moment où Jeanne débarquait, la bastille de Saint-Jean
le Blanc flambait. Les Anglais y avaient mis le feu, ne s'y
trouvant pas en sûreté, et s'étaient réfugiés dans un fort plus
considérable, celui des Augustins. La Pucelle les y suivit et
planta son étendard sur le bord du rempart. Mais à ce moment
une panique inexpliquée jette le désordre dans les rangs de
ses soldats, qui se précipitent de nouveau vers l'Ile-aux-Toiles,
poursuivis de près par l'ennemi. L'héroïne, voyant les
Anglais épars sur un chemin découvert, fond sur eux avec une
poignée de braves, la Hire en tête, et pénètre jusqu'à la première palissade, défendue par une espèce de colosse. Sur un
signe de Jean d'Aulon, le canonnier Jean le Lorrain (2) abat

(1) *Procès*, loc. cit., p. 107-108.
(2) Jean de Montesclère, dit le Lorrain, est célèbre dans les annales du

ce géant d'un coup de sa couleuvrine ; les Français se ruent sur la bastille, et bientôt l'étendard de Jeanne flotte au sommet du rempart, pendant que Glasdal, avec les siens, va cacher sa honte et son dépit derrière les barrières des Tourelles. La Libératrice investit aussitôt ce nouveau fort ; mais comme il est tard, elle remet l'assaut au lendemain. « Par mon martin, déclare-t-elle à ceux qui l'entourent, demain je prendrai les Tourelles et rentrerai à Orléans par les ponts. » Ils sourirent d'un air sceptique : tant la promesse leur paraissait illusoire ! La bastille, avec ses 600 hommes de garnison, ses courtines, ses douves et ses engins de guerre, pouvait, pensaient-ils, défier tous leurs efforts « pendant un mois », lors même que leur effectif serait doublé (1).

Pendant l'action, l'héroïque jeune fille avait été blessée au pied par une chausse-trape. Malgré cet accident, elle dirigea ses troupes jusqu'à la fin, avec un sang-froid et une sûreté de coup d'œil vraiment extraordinaires, leur intima l'ordre de brûler le fort des Augustins, dans la crainte qu'on ne s'attardât au pillage, et ne se sépara d'elles qu'à regret, sur les instances réitérées des capitaines. A bout de forces, elle dérogea ce soir-là à son habitude de jeûner le vendredi, et accepta le repas substantiel que lui servirent ses hôtes de l'Annon-

siège d'Orléans. Natif de la Lorraine, il habitait Angers. Il ne manquait jamais son but. Parfois, pour tromper ses adversaires, il se laissait choir et emporter comme un homme mort. Les Anglais criaient « hourra » ; mais ils s'apercevaient bientôt, à la justesse du tir, que ce n'était qu'une feintise.

(1) Chronique de Perceval de Cagny : *Procès*, t. IV, p. 8 ; — déposition de Jean d'Aulon, *ibid.*, t. III, p. 214-215.

ciade. A peine avait-elle terminé qu'un chevalier se présentait pour lui notifier la décision des chefs : « Vu la supériorité
numérique des Anglais et l'avantage de leur position, on ne se
battrait pas le lendemain, et l'on se contenterait du succès
obtenu. — Vous avez été à votre Conseil, répondit fièrement
la Pucelle, et moi j'ai été au mien. Or, sachez que le Conseil
de mon Seigneur s'accomplira intégralement, tandis que le
vôtre périra. » Puis, se tournant vers son aumônier, qui était
présent à l'entrevue : « Demain, lui dit-elle, tenez-vous constamment près de moi ; car j'aurai beaucoup à besogner ; ce
sera mon plus beau fait d'armes. Je serai blessée à la poitrine (1) ; mais la forteresse n'en tombera pas moins en notre
pouvoir. » Et elle annonçait tous ces événements, toutes ces
impossibilités apparentes, simplement, sans orgueil, sans
exaltation, comme si elle eût lu dans un livre ouvert devant
elle. Ce livre est celui des anges, qu'aucun mortel ne saurait
déchiffrer sans un privilège spécial.

Les faits confirment-ils les vœux et prédictions de la Pucelle,
et la journée du samedi 7 mai compte-t-elle vraiment parmi
celles qui ont une influence décisive sur l'avenir ? Les documents contemporains vont nous donner la réponse.

(1) Déposition de Pâquerel : *Procès*, t. III, p. 108-109. — La phrase
finale est d'un autre témoin, Aignan Viole : *ibid.*, p. 127. — La Pucelle
avait déjà prédit sa blessure à Chinon, ainsi que nous l'avons noté plus
haut.

JEANNE D'ARC DÉLIVRE ORLÉANS

(Lenepveu ; Panthéon).

CHAPITRE VII

LA DÉLIVRANCE

I. — Levée du siège

La nuit avait été fort agitée dans les deux camps. Les Anglais avaient évacué et brûlé leur boulevard de Saint-Privé, en aval des Tourelles, et s'étaient retirés dans la bastille Saint-Laurent, leur plus forte position de la rive droite. Les Orléanais, de leur côté, étaient en éveil; la Pucelle également : elle craignait que les adversaires ne profitassent des ténèbres de la nuit pour tomber sur les troupes laissées au pied des Tourelles. Aussi était-elle debout avant l'aube, prompte, au sortir de la messe, à revêtir sa lourde armure.

Au moment où elle franchissait le seuil de l'hôtel de l'Annonciade, on présentait une alose à ses hôtes, et Jacques Boucher pressait

la Pucelle de la manger avant de partir. « Non, non, répondit-
elle avec sa gaîté habituelle ; gardez-la pour ce soir. Je vous
amènerai un *godon* qui en prendra sa part (1). » Elle trouva
la porte de Bourgogne fermée en vertu d'une délibération du
Conseil des chefs, et l'énergique gouverneur d'Orléans, Raoul
de Gaucourt, était là pour veiller à l'exécution de la consigne.
« Vous êtes un méchant homme, lui dit la Pucelle ; mais que
vous le vouliez ou non, les soldats passeront, et ils triompheront aujourd'hui comme ils ont triomphé hier. » Et elle fit
ouvrir d'autorité la porte en question, ainsi que la poterne de
la grosse tour de la Loire, traversa le fleuve et décida, de concert avec les capitaines, qui avaient campé sur la rive gauche,
qu'on attaquerait sans délai les travaux d'approche de la
bastille des Tourelles. Les bourgeois d'Orléans avaient eu
soin de préparer, à cet effet, batellerie et bouches à feu. Les
chefs restés dans la ville, apprenant le départ de l'héroïne
et ne voulant pas lui laisser tout l'honneur de la victoire,
étaient accourus à leur tour sur la rive gauche de la Loire.

Les haches et les cuirasses étincelaient aux rayons du
soleil levant. L'ardeur était extrême dans les deux camps ;
assiégeants comme assiégés étaient déterminés à vaincre ou
à mourir. La lutte fut terrible. « Courage, leur criait la jeune
guerrière ! Sans faute, aujourd'hui vous enlèverez la forteresse. » Cependant, après sept heures de combat, les Français,
harassés de fatigue, commencent à faiblir. Jeanne s'en aper-

____

(1) Chronique de la Pucelle : *Procès*, t. IV, p. 227. — *Godon*, sobriquet
alors à la mode pour désigner les Anglais.

çoit. Elle dresse une échelle contre le rempart et en gravit
hardiment les degrés. Les Anglais l'ont reconnue ; une grêle
de traits s'abat sur elle, et une flèche lui transperce l'épaule.
Elle roule dans le fossé, pendant que les ennemis poussent des
cris de joie, la croyant morte. A la vue du sang qui jaillit de
sa blessure, elle a peur ; elle pleure. On l'emporte à l'écart,
et quelques hommes d'armes lui proposent de « charmer le
mal » par des incantations magiques. « Non, non, réplique-
t-elle avec force ! J'aime mieux mourir que d'enfreindre la loi
de Dieu. » A ce moment, ses deux Saintes lui apparaissent
et la consolent. Elle renaît à l'espérance, arrache elle-même
le trait meurtrier et permet qu'on applique sur la plaie une
compresse d'huile d'olive ; puis elle arrête, d'un mot, le mouvement de retraite ordonné par le bâtard d'Orléans. « En nom
Dieu, lui dit-elle, vous entrerez bientôt dans les Tourelles,
n'en doutez pas. Pour le moment, reposez-vous un peu ; buvez
et mangez. » Les capitaines obéissent, subjugués par un
ascendant supérieur ; et après quelques minutes de repos :
« De par Dieu, leur crie-t-elle, retournez à l'assaut ; car sans
faute, les Anglais n'auront plus la force de se défendre, et
vous prendrez leur bastille. »

Là-dessus, elle va se mettre à genoux, non loin de là, dans
une vigne solitaire, comme pour attester une fois de plus d'où
lui viennent ses soudaines illuminations. Elle a laissé son
étendard aux mains de Jean d'Aulon. « Ne le quittez pas des
yeux, dit-elle au chevalier qui l'accompagne ; et quand la
pointe touchera le rempart, avertissez-moi. » Au signe convenu, elle remonte à cheval, ressaisit vivement son étendard,

le plante sur le remblai du fossé et crie à ses troupes : « Tout est vôtre ! Entrez ici. » Et les Français, électrisés par son exemple, se précipitent à l'assaut, gravissant le rempart comme ils auraient gravi un escalier, pendant que les Anglais, en pleine déroute, s'enfuient par le pont de bois qui relie les courtines à la forteresse.

Glasdal protège courageusement la retraite. La Pucelle lui clame son désir de lui sauver la vie. « Glacidas, Glacidas ! Rends-toi au Roi du ciel ! Tu m'as appelée prostituée ; mais j'ai pitié de ton âme et de celle des tiens. » En ce moment, un brûlot fait explosion sous le pont qui s'effondre, et le malheureux capitaine tombe dans la Loire qui l'engloutit (1). Ainsi se réalisait la prophétie de l'Envoyée de Dieu : « Tes compatriotes s'enfuiront, vaincus ; mais toi, Glacidas, tu ne verras pas ces choses. »

Sur les cinq ou six cents défenseurs de la bastille, il y eut deux cents prisonniers ; la plupart des autres périrent tués ou noyés. Chose étonnante ! Ni Suffolk ni Talbot ne tentèrent la moindre diversion pour les dégager, sans qu'on puisse expliquer l'inaction de généraux si valeureux et si expérimentés. Cependant Jeanne, redoutant un retour offensif de leur part, demeura quelque temps encore sur le terrain ; puis, la nuit étant arrivée, elle s'engagea sur une passerelle construite à la hâte entre Bellecroix et les Tourelles, et rentra par le pont, comme elle l'avait annoncé, blessée, mais victorieuse, dans la ville d'Orléans. Toutes les cloches chan-

(1) *Procès*, t. V, p. 293 ; et *Chronique de Morosini*, t. III, p. 31.

taient son triomphe; et de toutes les poitrines, à Sainte-
Croix et dans les autres églises, s'échappait le plus joyeux
Te Deum qui ait jamais retenti sous leurs voûtes (1).

De retour à l'hôtel de l'Annonciade, la vierge domrémoise
se laissa panser par un chirurgien qu'avait fait venir Jean
d'Aulon; mais brisée par l'émotion, dévorée par la fièvre, elle
n'accepta, quoiqu'elle n'eût encore rien pris de toute la
journée, qu'un peu de pain et de vin mêlé d'eau. Les chroniqueurs ne nous disent pas si elle avait ramené avec elle un
godon pour manger l'alose du matin.

Pendant que la ville d'Orléans était tout à l'allégresse, les
capitaines anglais, humiliés et consternés, délibéraient sur le
parti à prendre pour sauver l'honneur de l'armée. Devaient-ils
essayer de prendre leur revanche ou battre en retraite? Ils
possédaient encore de formidables positions sur la rive
droite; mais leurs hommes étaient démoralisés, abattus par
la défaite et, de plus, aux prises avec une puissance surnaturelle dont ils ignoraient l'origine, mais qu'ils supposaient être
le diable. Suffolk et Talbot furent obligés de reconnaître que
la partie était perdue et qu'il fallait porter la lutte sur un
autre point.

Le dimanche 8 mai, au matin, ils sortirent de leurs
bastilles et se rangèrent en ordre de bataille sous les murs de
la ville. C'était, selon les mœurs militaires de l'époque, une
provocation au combat. Les Français acceptèrent le défi.
Jeanne était là, encore toute souffrante et couverte d'une cotte

(1) *Procès*, t. III, p. 8, 70, 109, 215; — t. IV, p. 43, 85, 160-163, 227-
231.

de mailles plus légère, à cause de sa blessure. « En raison de
la sainteté du jour, leur recommanda-t-elle, n'attaquez pas
les premiers; mais si l'ennemi vous assaille, défendez-vous
sans crainte, et vous aurez la victoire (1). » On dressa un
autel en plein air, et deux messes y furent célébrées en
présence des deux armées silencieuses. Dès qu'elles furent
achevées, la Pucelle, toujours à genoux, demanda : « De quel
côté les Anglais tournent-ils le visage? — Du côté de Meung,
lui fut-il répondu. — Laissez-les s'en aller! Il ne plaît pas à
Messire (Dieu) qu'on les combatte aujourd'hui. Vous les
aurez une autre fois (2). » Les bataillons ennemis s'éloi-
gnaient, en effet, étendards déployés, mais la tête basse,
« honteux et déconfits », nous dit Jean d'Aulon (3). Ils étaient
divisés en deux colonnes, l'une se dirigeant avec Suffolk
vers Jargeau, l'autre avec Talbot vers Meung et Beaugency,
et emmenaient plusieurs prisonniers de guerre. Personne ne
poursuivit les fuyards, sauf la Hire, Ambroise de Loré et
quelques autres capitaines plus ardents. Le siège était lévé ;
il avait duré sept mois.

« Allons maintenant rendre grâces à Dieu (4)! » C'était,
dans la bouche de la Libératrice, le cri spontané de la reconnaissance. Aussitôt les troupes, prêtres et bannière en tête, se
déroulent en un triomphal cortège qui parcourt, au chant des
hymnes sacrées, les rues de la cité, folle de joie et d'enthou-

(1) Journal du siège d'Orléans : *Procès*, t. IV, p. 164.
(2) *Ibid.*, t. III, p. 29 ; et t. IV, p. 232.
(3) *Ibid.*, t. III, p. 217.
(4) *Ibid.*, t. III, p. 30 ; déposition de Jean de Champeaux.

siasme, et visite en actions de grâces les différents sanctuaires d'Orléans. C'est la première procession de la délivrance, la première fête du 8 mai, et l'origine d'une institution patriotique et religieuse sur laquelle ont passé les siècles, sans rien lui enlever de sa fraîcheur ni de son cachet moyenâgeux (1).

Les fêtes se prolongèrent pendant tout un *triduum ;* les Orléanais ne se lassaient pas d'adorer et de remercier. Cependant ils n'oublièrent pas leurs devoirs civiques. Après avoir rasé les bastilles de l'ennemi, ils en ramenèrent quantité de provisions de bouche, de pièces d'artillerie et de réserves de poudre et (ce qui causa à la Pucelle une joie extrême) plusieurs prisonniers, entre autres son héraut, le brave Guyenne, qu'on trouva lié et garotté, mais sain et sauf, au pied du bûcher qui lui était destiné (2).

Nous avons raconté, documents en mains, les péripéties et l'heureuse issue du siège d'Orléans ; n'est-il pas à propos d'en signaler également le caractère merveilleux ? Nous sommes ici en présence du surnaturel, déclarent à l'unanimité tous les compagnons d'armes de l'héroïne. « Mon sentiment, répond le célèbre Dunois, directement interrogé sur ce point, mon sentiment est que Jeanne est vraiment une Envoyée de Dieu et que tous ses exploits tiennent plus de l'inspiration divine que de la sagesse humaine (3). — Tous les faits de la Pucelle, affirme de son côté Jean d'Aulon, me

(1) *Procès*, t. V, p. 285-299.
(2) Chronique du héraut Berry : *ibid.*, t. IV, p. 42.
(3) *Ibid.*, t. III, p. 3.

semblent plutôt divins et miraculeux qu'autre chose ; car il eût été impossible à une jeune fille de faire de telles œuvres, sans le vouloir et la conduite de Notre-Seigneur (1). — J'ai vu les fortifications élevées par les Anglais, continue dans le même sens le duc d'Alençon, et j'affirme que si j'avais été maître des Augustins ou des Tourelles, même avec une poignée de soldats, j'aurais défié pendant six ou sept jours tous les efforts d'une armée. Du reste, j'ai souvent entendu les capitaines ou soldats qui avaient pris part à cette lutte, et en particulier le sire de Loré, proclamer hautement qu'il fallait attribuer à une intervention directe de la Providence ce qui s'était passé à Orléans (2). » Clercs, échevins, bourgeois, tabellions, hommes et femmes du peuple, sont d'accord sur ce point avec l'élément militaire, et l'un d'eux Guillaume Girault, alors notaire au Châtelet d'Orléans, n'est que l'écho de la voix publique, lorsqu'il écrit sur ses registres que la délivrance de la ville est *le plus grand miracle qui ait été accompli depuis la Passion de Notre-Seigneur* (3).

La Libératrice a donné « son signe », le gage promis de ses révélations, la preuve indéniable d'une mission supérieure et providentielle. La délivrance d'Orléans en est le principe ; le reste de sa carrière en sera le développement logique. Mais les liens établis entre la vierge domrémoise et

(1) *Procès*, t. III, p. 218.
(2) *Ibid.*, t. III, p. 94.
(3) « VII° jour dudict mois de may, par grâce de Nostre-Seigneur, et aussi comme par miracle le plus évident qui ad ce a esté apparu puis la Passion, fut levé le siège... (*Ibid.*, t. IV, p. 282). »

la cité reconquise sont tellement étroits, tellement sacrés, que désormais, et de même dans l'histoire, Jeanne portera le nom de *Pucelle d'Orléans*.

Les interventions providentielles exigent le libre concours des nations secourues. C'est une vérité élémentaire, mais trop souvent méconnue, que le savant Gerson glisse dans le mémoire qu'il adresse à Charles VII, à la date du 14 mai, c'est-à-dire six jours seulement après la délivrance d'Orléans. « Le Conseil royal et les hommes d'armes ont cru aux révélations de la Pucelle, et ils se sont exposés sous sa conduite aux dangers de la guerre, sans se laisser arrêter par la crainte d'être couverts de confusion (et quelle confusion!), dans le cas où, commandés par une jeune fille, ils auraient été vaincus. Le peuple est en liesse, il a foi dans la Pucelle ; il s'attache à ses pas. Dieu est glorifié, et nos ennemis confondus, terrorisés..... Toutefois, que le parti qui a le bon droit pour lui, prenne garde de rendre inutile, — par son incrédulité, son ingratitude ou autres prévarications, comme l'ancien peuple d'Israël, — un secours si merveilleux et si manifestement divin (1). » Plût au ciel que le roi et son Conseil eussent toujours tenu compte du sévère avertissement que leur

---

(1) *Procès*, t. III, p. 298-306. — Ce mémoire est probablement le dernier écrit sorti de la plume de Gerson. Deux mois après, le 12 juillet 1429, il s'éteignait paisiblement à Lyon. Il a la gloire de s'être courageusement élevé contre le duc de Bourgogne, l'assassin du duc d'Orléans, d'avoir combattu Petit, l'apologiste du meurtrier, et d'avoir, le premier, composé une sorte de plaidoyer justificatif en faveur de la Pucelle d'Orléans.

faisait entendre un vieillard patriote, déjà aux portes du tombeau !

II. — D'Orléans a Loches

Le mardi 10 mai, Jeanne prit congé des Orléanais. Les adieux furent d'une simplicité que relevait seule l'élévation des sentiments. « Les habitants pleuraient de joie, lisons-nous dans le *Journal du Siège ;* et ils remerciaient moult humblement leur Libératrice, mettant tous leurs biens et même leur personne à sa disposition (1). » Elle, de son côté, leur montrait le ciel comme la source de toutes les grâces, et le sacre du roi comme le but immédiat de ses efforts, parce qu'il marquerait l'aube de la résurrection nationale ; puis s'arrachant à leur reconnaissance, elle partit, accompagnée du sire de Rais et du baron de Coulonces, pour Blois et de là pour Tours, rendez-vous assigné par le roi.

La délivrance d'Orléans retentit comme un coup de foudre à travers l'Europe. L'empereur Sigismond était stupéfait d'étonnement ; Tournai envoyait une ambassade spéciale pour demander confirmation d'une pareille nouvelle. L'Angleterre, humiliée, rugissait de colère, et nous lisons dans les comptes du régent Bedford qu'il se vit obligé, pour porter remède au désarroi causé par l'échec de ses lieutenants, de prendre une mesure extrême : il prescrivit aux gouverneurs

____

(1) *Procès,* t. IV, p. 166.

de Dieppe, Eu, Fécamp, Harfleur, de surveiller les côtes et
de ne laisser aucun guerrier de race saxonne repasser la
Manche (1). L'émotion n'est pas moins grande en France,
mais en sens opposé. Charles VII, mis au jour le jour au
courant de la lutte par le sire de Gaucourt, renaît à une
nouvelle vie. Une lettre, espèce de bulletin militaire qu'il
expédie le 10 mai à Narbonne et à d'autres villes encore,
nous livre ses impressions, sa joie, ses espérances. Il y relate
en traits rapides les divers épisodes de la fin du blocus, du
1ᵉʳ au 8 mai, et invite ses « biens-aimés » sujets à témoigner
leur reconnaissance envers le ciel « par de notables processions, prières et oraisons. Vous ne sauriez, ajoute-t-il, assez
honorer les hauts faits et merveilleuses actions de la Pucelle,
qui a toujours présidé en personne à l'exécution de toutes ces
choses (2). »

Conformément au désir du roi, Narbonne, Montpellier,
Carcassonne, Châteaudun, Brignoles même, quoique ville
d'empire, célébrèrent par des processions et des réjouissances publiques les triomphes aussi éclatants qu'inespérés
de la vierge domrémoise. Montpellier alla jusqu'à bâtir une
chapelle commémorative, sous le vocable significatif de
Notre-Dame-de-Bonne-Nouvelle, à l'endroit même où s'était
tenu le courrier royal, en attendant l'ouverture des portes de
la ville (3).

---

(1) G. Lefèvre-Pontalès, *La panique anglaise en mai 1429*, p. 20.
(2) *Procès*, t. V, p. 101-104. La missive est datée de Chinon.
(3) Ayroles, *La vraie Jeanne d'Arc*, t. III, p. 400 : Comptes des villes du
Midi.

Le vendredi 13 mai, Jeanne était à Tours, où elle avait devancé le souverain. Elle se rendit à cheval au-devant de lui ; et dès qu'elle l'aperçut, elle se découvrit et s'inclina profondément. Charles VII, de son côté, lui rendit les honneurs qu'elle méritait. « Volontiers, il l'eût embrassée, au dire des témoins : tant il avait de joie » de revoir celle qui avait ramené la victoire sous les plis du drapeau fleurdelisé (1). Ils rentrèrent ensemble dans la ville, et l'on ne peut douter, malgré le silence des chroniqueurs, que ce ne fût au milieu des acclamations unanimes de la cité ; car quelques jours auparavant, « les gens d'église, bourgeois et habitants de la dite ville » avaient voté une gratification de dix livres tournois en faveur de Jean Colet, le guide de Vaucouleurs à Chinon, « pour les bonnes et joyeuses nouvelles — par lui apportées — de la prise des bastilles faite par la Pucelle, le sire de Rais et les gens de leur compagnie devant Orléans (2). »

Le dauphin, comme l'appelait toujours la Pucelle, prolongea son séjour dans la capitale de la Touraine jusqu'au 23 mai ; puis il se transporta avec Jeanne au château de Loches, ne cessant, ici comme là, de lui faire « grande chère (3). » Mais les honneurs et les louanges la touchaient peu. Elle avait des visées plus hautes ; c'était d'accomplir la seconde partie de sa tâche libératrice : le sacre du dauphin. Il faut voir avec quelles instances elle pressait ce dernier de

(1) *Procès*, t. IV, p. 497.
(2) L. Bosseboruf, *Jeanne d'Arc en Touraine*, p. 42.
(3) Le Journal du siège d'Orléans : *Procès*, t. IV, p. 168.

lever des troupes et d'assurer l'avenir de sa dynastie. Dunois nous a conservé, sous ce rapport, un entretien qui la peint au vif et dont il a été le témoin auriculaire.

La scène se passe à Loches, dans une aile du château cons-·truit par Foulques Nerra et alors tout récemment agrandi : résidence qu'affectionnaient nos rois à cause du site enchanteur qui égaie les bords de l'Indre. Jeanne y monta avec le Bâtard d'Orléans. Elle trouva Charles VII devisant avec Christophe d'Harcourt, Gérard Machet et Robert le Masson. Se jetant à ses genoux, elle lui dit de sa voix la plus persuasive : « *Gentil dauphin, ne tenez pas tant et de si longs conseils ! Venez à Reims, sans retard, pour y recevoir l'onction royale.*

— Est-ce votre Conseil qui vous a suggéré cette résolution ? demanda le sire d'Harcourt.

— Oui, répliqua-t-elle, *et je me sens vivement aiguillonnée à ce sujet.*

— Ne voudriez-vous pas nous dire ici, en présence du roi, de quelle façon vos Voix vous parlent ? »

Elle se mit à rougir. Charles VII lui dit alors à mi-voix : « Vous déplairait-il de répondre, devant les personnes ici présentes, à la question posée par Christophe d'Harcourt ?

— Non, dit-elle. Quand je m'aperçois qu'on ne veut pas croire à ma parole, je me retire à l'écart ; là je prie et me plains devant le Seigneur de l'incrédulité des gens. Alors une voix murmure à mes oreilles : *Va, fille de Dieu ! Je te viendrai en aide !* Et cette voix met le paradis dans mon âme ; je voudrais l'entendre toujours (1). » En prononçant ces mots, elle avait les yeux au ciel, et son visage prenait une expression d'ineffable béatitude que ses auditeurs n'oubliaient plus.

Mais elle avait beau répéter : « Venez à Reims ; hâtez-vous ; car je ne durerai guère plus d'un an (2). » Le roi, toujours ondoyant et irrésolu, consultait sans cesse son Conseil ; et le Conseil dont La Trémoille était l'âme, discutait à perte de vue sans passer à l'action, si ce n'est — trop souvent — pour contrecarrer les projets de la Pucelle : esprit d'hostilité qu'on voit poindre à Chinon, qui s'accentue à Loches et qui ira toujours en augmentant. Jeanne insistait pour marcher directement sur Reims ; les conseillers du prince proposèrent la Normandie ! « Non, s'écria-t-elle, ce n'est pas en Normandie qu'il faut aller ; c'est à Reims, pour le sacre du dauphin, et en voici la raison. Sitôt qu'il aura reçu l'onction sacrée, la puissance de ses adversaires ira toujours en diminuant, et finalement ils ne pourront plus nuire ni à sa personne ni à son royaume (3). » Convaincue, elle savait, on le voit, défendre son opinion personnelle. Son bon sens lui tenait lieu de génie, et sa perspicacité naturelle, aidée des lumières d'en haut, déjouait toutes les ruses des politiciens de la cour, comme sa vaillance renversait tous les obstacles sur les champs de

---

(1) Déposition de Dunois : *Procès*, t. III, p. 12. — Cf Le Journal du siège d'Orléans : *ibid.*, t. IV, p. 168.

(2) *Ibid.*, t. III, p. 99. Elle n'aura qu'un an de vie active et un an de captivité.

(3) *Ibid.*, t. III, p. 12-13.

bataille. On finit par se rallier à son avis; seulement il fut convenu qu'au lieu de marcher directement sur Reims, on commencerait par balayer les rives de la Loire.

Le duc d'Alençon fut investi du titre de commandant général de l'armée, sous la condition expresse « qu'il agirait en toutes circonstances selon les conseils de la Pucelle. » Condition qui, loin de le froisser, lui parut au contraire une force et un charme de plus; car il était de ceux qui croyaient à la mission providentielle de Jeanne, « et il prenait un extrême plaisir à combattre dans sa compagnie (1). » Il était jeune encore (vingt ans); mais les talents militaires ne lui manquaient pas, et il avait l'âme d'un soldat. Prisonnier de guerre sur parole, ainsi que nous l'avons dit plus haut, il n'hésite pas, pour se libérer, à vendre ses terres d'Antrain, de Fougères, de Bazouges-sur-Loir. L'acheteur était son oncle, le duc de Bretagne, Jean VI.

Le nom de généralissime ne fut pas, pour l'auxiliaire de Jeanne, un vain titre. Après avoir assigné le lieu de concentration des divers contingents, Selles en Berry, il s'occupa activement de la levée des troupes royales et fit un chaleureux appel aux milices communales non moins qu'à ses vassaux; avec un plein succès, racontent les chroniques contemporaines. Un souffle de patriotisme passait sur le pays. Barons, grands seigneurs, communiers, « venaient de toutes parts, intimement convaincus que Jeanne était une Envoyée de Dieu,

(1) *Procès*, t. IV, p. 169.

et attirés par ce motif bien plus que par l'appât de l'argent ou des honneurs (1). »

Pendant ce temps-là, la Libératrice recevait du souverain une faveur qu'elle n'avait point sollicitée : des armoiries, des armes parlantes, l'écu de France où la fleur de lys médiane est remplacée par une épée supportant la couronne royale (2). Il attestait de la sorte, par un acte officiel, qu'il devait au glaive miraculeux d'une vierge la conservation de son diadème et la conquête de ses états. Toujours humble, la fille d'Isabelle Romée refusa cet honneur ; elle attendait de plus haut une récompense moins éphémère. — La Providence lui réservait une autre surprise. Son plus jeune frère, Pierre d'Arc, lui revenait, après quelques semaines de repos passées à Domrémy. Il lui apportait des nouvelles de sa famille et de ceux qu'elle aimait, et se mettait de nouveau à sa disposition pour la campagne de la Loire, qui allait enfin s'ouvrir.

(1) *Procès*, t. IV, p. 236.

(2) Les lettres patentes du prince sont datées de Chinon et du 2 juin 1429. *Ibid.*, t. I, p. 300 ; — et Wallon, *Jeanne d'Arc*, p. 414.

CHAPITRE VIII

CAMPAGNE DE LA LOIRE

Le samedi 4 juin, la Pucelle partait de Loches pour Selles en Berry, où elle devait retrouver le roi. Un curieux document de cette époque nous dépeint d'une façon aussi pittoresque qu'instructive la physionomie de la petite armée et l'esprit qui l'animait. C'est une longue épître de deux jeunes seigneurs, Guy et André de Laval, à leur mère et à leur aïeule (1) ; nous la transcrivons ici, avec quelques coupures.

(1) Guy de Laval est le premier de sa maison qui ait porté le titre de comte (titre conféré au sacre de Charles VII). André devint, plus tard, tour à tour amiral et maréchal de France, sous le nom de maréchal de Lohéac. Ils avaient un frère, Louis, gouverneur de la Champagne et maître des eaux et forêts sous Louis XI. Leur mère, Anne de Laval, était une femme de grand cœur, qui sut défendre contre les Anglais le patrimoine de ses enfants. Leur aïeule, Jeanne de Laval, avait été mariée,

« Mes très redoutées dames et mères,

« Le dimanche (5 juin), j'arrivai à Saint-Aignan, où se trouvait le roi. Il m'accueillit avec bonté et m'entretint longuement, me disant que j'étais arrivé à point, sans être mandé, et qu'il m'en savait bon gré. Comme je lui disais que je n'avais pas amené une troupe aussi nombreuse que je le désirais, il me répondit que ce que j'avais amené suffisait pour le moment et que j'aurais bien l'occasion de recruter un plus grand nombre d'hommes.

« Le lundi, je quittai le roi pour venir à Selles en Berry, à quatre lieues de Saint-Aignan. La pucelle y était déjà, et le roi la manda près de lui. Elle nous fit très bon accueil, à mon frère comme à moi.. Elle était armée de toutes pièces, sauf la tête, et tenait une lance à la main. Au saut du cheval, à Selles, j'allai la voir à son logis. Elle fit apporter du vin. « Je vous en ferai bientôt boire à Paris », me dit-elle. Contempler ses actes, la voir, l'entendre, me semble chose toute divine. Elle est partie de Selles, ce même lundi, dans l'après-midi, avec le maréchal de Boussac, un grand nombre d'hommes d'armes et de communiers, pour s'avancer avec l'avant-garde jusqu'à Romorantin. Elle était armée tout en blanc, sauf la tête, une petite hache à la main. Son grand coursier noir se démenait si fort à la porte de son logis, qu'elle ne pouvait se mettre en selle. « Menez-le, dit-elle, à la croix qui se

dans sa jeunesse, au fameux connétable Bertrand Du Guesclin. V. Bertrand de Broussillon, *La maison de Laval*, t. III.

trouve devant l'église, sur le chemin. » Elle le monta
alors sans peine ; il ne bougea pas plus que s'il avait été
lié. Puis elle se tourna vers la porte de l'église et dit, avec
une douce et claire voix de femme : « Vous, prêtres et gens
d'église, faites des processions et des prières à Dieu. » Et
à ses soldats : « En avant ! En avant ! » Un gracieux page
portait son étendard ployé ; elle-même avait sa petite hache
à la main. Un de ses frères (1), venu depuis huit jours et
couvert d'une armure d'acier poli, partait avec elle.

« Aujourd'hui lundi, Monseigneur le duc d'Alençon est
arrivé avec un gros bataillon. On dit ici que Monseigneur le
connétable vient avec six cents hommes d'armes et quatre
cents hommes de trait, que Jean de la Roche vient aussi et
que le roi n'avait jamais eu ni troupes si nombreuses, ni
soldats si pleins d'élan.... Mais il n'y a point d'argent à la
cour. Aussi, vous, madame ma mère, qui avez mon sceau,
ne craignez pas de vendre ou d'hypothéquer mes terres ;
car le salut, notre vie, notre honneur, tout est en jeu ici
pour nous.

« La Pucelle m'a dit en son logis, lors de ma visite, que
trois jours avant mon arrivée, elle vous avait envoyé à
vous, mon aïeule, un petit anneau d'or, que c'était bien
peu de chose et qu'elle aurait désiré vous faire un plus
riche présent, à cause de l'estime qu'elle a pour vous.

« La Pucelle ne doute point qu'elle ne soit bientôt vers
le roi, disant que j'irai avec lui, lorsqu'il prendra la route

____
(1) Pierre d'Arc.

*de Reims. Mais Dieu veuille que la présente campagne ne
se passe pas sans moi ! Mon frère en dit autant ; et selon
Monseigneur d'Alençon, celui qui resterait serait décon-
sidéré. Il arrive chaque jour des gens de tous les côtés.
J'espère qu'avant dix jours les choses seront bien avancées,
d'un côté ou de l'autre ; mais tous ont si bon espoir en Dieu
que je crois qu'il nous aidera...*

« *Écrit à Selles, ce mercredi 8 juin.*

« *Ce soir sont arrivés ici monseigneur de Vendôme* (1),
*monseigneur de Boussac et autres. La Hire s'est approché
de l'armée ; on besognera donc bientôt. Dieu veuille que
ce soit suivant notre désir !*

« *Vos humbles fils,*

Guy et André DE LAVAL (2). »

Les lignes qu'on vient de lire, si naïves dans leur filiale
expansion, donnent lieu à plusieurs réflexions d'intérêt général que nous soumettons à l'appréciation de nos lecteurs. On
peut les résumer à trois : 1° l'entrain patriotique qu'a su inspirer la petite paysanne de Domrémy ; 2° l'extrême pénurie
du trésor royal ; 3° enfin et surtout la politique peu loyale
de Charles VII, dont le caractère soupçonneux se dessine
de plus en plus, à l'occasion de la présence du connétable de
Richemont. Le duc d'Alençon, usant de ses pouvoirs de généralissime et sachant que le roi avait promis à la Pucelle de

(1) Louis de Bourbon, marié à Jeanne de Laval, sœur de Guy et
d'André.
(2) *Procès*, t. V, p. 106-111.

pardonner à tous ses ennemis, avait convoqué le connétable comme les autres seigneurs féodaux pour la campagne de la Loire (1); et le vaillant Breton, rude et autoritaire, mais fidèle, était venu. Mais à Selles, le prince interdit au duc d'Alençon de le recevoir, et même il lui enjoint de le repousser à main armée plutôt que de lui permettre de se mettre en ligne contre les envahisseurs. Brusque et fatal revirement d'opinion dont l'odieux retombe sur son favori, La Trémoille, homme cupide et dénué de scrupules, qui prête au roi à des taux usuraires et ne cherche qu'à s'enrichir, sans nul souci de la fortune publique! La Trémoille est le mauvais génie de Charles VII. Il écarte Richemont, dont il redoute l'influence; il se montrera de même l'ennemi secret, mais acharné de la Pucelle, dont les exploits et les vues d'un patriotisme plus éclairé dérouteront tous ses calculs.

« Avant dix jours, écrivait Guy de Laval, les choses seront bien avancées. » Il ne se trompait pas. La Pucelle avait organisé ses troupes avec une rapidité qui tient du prodige. Le 7 juin, elle partait de Romorantin, à la tête de cinq mille hommes. Deux jours après, elle était à Orléans, où venaient la rejoindre trois mille nouvelles recrues, comtes, barons et communiers munis « de guisarmes, de haches, d'arbalètes et de maillets de plomb.(2). » L'enthousiasme est universel. Du fond de sa prison, le duc d'Orléans songe à la Pucelle, et « en considération des bons et agréables services qu'elle a rendus

---

(1) *Procès*, t. IV, p. 14.
(2) *Ibid.*, Journal du siège d'Orléans, t. IV, p. 170.

contre les Anglais », lui fait remettre deux magnifiques **robes**
de drap cramoisi, du prix de treize écus d'or (1) : vêtements
qu'elle accepte, non par vanité, mais à cause du prestige
qu'ajoute aux dignités l'éclat extérieur. La vieille cité **fait**
mieux : sans tenir compte de l'épuisement de ses finances,
elle fournit au corps expéditionnaire des vivres, des traits,
des flèches, des couleuvrines, des bombardes et (ce qui n'est
pas moins nécessaire) plusieurs équipes d'ouvriers. Pendant
ce temps-là, le duc d'Alençon s'entoure d'une pléiade de
preux dont la plupart nous sont déjà connus, « le comte de
Vendôme, le bâtard d'Orléans, le maréchal de Sainte-Sévère,
La Hire, Florent d'Illiers (2) », etc. ; et le 11 juin, les différents bataillons s'ébranlent pour aller reconquérir, aux alen-
tours, les trois principales forteresses demeurées au pouvoir
de l'ennemi : *Jargeau*, *Meung* et *Beaugency*.

D'abord *Jargeau*, où Guillaume de la Poole, comte de Suffolk, s'était enfermé avec six ou sept cents soldats d'élite.
Chemin faisant, la rumeur se répandit parmi les Français
que Falstolf, le vainqueur de Rouvray, accourait de Paris,
avec une colonne de cinq mille hommes, au secours des places
assiégées. De là une panique et quelques défections : mouvement fâcheux qui aurait pu compromettre les débuts et l'issue
de la campagne, si la Pucelle n'avait su l'arrêter par un de
ces mots étincelants qui jaillissent comme d'eux-mêmes du
sentiment de sa vocation. « Qu'importe le nombre ? Ne craignez
pas ! C'est Dieu qui conduit notre œuvre. Si je n'en étais sûre,

(1) *Procès*, t. V, p. 112.
(2) *Ibid.*, t. IV, p. 170.

croyez bien que j'aimerais mieux garder mes brebis que de m'exposer à tant de périls et de contradictions. » Le soir même du 11, elle occupa les faubourgs de la ville. Le lendemain, qui était un dimanche, sur le refus de Suffolk de se rendre, elle disposa les batteries pour l'attaque, et les trompettes sonnèrent l'assaut. « En avant, gentil duc, dit-elle au généralissime! — C'est trop tôt, répondit-il. — *Non, non, c'est l'heure de Dieu. Il faut besogner, quand le Seigneur le veut. Travaillez, et Dieu travaillera.* » Et d'un ton plus familier : « Ah! gentil duc, as-tu peur? Ne sais-tu pas que j'ai promis à ta femme de te ramener sain et sauf? » Tout-à-coup, lui montrant une des pièces du rempart : « Retirez-vous, vite, lui crie-t-elle ! Sinon, le veuglaire que vous apercevez là-haut vous tuera. » Le duc d'Alençon obéit, et à l'instant un lourd projectile emporte la tête du sire du Lude, qui, inconsciemment, a pris la place du généralissime.

A Jargeau, comme à Orléans, un Anglais de taille herculéenne lançait des pierres énormes et renversait les échelles avec les assaillants. Le duc d'Alençon le désigne aux coups de Jean Le Lorrain, qui pointe sa couleuvrine et l'abat. L'attaque devient alors générale. Suffolk, qui se sent perdu, demande une suspension d'armes ; sa voix n'est pas entendue. Pour enlever ses gens, la Pucelle dresse elle-même une échelle et monte à l'assaut, son étendard à la main : courageuse, presque à l'excès! Une pierre, effleurant son étendard, brise son casque ; et sous la violence du choc, elle roule au fond du fossé. Heureusement sans lésion grave ; car se relevant aussitôt, elle crie à ses soldats : « Amis, amis, en avant! En avant ! Notre Seigneur a condamné les Anglais. A cette heure, ils sont à nous. Ayez courage. » Les Français, enflammés par ce mot, escaladent les remparts, et la place est emportée (1).

Les Anglais essayent en vain de se retrancher sur le pont qui relie la ville à la rive droite de la Loire ; on les poursuit de près. Le commandant lui-même se voit pris par un écuyer nommé Guillaume Regnault, et l'interpelle dans les termes suivants :

— « Es-tu gentilhomme ?

— Oui.

— Es-tu chevalier ?

— Non. »

Alors Suffolk l'arme chevalier et lui rend son épée. De ses deux frères, Alexandre et Jean de La Poole, le premier périt dans le cours du combat; le second partagea la captivité du commandant. L'assaut avait duré quatre heures. D'après le *Journal du siège d'Orléans*, les Anglais y subirent des pertes énormes : « de quatre à cinq cents hommes tués » (sur six ou sept cents), sans compter les prisonniers, guerriers « de haute noblesse et de grand renom (2). » La Pucelle prit ces derniers sous sa sauvegarde, de peur qu'ils ne fussent

(1) Dans le récit de la prise de Jargeau, nous avons suivi de préférence la relation de celui qui nous paraît le mieux à même de nous renseigner : le duc d'Alençon lui-même. *Procès*, t. III, p. 95-97.

(2) Journal du siège d'Orléans : *ibid.*, t. IV, p. 173. — Cf. t. IV, p. 236-238. Perceval de Cagny (*ibid.*, p. 13) n'accuse que cinquante prisonniers ; mais peut-être n'entend-il par là que les « guerriers de marque » dont parle le *Journal du siège d'Orléans*.

massacrés en chemin, et les fit conduire à Orléans. Les français n'avaient perdu qu'une vingtaine d'hommes.

Le lendemain, lundi 13 juin, la Pucelle et le duc d'Alençon rentraient à Orléans, pendant qu'un héraut courait, en leur nom, porter au roi la nouvelle de la prise de Jargeau. L'héroïne y reçut de nouveaux renforts. Elle ne donna qu'un jour de repos à ses troupes, profitant de l'entrain général pour terminer la campagne par un coup d'éclat, avant l'arrivée — cette fois imminente — du vainqueur de Rouvray. Le mardi soir, elle dit gaîment au duc d'Alençon : « Je veux, demain, aller voir ceux de Meung. Faites que la compagnie soit prête à partir (1). » Et le lendemain en effet, dans l'après-midi, « la compagnie » était sous les armes ; au complet ? Non. Un homme demeurait à l'écart, qui aurait dû se mettre à la tête des troupes, celui-là même pour lequel elles se battaient : Charles VII. La Trémoille, l'indigne favori, venait de l'emmener en son luxueux château de Sully-sur-Loire. Le prince avait préféré le plaisir au devoir ; acte de lâcheté qui aura tout de suite son châtiment : l'armée va remporter les plus brillantes victoires sans lui.

Jeanne avait suivi la rive gauche de la Loire. Le mercredi soir (14 juin), elle atteignait le pont de *Meung*, où les Anglais, commandés par le sire de Scales, s'étaient fortifiés, emportait la position, traversait le fleuve, campait, victorieuse, en amont de la ville (2), et dès le lendemain matin

---

(1) Perceval de Cagny : *Procès*, t. IV, p. 13.

(2) A dix-huit kilomètres d'Orléans ; sur la rive droite de la Loire, ainsi que Beaugency.

marchait sur *Beaugency*, à une lieue et demie de là. Talbot
en était parti dans la nuit du mardi au mercredi, pour opérer
sa jonction avec Falstolf : ce qui eut lieu à Janville. L'héroïne
culbuta les Anglais postés en embuscade dans les faubourgs,
et massa ses troupes autour du donjon, pour en commencer le
siège. Déjà les bombardes et les canons amenés d'Orléans
avaient ébranlé les murailles du château, lorsqu'on vint
annoncer au duc d'Alençon qu'une forte colonne apparaissait
dans les plaines de la Beauce. C'était le connétable de Richemont qui avec près de deux mille hommes, y compris les
garnisons de Sablé, de La Flèche et de Durtal, lui apportait
le secours de son épée. Sa venue contraria vivement le généralissime, protestant qu'il se retirait plutôt que de contre-
venir aux ordres du roi. Heureusement, celle qui était l'ange
des victoires, s'interposa entre les deux personnages, en pro-
posant une réconciliation provisoire. « Est-ce le moment de
nous diviser, ici, sur le champ de bataille, en face de l'ennemi,
dit-elle au duc d'Alençon ? Que le connétable jure de
servir loyalement le dauphin, et après la bataille celui-ci
décidera. » Ces paroles, franches et claires comme la lame de
son épée, firent impression sur les grands chefs, dont la
plupart se rangèrent à son avis.

Elle alla avec le duc d'Alençon au-devant de Richemont et
le salua d'un geste gracieux. « Ah ! beau connétable, ce n'est
pas moi qui vous ai mandé ; mais puisque vous voilà, soyez le
bienvenu. » Le biographe d'Arthur de Richemont place dans

(1) *Procès*, t. IV, p. 317 : récit de cette entrevue par Guillaume Gruel,
apologiste plutôt qu'historien du connétable.

la bouche de son héros la réponse un peu romanesque qu'on
va lire. « Jeanne, on m'a dit que vous vouliez me combattre.
Je ne sais si vous êtes de par Dieu ou non. Si vous êtes de
par Dieu, je ne vous crains en rien ; car Dieu sait mon bon
vouloir. Si vous êtes de par le diable, je vous crains encore
moins (1). » Richemont signa devant les chefs présents l'engagement proposé par la Pucelle ; puis il fut chargé, conformément aux usages de la chevalerie, de faire le guet pendant la
nuit, aux abords du camp. Cette réconciliation était l'œuvre
de la vierge domrémoise.

Pendant ce temps-là, Falstolf et Talbot tenaient conseil à
Janville : deux officiers de mérite, mais de caractères bien
différents ; Falstolf, plus pondéré, conseillant d'attendre les
renforts promis par le Régent ; Talbot, plus bouillant et décidé
à reprendre l'offensive. « Avec l'aide de Dieu et de monseigneur saint Georges, s'écria ce dernier, j'irai combattre,
quand même je serais seul avec mes gens (1). » Le serment
n'était-il pas téméraire ? Cependant son avis l'emporta, et les
deux généraux se dirigèrent ensemble sur Meung dans l'intention de reprendre cette ville sur les Français et de voler
ensuite au secours de Beaugency (vendredi 17 juin). Mais
pendant la nuit, la garnison de Beaugency, ne voyant pas
revenir Talbot et se croyant abandonnée, capitula ; et les deux
généraux n'eurent plus d'autre ressource que de se replier
sur *Patay*, d'où la route s'ouvrait sur Etampes et Paris.

(1) Relation d'un soldat anglo-bourguignon, Jean de Wavrin : *Procès*,
t. IV, p. 415.

(Samedi 18 juin). Talbot, se voyant poursuivi par les Français, se cantonna, avec 500 archers, dans un ravin protégé par d'épaisses broussailles à la lisière d'un bois,et promit de tenir ferme jusqu'à ce que l'organisation du corps d'armée fût achevée. La Hire et ses éclaireurs s'avançaient de ce côté, un peu à l'aventure, lorsque des hourras, provoqués par la vue d'un cerf qui fuyait, effaré, trahirent la présence de l'ennemi. L'intrépide capitaine expédie sur-le-champ un de ses cavaliers au duc d'Alençon pour le prévenir et lui demander du renfort. Le généralissime, se tournant vers la Pucelle, l'interroge : « Voici les Anglais en ordre de bataille; que faut-il faire?

— *Avez-vous de bons éperons*, réplique-t-elle?

— Eh quoi ! Serons-nous donc obligés de fuir ?

— *Non, non. Foncez hardiment sur les Anglais ; fussent-ils pendus aux nues, nous les aurons : Dieu nous les livre ! Soyez-en sûr, le gentil roi aura aujourd'hui la plus grande victoire qu'il ait jamais remportée. Les Anglais sont tous nôtres; mon Conseil me l'a affirmé.* »

Là-bas, en effet, dans le creux de la Retrève, l'action est déjà engagée. La Hire et Saintrailles, rapides comme l'éclair, fondent sur Talbot, pendant qu'il cherche un terrain plus avantageux, et le font prisonnier. Un mouvement de cavalerie, ordonné par Falstolf pour rejoindre au galop son avant-garde, n'est pas compris des soldats, qui croient à une déroute. Bientôt le désordre devient général, et Falstolf lui-même, impuissant à retenir ses hommes, et contraint par suite d'abandonner le champ de bataille, s'enfuit d'une seule traite jusqu'à Etampes, tout honteux et la rage au cœur. Janville a fermé ses portes aux fuyards, et les plaines de la Beauce se rougissent de leur sang. Deux mille hommes y succombent, et deux cents sont emmenés captifs (1), tandis que, d'après Perceval de Boulainvilliers, le parti victorieux ne comptait que trois morts (2).

Telle est cette journée de Patay, la plus glorieuse peut-être de toutes celles qui illustrent nos fastes militaires (3). Azincourt était vengé.

On connaît la parole de Talbot, lorsqu'il fut présenté au duc d'Alençon. « Vous ne pensiez pas, ce matin, lui dit le généralissime, que pareil malheur dût vous arriver ce soir ! — C'est la fortune de la guerre », répondit-il stoïquement (4). La fortune, en effet, s'est tournée du côté de Jeanne d'Arc, du côté de la France. Au seul nom de la Pucelle, la garnison anglaise de Janville se rend à l'un de ses lieutenants, à la seule condition d'avoir la vie sauve. Les détachements de Saint-Sigismond et des places environnantes préfèrent mettre le feu à leur forteresse et s'enfuir; le résultat est le même : le cours de la Loire est libre.

On admire la *Campagne d'Italie*, la première et la plus brillante des expéditions de Bonaparte (1796). *La Campagne de la Loire* ne lui est pas inférieure. En huit jours, du 11 au 18 juin 1429, Jeanne enlève trois forteresses, taille en pièces

---

(1) Évaluation de Jean de Wavrin : *Procès*, t. IV, p. 423.
(2) *Ibid.*, t. V, p. 120.
(3) *Ibid.*, t. III, p. 98-99 ; — t. IV, p. 176-177, et 243-244.
(4) *Ibid.*, t. III, p. 99.

les vieilles bandes anglaises, jusqu'alors réputées invicibles, abaisse l'orgueil britannique et défait les capitaines les plus expérimentés, un Suffolk, un Falstolf, un Talbot. Pas un instant d'hésitation ; pas une erreur de tactique ; pas un faux mouvement. Du même coup, elle réveille dans les masses l'idée de patrie, rétablit parmi les feudataires la vraie notion de leurs devoirs féodaux envers leur suzerain, prépare la réconciliation de la Bretagne avec le roi et imprime à toutes les classes de la société un retour harmonique vers le trône, vers les descendants de saint Louis, parce qu'elle voit en eux les représentants et les défenseurs de l'indépendance nationale. Et celle qui étonne le monde par la sagesse de ses vues non moins que par la rapidité foudroyante de ses exploits, est une petite villageoise qui ne sait ni A ni B et qui ne compte pas encore dit-huit ans ! Il est vrai que Dieu est avec elle, et c'est là qu'il faut chercher le secret des merveilles dont nos aïeux furent témoins.

LE SACRE DE CHARLES VII

(Lenepveu ; Panthéon).

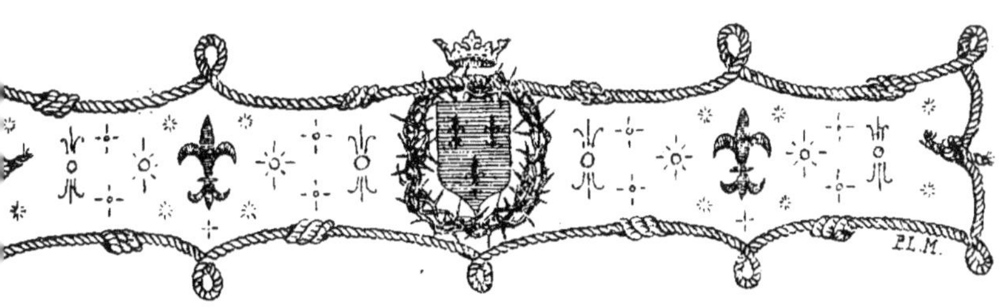

CHAPITRE IX

LA MARCHE SUR REIMS

ORLÉANS était comme le quartier-général de la Pucelle. Aucune ville du royaume n'était plus méritante ; elle avait supporté, presque seule, tous les frais de la guerre. Aucune n'était plus sincèrement attachée à la personne de notre héroïne. Aussi était-elle toute pavoisée, lorsque celle-ci y rentra, le front ceint de nouveaux lauriers, dans la matinée du dimanche 19 juin. On comptait sur la visite de Charles VII; il ne vint pas et se contenta d'envoyer une lettre flatteuse, au grand désappointement de l'armée non moins que des habitants (1).

(1) *Procès*, t. IV, p. 245 ; et *Lettres d'anoblissement en faveur de Guy de Cailly*, t. V, p. 342.

Il y eut, pour la Libératrice, un dédommagement. Elle qui rêvait de rallier la Bretagne et les autres provinces à la couronne, reçut vers ce moment une ambassade dont l'opportunité la frappa vivement. Devant elle se présentait le Frère Yves Milbeau, officiellement chargé par Jean V, duc de Bretagne, de lui poser une question qui, sous sa forme originale, décelait le désir non équivoque de revenir à l'alliance française. « Est-ce au nom du Tout-Puissant que vous êtes venue secourir le roi ?

— Oui, répondit-elle délibérément.

— S'il en est ainsi, mon droiturier seigneur, le duc de Bretagne, est tout disposé à prêter aide et assistance au roi ; mais comme il est retenu par ses infirmités, il a dessein d'envoyer son fils aîné avec une puissante armée.

— *Le duc de Bretagne est votre maître, mais non votre droiturier seigneur. Un seul a le droit de prendre ce titre : le roi de France. Quant au duc, il n'aurait vraiment pas dû attendre si longtemps pour mettre ses gens au service de Charles VII* (1). »

La réplique était hardie ; Jean V ne s'en fâcha point. Peu de temps après, il adressa à la Libératrice plusieurs présents alors réservés à la noblesse et qui témoignaient assez par là même de sa bienveillance : une dague et des chevaux de prix (2).

Il était le frère du connétable de Richemont et l'oncle du duc d'Alençon ; Richemont, de son côté, était le beau-frère du

(1) *Procès*, t. IV, p. 498.
(2) *Ibid.*, t. V, p. 264.

duc de Bourgogne : alliances de famille qui, sous le jeu des événements, pouvaient servir de base au rétablissement de l'entente politique entre les vassaux et leur suzerain. Sans être diplomate, la fille d'Isabelle Romée avait l'intuition de ces grandes choses. Aussi s'empressa-t-elle d'aller à Sully-sur-Loire (21 juin), pour traiter avec le dauphin des deux questions pendantes : le rapprochement de la Bretagne et la campagne du sacre.

Sur la première question, le monarque se montra intraitable. En dépit de la noble conduite du connétable à Patay, de la sincérité de son repentir, de l'importance du concours qu'il apporterait à l'affranchissement du pays, il refusa ses services. Il alla même jusqu'à déclarer « qu'il aimerait mieux n'être jamais couronné que de l'être en sa présence (1). » La Pucelle se heurtait ici à un parti-pris dont le chroniqueur royal Jean Chartier, nous dévoile le principal instigateur. « La Trémoille, écrit-il, écarta le connétable, qui avait une fière compagnie de 1.200 hommes sous ses ordres. Il écarta de même plusieurs autres seigneurs et capitaines, qui lui portaient ombrage. Et ce fut grand dommage pour le roi et son royaume (2) ! » Victimé d'une rancune injustifiable, Richemont, disons-le à son honneur, se vengea noblement : il alla quand même guerroyer, quoique pour son propre compte, contre l'ennemi commun : l'Anglais.

La Pucelle n'était point habituée à ces intrigues de cour. Voyant s'évanouir ses beaux rêves d'union entre les grands

(1) *Procès*, t. IV, p. 320.
(2) *Ibid.*, t. IV, p. 70. — Cf. *Ibid.*, p. 247.

du royaume, elle sentit pour la première fois la désillusion et la tristesse envahir son cœur. Le roi s'en aperçut. Chevauchant avec elle le lendemain (22 juin) sur la route de Saint-Benoît-sur-Loire, il lui dit, d'un ton qu'un regard de sympathie rendait plus pénétrant : « Reposez-vous, Jeanne ; je le veux.

— Gentil dauphin, répartit-elle, en ramenant la conversation sur un sujet qui la préoccupait plus que sa santé, ne craignez point ; vous reconquerrez toutes vos provinces, et bientôt vous serez couronné (1). »

Elle fut plus heureuse sur cette question du sacre que sur l'autre. A Châteauneuf-sur-Loire, où s'étaient rassemblés les principaux chefs de guerre, il fut convenu que sans plus tarder l'on marcherait sur Reims, que la reine assisterait au sacre et que les places de Bonny, Cosne et la Charité-sur-Loire, seraient sommées de se rendre. Marie d'Anjou, dont la Trémoille redoutait l'influence, dut retourner à Bourges (2) ; et des trois villes ci-dessus nommées, Bonny seule se rendit à l'amiral Louis de Culan. Néanmoins la décision principale, relative à la campagne du sacre, demeura ferme.

Pour couper court aux tergiversations du roi non moins qu'aux manœuvres souterraines de son favori, la Pucelle hâte le départ des troupes. Le 24 juin, au lever du soleil, elle dit gaîment au duc d'Alençon : « Faites sonner les trompettes, et montez à cheval (3). » Le soir, elle couche à Gien, lieu du rendez-vous général. De là, sûre de l'avenir, elle écrit « aux

(1) *Procès*, t. III, p. 116.
(2) *Ibid*, t. IV, p. 247.
(3) *Ibid.*, t. IV, p. 16.

loyaux Français de Tournai » pour les inviter à venir au sacre du gentil roi Charles, à Reims, « où nous serons bientôt », ajoute-t-elle (1). Elle y convoque même son adversaire le duc de Bourgogne, Philippe le Bon qui, adoptant les mœurs des capitaines anglais, retient son héraut et ne répond pas.

Enfin, le mercredi 29 juin, le dauphin s'ébranle à son tour et rejoint l'héroïne avec le gros de l'armée, environ 12.000 hommes. C'est peu pour fournir une course de quatre-vingts lieues à travers les lignes ennemies ; mais ils sont commandés par des capitaines qui ont fait leurs preuves, le duc d'Alençon, le Bâtard d'Orléans, le maréchal de Boussac, La Hire, Poton de Saintrailles, etc... La Trémoille et Regnault de Chartres sont là aussi, et l'on s'apercevra bientôt de leur présence. La solde des troupes est maigre, trois francs d'or par tête (2) ; néanmoins elles ne murmurent pas. Elles ne cesseront même de grossir en route, et l'on verra, au rapport d'un contempo-rain, des gentilshommes servir, faute de ressources, en qualité « d'archers et de coutiliers », c'est-à-dire dans les derniers rangs de l'armée : tant on a confiance en celle que tous regardent « comme une Envoyée du ciel de qui l'on peut attendre tous les biens (3). »

Dans la campagne du sacre comme dans la précédente, la Pucelle s'attache par dessus tout à maintenir la discipline et à relever au besoin le moral des troupes. Elle sait l'irrésistible puissance de l'exemple ; elle le donne à tous, souvent d'une

---

(1) Lettre datée du 25 juin ; reproduite par Mgr DEBOUT, *Jeanne d'Arc*, t. I, p. 676.
(2) Une trentaine de francs.
(3) Déposition de Dunois : *Procès*, t. III, p. 14.

façon héroïque, « toujours la première à l'appel, la plus diligente au travail, constamment équipée de toutes pièces » et enserrée la nuit comme le jour dans sa cotte de mailles d'acier. Quel supplice ! Elle se montre la plus empressée aussi au service de Dieu. Chaque soir, sur son ordre. « les Frères mendiants » (nom alors réservé aux Franciscains) chantent une antienne à la Reine des Anges. et l'on fait la prière au camp (1). Stratégie toute mystique qu'on aurait tort de mépriser, puisqu'elle entre comme un élément de force et de vie dans cette sublime entreprise qu'est la libération d'un peuple opprimé.

Il est temps de suivre la jeune guerrière dans sa chevauchée de Gien à Reims. Dès les premiers pas, Cravant et Coulanges-la-Vineuse se soumettent ; Saint-Fargeau les imite, et le 1er juillet l'armée royale arrive sous les murs d'Auxerre, qui ferme ses portes. La ville avait été cédée par le Régent. en 1424. à son allié le duc de Bourgogne. Jeanne émet l'avis d'agir avec vigueur et de la prendre d'assaut ; mais les habitants sont assez habiles pour éviter les ennuis et les funestes conséquences d'un siège. Connaissant l'influence et la vénalité de La Trémoille, ils lui versent deux mille écus d'or ; et par son entremise ils obtiennent l'assentiment de Charles VII à un arrangement assez bizarre où ils s'engagent simplement à conformer leur conduite à celle de Troyes, de Châlons. de Reims (2).

Les troupes continuent ensuite leur marche en avant. Saint-

(1) Chronique de la Pucelle : *Procès*, t. IV. p. 248.
(2) Journal du siège d'Orléans : *ibid.*, t. IV. p. 181.

Florentin. Brinon. Saint-Phal, n'opposent aucune résistance.
De Brinon, le roi écrit aux habitants de Reims, leur enjoi-
gnant, « au nom de la fidélité et de l'obéissance » dues à leur
souverain légitime, de le recevoir comme ils ont fait pour ses
prédécesseurs et leur promettant, à cette condition, de les
traiter « en tout comme de bons et loyaux sujets » (1). avec
une pleine amnistie pour le passé. De son côté, la Pucelle,
avant de partir de Saint-Phal, adresse « aux seigneurs et
bourgeois de la cité de Troyes » une missive que nous enchâssons avec bonheur dans notre récit. parce que l'héroïne s'y
révèle tout entière, avec son caractère primesautier et ses
aperçus étincelants sur la royauté chrétienne.

« Jhesus + Maria.

*« Très chers et bons amis, — il ne tient qu'à vous de
l'être, — seigneurs, bourgeois et habitants de la ville de
Troyes, Jeanne la Pucelle vous demande et vous ordonne,
de par le Roi du ciel, son droiturier et souverain Seigneur,
au service duquel elle est chaque jour, de faire acte public
de soumission au gentil roi de France, qui, malgré ses
ennemis, arrivera bientôt à Reims, à Paris et dans ses
bonnes villes du saint royaume, avec l'aide du Roi Jésus.
Loyaux Français, venez au-devant du roi Charles ; n'y
manquez pas. Venez sans crainte ni pour la vie ni pour
vos biens. Sinon, je vous promets et vous certifie, sur vos
vies, que nous entrerons, avec l'aide de Dieu, dans toutes*

(1) Le texte est conservé aux archives de Reims : *Sacres*, liasse 8, n° 1.

*les villes qui doivent être du saint royaume, et y établirons
la paix, en dépit des efforts de nos adversaires. Je vous
recommande à Dieu ; qu'il vous garde, s'il lui plait.
Prompte réponse devant la cité de Troyes.*

« Écrit à Saint-Phal, le mardi 4 juillet (1). *»*

Le 5 juillet, l'armée était en vue de cette ville de Troyes qui
rappelait de si tristes souvenirs : les fiançailles d'Henri V
d'Angleterre avec Catherine de France, et la déchéance des
Valois signée par la reine Isabeau ! La garnison anglo-bourguignonne, commandée par les sires de Rochefort et de Plancy
et forte de cinq à six cents hommes, se porta au-devant de
l'avant-garde française ; mais la Pucelle était là : elle força
ses adversaires à rentrer précipitamment dans l'intérieur de
la place.

Tout en refusant aux hérauts de Charles VII l'entrée de la
ville, les échevins reçurent son message et peut-être en même
temps le pli de Jeanne. Ils délibérèrent là-dessus et répondirent au roi qu'eux et les seigneurs de la ville avaient juré
de ne laisser pénétrer dans leurs murs aucune force militaire
numériquement supérieure à la garnison, sans l'autorisation
expresse du duc de Bourgogne. « Ils ne pouvaient violer leur
serment, et d'ailleurs, quel que fût leur bon vouloir, il serait
entravé par l'action des hommes d'armes qui occupaient la
ville. » Quant à la lettre de la Pucelle, elle fut pour eux l'objet
de toutes sortes de moqueries. Pour toute réponse, après en

____

(1) *Procès*, t. IV, p. 287.

avoir pris une copie qu'ils expédièrent à Reims, ils la jetèrent dans les flammes, en traitant celle qui en était l'auteur « de hâbleuse, de folle, de possédée du diable (1). » Somme toute, ils refusaient de se rendre.

La situation était critique. Le roi assembla son Conseil, où les avis furent partagés, les uns opinant pour le châtiment immédiat de la cité rebelle, les autres pour la marche en avant vers la ville du sacre. Il demeura, selon son habitude, flottant et irrésolu. La reddition de la place fut l'œuvre de Jeanne, qui ne fut point consultée, et d'un moine dont il nous faut parler (2). Les contemporains le désignent simplement sous le nom de Frère Richard. C'était un de ces Cordeliers qui s'adonnaient à la prédication populaire, « où, selon le mot de Siméon Luce, ils n'avaient pas de rivaux (3). » Doué de cette verve entraînante qui subjugue les masses, porté par nature à l'exaltation, fervent disciple de saint Bernardin de Sienne, il propageait en tout lieu la dévotion au saint Nom de Jésus : à Troyes, où il avait prêché l'Avent l'année précédente ; à Paris, où il avait obtenu un succès incroyable (du 16 avril au 10 mai), décidant les bourgeois et leurs femmes à brûler ce qui les passionnait, leurs dés, leurs damiers, leurs atours. Il en avait été subitement chassé par la faction bourguignonne, probablement pour ses allusions politiques. Le monogramme

(1) Déposition de Jean Rogier : *Procès* t. **IV**, p. 289-290.

(2) Cet épisode du frère Richard a été défiguré par la plupart des historiens modernes. Nous en rétablissons les grandes lignes, en nous appuyant sur le témoignage des contemporains, et surtout du greffier de La Rochelle.

(3) *Jeanne d'Arc et les Ordres mendiants*, par SIMÉON LUCE : Revue des Deux-Mondes, 1ᵉʳ mai 1881.

du Christ, qu'il aperçut sur l'étendard de Jeanne, lui révéla une amie certaine de l'Ordre franciscain, puisque celui-ci était presque seul à lutter pour cette dévotion aux formes rajeunies. Il désira la connaître. Muni d'un sauf-conduit, il se rendit au camp français et eut avec la Pucelle une entrevue dont le greffier de la Rochelle nous livre les détails.

Dès qu'il fut introduit devant elle, il se jeta à genoux ; elle en fit autant de son côté, avec toutes les marques d'un profond respect. Puis se levant, ils devisèrent « longuement ensemble. » Le Cordelier était gagné. A son retour, il rendit compte, devant le peuple assemblé, de sa visite et de son entretien avec la petite paysanne meusienne, jeune fille vraiment envoyée d'en haut, affirmait-il, initiée aux secrets du Très-Haut et capable, « si elle voulait, de faire entrer tous les hommes d'armes par-dessus les murs (1). » Il manque de mesure, on le voit. Il y eut une députation de bourgeois auprès de la Pucelle ; mais trompés par la peinture qu'on avait faite de « sa puissance magique », ils voulurent être accompagnés du Frère Richard, qui, — pour dissiper leur terreur religieuse, et non par défiance pour l'Inspirée, — marchait devant eux, aspergeant le sol d'eau bénite et multipliant les signes de croix. « Approchez, leur dit Jeanne, avec une pointe d'ironie à l'adresse du Cordelier ; approchez sans crainte, je ne m'envolerai pas (2) ! »

Le résultat de cette démarche fut une véritable évolution

(1) *Relation du greffier de la Rochelle*, publiée par QUICHERAT : in-8° ; Orléans, 1879.
(2) *Procès*, t. I, p. 100.

dans l'esprit des Troyens, jusque-là favorables au parti bourguignon. Ils parlèrent avec force au sire de Rochefort, le
menaçant, s'il n'acceptait le traité de reddition proposé par
Charles VII et la Pucelle, d'introduire les Français, bon gré
mal gré, dans la place (1).

Quatre jours s'étaient écoulés au milieu de ces allées et
venues, et l'armée française demeurait là, dans une fatigante
expectative et de plus en proie à la disette. La moitié des soldats, privée de pain, n'avait d'autre ressource, pour échapper
à la mort, que de se nourrir des épis de blé à peine mûrs ou
des fèves dont les agriculteurs de la banlieue avaient rempli
leurs champs, suivant le conseil — d'allure prophétique — que
leur avait donné pendant l'Avent le Frère Richard : « Semez,
bonnes gens, semez foison de fèves ; car celui qui doit venir
viendra bientôt (2). » Des murmures provoqués par la famine,
s'élevaient de toutes les parties du camp. Jeanne, n'y tenant
plus, entra, sans y être convoquée, dans la chambre où le
monarque avait réuni son Conseil. « Noble dauphin, lui dit-
elle, cessez vos délibérations ; commandez d'ouvrir sans délai
le siège de la ville. En nom Dieu, d'ici trois jours, je vous
introduirai, par amour ou par force, dans l'intérieur de la
place, à la grande stupéfaction de la fausse Bourgogne (3). »
C'est à un témoin autorisé, Dunois, que nous avons emprunté

(1) Mémoire de Jean Rogier : *Procès*, t. IV, p. 296.
(2) *Ibid.*, t. IV, p. 182.
(3) *Ibid.*, t. III, p. 13. — Le Journal du siège d'Orléans (*ibid.*, t. IV,
p. 182) ; la Chronique de la Pucelle (*ibid.*, p. 251) et Jean Chartier (*ibid.*,
p. 73) ont dramatisé cette scène. Nous avons suivi de préférence la relation
plus sommaire d'un témoin dont on ne peut nier la compétence : le
Bâtard d'Orléans.

le récit de cette intervention de Jeanne. La déposition est complétée par celle d'un autre personnage également digne de foi, Simon Charles (1). Tout à coup, nous dit-il, la jeune guerrière se recueille, et fixant sur le monarque son regard inspiré : « N'en doutez pas, reprend-elle ; *demain* vous serez maître de Troyes (2). » Le roi fait un signe d'acquiescement.

C'était le samedi 9 juillet. L'héroïne monte à cheval, saisit son étendard, parcourt les rangs et fait appel à toutes les bonnes volontés, pour construire un retranchement entre la porte de la Madeleine et celle de Preize. Chevaliers, ouvriers, soldats, tous travaillent comme des fourmis actives, toute la soirée et toute la nuit. L'héroïne s'installe, avec son audace habituelle, sur le bord des fossés; elle communique son entrain, son courage, sa foi dans la victoire. L'artillerie de campagne se dresse; les fascines s'élèvent ; le lendemain, aux premiers feux du jour, tout est prêt. D'une voix énergique, la Pucelle commande : « A l'assaut ! » Au même instant, à la grande surprise des assaillants, les portes roulent sur leurs gonds, et l'évêque apparaît, avec un groupe de notables Troyens, demandant à capituler, au nom de la garnison comme de la cité. A la vue des préparatifs de l'attaque et d'un déploiement de forces si considérable, les habitants avaient compris, en effet, l'inutilité de la résistance ; et cédant aux conseils de leur évêque, Jean Laiguisé, et du

(1) Maître des requêtes en 1429.
(2) *Procès*, t. IV, p. 117.

Frère Richard, ils sollicitaient un arrangement, à des conditions honorables (1).

Charles VII, transporté de joie autant que surpris, se montra facile sur les clauses de la reddition : le passé serait oublié ; les impôts seraient supprimés, sauf celui de la gabelle, et le roi maintiendrait Troyes « en paix et franchise », comme l'avait fait saint Louis pour tout le royaume. Quant à la garnison, elle se retirerait le lendemain avec armes et bagages (2).

Dans son empressement, le monarque avait négligé de préciser les détails du traité. De là un incident qui faillit tourner au tragique. Les capitaines anglo-bourguignons, interprétant à leur façon les termes de la capitulation, qui leur permettait d'emporter tous leurs « biens », comprirent aussi sous ce titre les prisonniers français. Mais Jeanne leur barra la route. « En nom Dieu, s'écria-t-elle, ils n'emmèneront pas les captifs ! » Et elle les retint, en effet. Le roi, aussitôt prévenu, dirima royalement le conflit, en payant séance tenante toutes les rançons (3).

Ce même jour (10 juillet), il fit son entrée solennelle dans la ville, entouré d'une magnifique escorte d'honneur où la Pucelle brillait au premier rang. Il reçut le féal hommage des échevins, puis remercia l'évêque et le Frère Richard du

---

(1) La déposition de Jean Rogier est formelle sur ce point. « L'entrée (de Charles VII) avait été faite par la séduction de l'évêque et du doyen de Troyes, *par le moyen d'un Cordelier nommé frère Richard* (Lettre de Jean de Chatillon aux Rémois : *Procès*, t. IV, p. 296). »

(2) *Ibid.*, t. IV, p. 295-297.

(3) *Journal du siège d'Orléans, ibid.*, t. IV, p. 184 ; — et Chronique de la Pucelle, *ibid.*, p. 252.

service insigne qu'ils avaient rendu à la royauté. Jeanne honora aussi, à sa manière, le bouillant disciple de saint François, le défenseur de la cause nationale, en l'admettant au nombre de ses aumôniers : distinction qui ne le laissa point indifférent.

Toutes les sympathies allaient à cette jeune fille au regard si doux, au caractère si magnanime. Dans leur admiration, les habitants la prièrent d'accepter d'être la marraine d'un nouveau-né ; elle accéda avec sa bonne grâce habituelle à leurs désirs, et leur garda toujours un souvenir attendri. Quand, deux mois après, elle sera blessée sous les murs de Paris et contrainte de reculer vers la Loire, ils seront les premiers auxquels elle confiera son chagrin non moins que ses espérances (1).

De Troyes, Charles VII adressait aux habitants de Reims une nouvelle missive plus pressante encore que la première. Le chancelier Regnault de Chartres, qui n'avait pu prendre possession de son siège, à cause de l'occupation anglaise, écrivait dans le même sens à ses diocésains ; et (ce qui est plus étonnant) les Troyens eux-mêmes, dans un message à part, employaient les raisons les plus convaincantes pour les engager à revenir à leur souverain légitime, dont ils faisaient le plus brillant éloge (2). Le 12 juillet, l'armée, ravitaillée et réconfortée par les succès obtenus, reprenait sa marche conquérante vers la ville du sacre, en inclinant vers Châlons-sur-Marne. Chemin faisant, lisons-nous dans un

(1) *Procès*, t. V, p. 145.
(2) *Ibid.*, t. IV, p. 296-298.

document de l'époque, notre héroïne était un peu partout,
« tantôt à l'avant-garde, tantôt à l'arrière-garde », là surtout
où la soumission du pays réclamait sa présence. Passait-on
près d'une forteresse ou d'un château isolé ? Elle détachait
une escouade de ses hommes pour y porter la parole de paix.
En cas de résistance, elle allait elle-même parlementer avec
les rebelles. « Rendez-vous au Roi du ciel et au gentil roi
Charles », leur disait-elle doucement ; et les ponts-levis
s'abaissaient devant elle (1).

A Châlons, l'exemple et les chaleureuses exhortations des
Troyens produisirent leur effet. L'évêque et les magistrats
vinrent au devant du roi et lui remirent les clefs de la cité
(14 juillet). Il y passa la nuit. Le 15, il campait à Septsaulx,
à quatre lieues seulement de Reims. Installé dans un vieux
donjon qui commandait le passage de la Vesle, donjon
appartenant aux archevêques de cette ville et que venait
d'abandonner la garnison anglo-bourguignonne, il y attendait la réponse des Rémois à ses deux missives. Elle lui
parvint, telle qu'il la désirait, dans la matinée du 16. Après de
longues hésitations, ils avaient pris, quelques jours auparavant, une résolution qui jaillit de l'instinct patriotique du
peuple plus encore que de toute autre considération intéres-
sée. En vain Guillaume de Châtillon, gouverneur militaire
de la place au nom du duc de Bourgogne, était-il accouru de
Château-Thierry pour leur enjoindre de se mettre en état de
défense ; en vain les supplia-t-il de résister seulement pendant

(1) Chronique de Perceval de Cagny : *Procès*, t. IV, p. 19.

six semaines, jusqu'à l'arrivée des renforts promis par le régent Bedford et son allié Philippe le Bon. Ils persistèrent dans leur détermination. Le 16, une députation officielle vint, en leur nom, faire acte de soumission pleine et entière à l'héritier légitime de Charles VI ; et le prince leur octroya, en échange, des lettres d'abolition leur permettant de jouir « des mêmes honneurs, franchises, libertés et prérogatives qu'auparavant (1). » Pendant toute la durée de cette audience, la Pucelle était demeurée en prière dans l'église de Sept-saulx, implorant, avant de franchir la dernière étape, les lumières et le secours de Celui qui l'avait choisie pour une si grande œuvre.

On était au seuil du triomphe. Les Anglo-Bourguignons, réfugiés dans les forteresses voisines, Laon, Rethel, Épernay, où dominait leur parti, étaient comme paralysés. Regnault de Chartres en profita pour partir, immédiatement après l'audience du 16, pour sa ville archiépiscopale, et procéder à la cérémonie de son intronisation. L'armée le suivit à quelques heures d'intervalle ; et le soir même, Charles VII, en tête d'un cortège où figuraient la Pucelle, puis René d'Anjou, duc de Bar, et Robert de Saarbruck, le damoiseau de Commercy, ralliés de la veille l'un et l'autre à la cause nationale, pénétrait, bannières déployées, dans la cité qui avait le privilège du sacre royal. L'entrée fut solennelle. Clergé, édiles, bourgeois, étaient là, conduisant le prince, de la porte « Dieu-lumière » au parvis de la cathédrale. La foule

____

(1) Archives de Reims : *Sacres*, liasse S.

se pressait sur son passage, répétant le vieux cri de nos
pères : « Noël ! Noël ! », et de tous côtés les cloches y
mêlaient leur note harmonieuse. C'était le prélude de la
fête du sacre, fixée au lendemain, dimanche 17 juillet.

La couronne, le sceptre et les autres insignes de la royauté
étaient déposés à la célèbre abbaye de Saint-Denys-lès-Paris,
et par conséquent aux mains des Anglais. Pour y suppléer,
raconte la *Chronique de la Pucelle*, « on fit diligence » et
l'on travailla toute la nuit. De plus, sur les douze pairs de
France, ecclésiastiques ou laïques, dont la coutume exigeait
la présence, dix étaient absents (1). On les remplaça, au gré
du dauphin, par d'autres prélats et d'autres grands seigneurs
de son entourage : tels, parmi les premiers, Jean de Saint-
Michel, évêque d'Orléans, et parmi les seconds, le duc
d'Alençon. le comte de Clermont, le comte de Vendôme, plus
les sires de Laval et de la Trémoille (2).

Nous voici parvenus à l'une de ces heures qui font époque
dans l'histoire. Ce jour-là, 17 juillet 1429, la cathédrale de
Notre-Dame de Reims, toute resplendissante sous la magni-
ficence de sa parure ogivale et des décors de circonstance, fut

(1) Les six *pairs ecclésiastiques* officiellement désignés pour le sacre
étaient : l'archevêque de Reims, les évêques de Laon, de Langres, de
Châlons, de Beauvais et de Noyon ;— les six *pairs laïques* : les ducs de
Bourgogne, de Normandie, de Guyenne et les comtes de Flandre, de
Toulouse et de Champagne.

(2) Voir la lettre des trois gentilshommes angevins à la reine Marie
d'Anjou : *Procès*, t. V, p. 128. Le document précité ne désigne pas le
6ᵉ pair. Cagny de Perceval (*ib.*, t. V, p. 20) ne cite que les quatre premiers.
Le bourguignon Monstrelet (*ib.*, t. IV, p. 380) dresse une autre liste où
figurent, à la suite du duc d'Alençon, du comte de Clermont et de la
Trémoille, deux nouveaux personnages, un breton et un tourangeau, le
sire de Beaumanoir et le sire de Maillé.

le théâtre d'une de ces cérémonies imprégnées de l'idée chrétienne que ne comprend plus une génération sceptique et frivole. Rares après tout, et toujours nouvelles, elles passionnaient nos aïeux. Le retour subit et spontané à la dynastie capétienne et la présence de l'héroïne, fait unique dans les annales de la nation, leur donnaient en 1429 un relief incomparable. Ouvrons le *Journal du siège d'Orléans* (1); et grâce à cette précieuse chronique, nous entendrons comme un écho lointain de ces fêtes moyenâgeuses.

L'huile du sacre, la Sainte Ampoule, était conservée à l'abbaye de Saint-Rémy, dans l'enceinte de la ville. Quatre personnages de marque, l'amiral de Culan, le maréchal de Boussac, les sires de Graville et de Rais, tous à cheval, l'allèrent chercher. L'abbé lui-même, vêtu de ses plus riches ornements, l'apporta sous un dais jusqu'au portail de l'église Saint-Denys. Là, l'archevêque se chargea à son tour du vase précieux ; puis il le déposa sur le maître-autel de la cathédrale. Les quatre seigneurs qui l'accompagnaient, n'étaient descendus de leurs montures qu'à l'entrée du chœur.

La multitude qui remplissait les trois nefs de la cathédrale, écouta dans un religieux silence la prestation du serment. Charles VII était à genoux devant l'autel. Autour de lui, à droite, les pairs ecclésiastiques en chape d'or, à gauche, les pairs laïques en tunique d'or avec manteau violet brodé d'hermine, portant les divers attributs de la royauté. Tout près de lui, le sire d'Albret, à la place de Richemont, tenant

______

(1) *Procès*, t. IV, p. 185-186.

haute l'épée de connétable ; puis la Pucelle, élevant son étendard fleurdelisé, dans une attitude de foi vive et de piété
recueillie qui, au rapport des trois gentilshommes angevins,
ravissait l'assistance. Sur la requête des pairs eccclésias-
tiques, le roi prêta le serment accoutumé. « Au nom de
Jésus-Christ, je promets au peuple chrétien qui m'est soumis
ces trois choses : de conserver en tout temps et selon mon
pouvoir, en véritable paix, l'Église de Dieu et tous les
fidèles ; d'interdire aux différents degrés de l'État les rapines
et toutes iniquités ; de prescrire dans tous les jugements la
justice ainsi que la miséricorde, afin d'obtenir miséricorde
pour moi et pour tous, de la part du Dieu clément qui vit et
règne dans les siècles des siècles. »

Justice et charité, n'était-ce pas tout l'Évangile ? N'était-ce
pas en même temps ce que réclamait au milieu de ses
épreuves le pays tout entier ? Après un serment qui vibrait si
bien avec l'âme française, Charles VII revêtit le manteau
royal, velours bleu doublé d'hermine et semé de fleurs de lys
d'or. Le duc d'Alençon l'arma chevalier, et l'archevêque
Regnault fit couler sur son front l'huile de la Sainte Ampoule,
en prononçant la formule prescrite par le Pontifical : « Je te
sacre avec cette huile sanctifiée : au nom du Père, du Fils et
du Saint-Esprit. » Il posa ensuite la couronne sur sa tête ; et
le roi, tout rayonnant de majesté, se rendit au trône qui lui
avait été préparé, pendant que le prélat poussait trois fois
l'acclamation : « Vive le roi à jamais ! » Alors les trompettes
retentissent, l'enthousiasme éclate, et de toutes les poitrines
jaillit le cri joyeux de *Noël ! Noël !* « à fendre les voûtes

de l'église », remarquent naïvement les trois gentils-hommes angevins (1). C'était l'allégresse d'un peuple qui se ressaissisait et saluait dans le couronnement d'un descendant de saint Louis, par opposition aux prétentions des Plantagenets d'Outre-Manche, l'aurore d'une ère nouvelle, d'une ère d'affranchissement et de prospérité.

La cérémonie, commencée à neuf heures du matin, avait duré cinq heures. Elle se termina par une scène touchante, inattendue, bien digne du caractère de l'héroïque jeune fille à qui étaient dus, selon la judicieuse réflexion de nos vieux chroniqueurs, ce triomphe et ces espérances. Debout, le cœur et les yeux au ciel, elle n'avait cessé, pendant la cérémonie, de reporter sa pensée vers Celui qui l'avait envoyée. Dans ses premières entrevues avec « le dauphin », n'avait-elle pas répété plus d'une fois : « Prince, n'en doutez pas, je vous conduirai à Reims. Le succès final dépend de vous. *Posez votre couronne sur le front du Christ*, et il vous bénira comme il a béni vos aïeux. » Ses vœux étaient accomplis ; mais il lui restait à rendre un hommage public de reconnaissance et d'adoration *au Christ qui aime les Francs*, et tel est le sens de l'acte mentionné par les chroniques. Les larmes aux yeux, larmes de joie, Jeanne se jeta aux genoux du monarque dont le front était encore humide de l'huile sainte. « Gentil roi, lui dit-elle, maintenant est accompli le bon plaisir de Dieu, qui m'avait commandé de faire lever le siège d'Orléans et de vous amener en cette cité de Reims, pour que

(1) *Procès*, t. V, p. 129.

vous y receviez les saintes onctions du sacre, montrant par là que vous êtes le vrai roi, celui à qui doit appartenir le royaume de France (1). » Comme si elle eût dit : « Moi, je ne suis qu'un instrument. Remontez à la cause, et vous trouverez le Roi du ciel. » Les assistants comprirent ce langage empreint de foi autant que d'humilité, et leurs larmes prouvèrent assez que leur gratitude allait de Dieu à leur providentielle Libératrice.

Avant de sortir de la cathédrale, Charles VII arma de sa main trois chevaliers, parmi lesquels nous distinguons le célèbre damoiseau de Commercy. Dans le cours de la même journée, il sema autour de lui les faveurs et les dons de joyeux avènement. Gilles de Rais fût nommé maréchal ; le sire de la Trémoille et Guy de Laval reçurent le titre de comte ; La Hire fut créé comte de Longueville. Le duc d'Alençon et les autres principaux seigneurs donnèrent les éperons d'or, de leur côté, aux plus vaillants parmi leurs guerriers, « à plus de trois cents », écrivent les trois gentilshommes angevins (2).

La Pucelle ne voulut rien accepter pour elle-même. Titres, richesses, distinctions honorifiques, que lui importaient tous ces hochets de la vanité humaine, à elle qui avait appris de ses « frères du ciel » à ne considérer les choses que sous l'angle de l'éternité ? Elle ne fut pourtant pas sevrée de toute consolation ; la présence de plusieurs membres de sa famille et des plus chers, signalée par les contemporains, lui apporta

(1) Chronique de la Pucelle et Journal du siège d'Orléans : *Procès*, t. IV, p. 186.
(2) *Ibid.*, t. V, p. 130.

notamment un précieux réconfort, inattendu et d'une saveur
à part. Informés des derniers succès de Charles VII, Jacques
d'Arc et Durand Laxart étaient accourus à Reims et avaient
vu se dérouler sous leurs yeux. dans la journée du 17 juillet,
les scènes imposantes du couronnement : Durand Laxart,
qui, le premier, avait cru à la vocation extraordinaire de sa
cousine et l'avait mise sur la route de France ; Jacques d'Arc
qui, à la suite d'un songe, s'était écrié : « Plutôt noyer ma
fille que de la voir dans la compagnie des soudards ! » Quel
changement. sauf dans le cœur de leur Jeannette ! On aimerait à goûter les délices de cette rencontre, à entendre
l'aimable échange qui s'engage entre eux, de paroles d'affection, de pardon, de joie ; mais les chroniqueurs qui nous
servent de guides, ont laissé dans l'ombre un tableau de
famille qui nous eût plus captivés que le récit des batailles,
et rien ne peut suppléer à leur silence.

Nous sommes un peu mieux renseignés sur les rapports du
père et du cousin de Jeanne avec le roi. Il leur accorda une
audience spéciale et s'enquit près d'eux de tout ce qui concer-
nait l'enfance et les premiers élans patriotiques de la Pucelle.
Il ne les oublia pas non plus dans ses libéralités, et malgré
la pénurie du trésor, il fit verser soixante livres tournois à
Jacques d'Arc (1). De plus, sur la demande de l'héroïne et en
considération de tant de conquêtes qui lui étaient dues, il
octroya bénévolement à Greux et à Domrémy pleine et perpé-

____

(1) *Procès*, t. II, p. 445 ; et t. V, p. 267.

tuelle exemption « de toutes tailles, aides, subsides et subventions » imposées au baillage de Chaumont (1).

Le couronnement du fils de Charles VI était un événement. La nouvelle s'en répandit aussitôt, comme une traînée de poudre, par toute la France. Les partisans de la cause nationale exultèrent; à Orléans, à Tours, à Poitiers, à Tournai, il y eut des feux de joie, des processions et le chant du *Te Deum*. Les adversaires furent consternés; Paris trembla, et le régent Bedford songea à prendre sa revanche en préparant le sacre de son neveu, Henri VI de Lancastre.

Le beau geste de la Pucelle, aux fêtes du sacre, marque, — non la fin de sa mission, car dans cette même journée du 17, elle annonce hautement son intention de marcher sur Paris et de le réduire à l'obéissance (2). — mais le terme et l'apogée de la première phase de son rôle providentiel, de la *phase glorieuse et triomphale*. Et quelle épopée, en effet, que celle-là ! Le 24 avril, il n'y avait plus d'armée française, plus de jeunesse française, plus de monarque français! Et le 17 juillet suivant, la patrie était reconstituée, et le roi acclamé par une foule ivre de joie; tout vivait, tout chantait. En moins de trois mois, Jeanne avait ressuscité la France; et les esprits les plus prévenus contre toute intervention surhumaine ne peuvent s'empêcher de saluer au passage cette jeune guerrière qui a su réveiller dans les masses le sens patriotique,

(1) Le privilège de l'exemption d'impôts (*Procès*, t. V, p. 138) est daté de Château-Thierry, 31 juillet 1429.
(2) Lettre des trois gentilshommes angevins : *ibid.*, t. V. p. 130. — Cf. PERCEVAL DE CAGNY : *ibid.*, t. IV, p. 20.

cette héroïne qui n'a jamais versé le sang, cette libératrice qui n'a en vue que la grandeur et l'indépendance de sa patrie. Elle ne sera ni moins grande ni moins admirable dans la seconde phase de sa carrière militaire, la *phase douloureuse* où, partie de Reims, elle s'acheminera, à travers les déceptions, les épreuves et la trahison, vers le bûcher de Rouen.

CHAPITRE X

CAMPAGNE DE L'ILE-DE-FRANCE

I. — L'ACTION DIPLOMATIQUE

« En avant ! Tout est vôtre ! »
Vingt fois, à ce cri, la Libératrice a
mené ses troupes à la victoire. Elle ne
changera ni de devise ni de tactique ;
mais sa voix ne trouvera plus le
même écho dans les cœurs que par
le passé. Disons pour quels motifs.

Après Reims, son objectif immédiat
est Paris. La fête du sacre est à peine
terminée, qu'elle songe, non à jouir de la victoire, mais à
s'en assurer les fruits. Elle dicte une nouvelle lettre au duc
de Bourgogne, dans des termes identiques à ceux des deux
premières sommations. « La Pucelle vous requiert de par le
Roi du ciel de conclure une paix solide avec le roi de France.

Pardonnez-vous l'un à l'autre, de bon cœur, entièrement, comme doivent le faire de loyaux chrétiens ; ou s'il vous plaît de guerroyer, marchez contre les Sarrasins (1). » On ne saurait mieux dire. En même temps, elle décide le monarque à entrer en campagne, sans délai, dès le lendemain 18 juillet.

Supposez qu'on eût suivi son conseil, remarque la *Chronique de Tournai*, et Charles VII eût vite reconquis le reste de ses États (2) : tant était subite et profonde parmi les masses, ainsi qu'elle-même l'avait annoncé, l'éclosion du sentiment patriotique ! Un chroniqueur bourguignon, par conséquent, un adversaire, Enguerran de Monstrelet, parle dans le même sens. « Si le roi, écrit-il, se fût présenté avec son armée sous les murs de Saint-Quentin, Corbie, Amiens, Abbeville et autres places et châteaux-forts », — il aurait pu ajouter Paris, — « il aurait trouvé des populations prêtes, pour la majeure partie, à l'acclamer comme leur souverain, et sincèrement désireuses de rentrer sous son obéissance. Mais *on ne lui conseilla point* de s'engager si avant sur les frontières du duc de Bourgogne, qu'il savait muni de troupes aguerries ; et d'ailleurs il espérait conclure un solide traité de paix avec lui (3). »

Il ressort de cet aveu de Monstrelet que Charles VII était *mal conseillé* et que Jeanne était desservie auprès de lui : de sorte qu'au lieu de deux ennemis à combattre, elle en avait trois : deux au loin, Bedford et Philippe le Bon ; et un troi-

---

(1) La missive se termine par ces mots : « Écrit au dit lieu de Reims, le *dix-septième jour de juillet.* » *Procès*, t. V, p. 126.

(2) AYROLES, *Le Vraie Jeanne d'Arc*, t. III, p. 212.

(3) *Procès*, t. IV, p. 391.

sième tout près, le favori du roi, La Trémoille ; trois caractères bien divers, n'ayant de commun entre eux qu'une ambition sans frein.

Tout en se voyant trahi par la fortune, le duc de Bedford ne s'abandonnait pas. Un souvenir le soutenait, celui du jour où, penché sur le lit de mort de son frère Henri V, il avait juré de maintenir la couronne fleurdelisée sur la tête du jeune Henri VI, son neveu, et de conserver à l'Angleterre des provinces qui lui avaient coûté tant d'efforts et de sang : serment deux fois sacré pour lui. Aussi remuait-il ciel et terre pour recruter des soldats ; il voulait à tout prix sauver l'Ile-de-France et la Normandie, et se concertait à cet effet avec le cardinal de Winchester, Henri de Beaufort, qui lui amena, le 25 juillet, un renfort d'environ cinq mille hommes, dont trois mille croisés, tous Anglais, enrôlés pour combattre les Hussites et qu'on avait détournés de leur destination, au mépris des prescriptions du Saint-Siège, pour les lancer contre la France (1). Le 7 août suivant, il publiait un manifeste, vraie déclaration de guerre, dont nous citons les premières phrases, parce qu'elles nous décèlent sa mentalité au regard de Jeanne d'Arc. « C'est injustement que vous (Charles de Valois), vous avez formé de nouvelles entreprises contre l'autorité de mon souverain. Vous séduisez et abusez le peuple ignorant, nous le savons, en prenant pour vos principaux auxiliaires des gens superstitieux et réprouvés : une femme déréglée et diffamée, vêtue en homme et de mœurs dissolues, et un

(1) Le reste de cette milice formait un corps distinct, sous la conduite de John Raclyff.

Frère mendiant, apostat et séditieux (1); tous deux, selon la Sainte Écriture, abominables aux yeux de Dieu (2). » Que de préjugés et quelle aversion, surtout pour la fille d'Isabelle Romée, qu'il appelle ailleurs « un limier de Satan, une magicienne, une sorcière (3) ! »

Sans rien se permettre, du moins dans ses actes officiels, de ces expressions outrageantes, le duc de Bourgogne n'en est pas moins un adversaire redoutable. Il est l'arbitre des destinées des deux nations belligérantes, et c'est lui qui fait pencher la balance du côté de l'Angleterre (4). Le 15 juillet, il était à Paris près du régent Bedford, resserrait les nœuds de leur alliance, et s'engageait à entraver, « par les armes ou autrement », la marche conquérante de Charles VII. Le 17, nous le trouvons à Laon, d'où il envoie quelques seigneurs de son entourage à Reims, en apparence pour féliciter le roi, en réalité pour le tromper. Il négocie et obtient du faible monarque une trêve de quinze jours, à l'expiration de laquelle il promet de lui livrer la capitale. Bien plus, le 28 août, ses plénipotentiaires, accourus d'Arras à Compiègne et réunis à ceux de Charles VII, amènent ce dernier à signer un armistice dont devait bénéficier toute la région située au nord de la Seine, excepté les villes ayant passage sur le fleuve. En voici les clauses principales. « Notre cousin le duc de Bourgogne pourra durant cette trêve, s'il lui semble bon, s'employer,

---

1) Le frère Richard.
2) Monstrelet : *Procès*, t. IV, p. 382.
3) *Ibid.*, t. V, p. 136-137.
4) « Sans lui, écrit Bedford, c'en était fait de Paris et de tout le reste par deçà. » Lettre du 16 juillet 1429 : Rymer, t. X, p. 432.

lui et ses gens, à la défense de Paris, et résister à ceux qui voudraient faire la guerre à cette ville et lui nuire. La trève commencera aujourd'hui 28 du mois d'août, pour notre cousin le duc de Bourgogne ; et, pour les Anglais, le jour où nous aurons reçu leur réponse et leur consentement. Elle durera jusqu'à Noël prochain (1). »

Ainsi Charles VII autorisait le duc de Bourgogne à défendre Paris contre toute attaque, tandis qu'il s'interdisait à lui-même de s'en emparer, lors même que les bourgeois reviendraient spontanément à lui ! Et de plus, il lui laissait en gage la ville de Compiègne (2) ! On croit rêver, quand on parcourt ces lignes. C'est le désaveu des plans de la Pucelle ; c'est une trahison : trahison criminelle où l'on sent la connivence et la complicité de certains conseillers du roi : on devine lesquels. Autour du prince, immédiatement après les fêtes du sacre, se dessinent deux partis opposés : le parti de la guerre, qui reconnaît le duc d'Alençon pour chef et vogue dans le sillage de la Pucelle ; et celui de l'action diplomatique, c'est-à-dire de La Trémoille, qui, appuyé sur Regnault de Chartres et pour garder son influence prépondérante à la cour, médite d'anéantir celle de Jeanne, aux dépens de perdre du même coup les fruits d'une intervention surnaturelle dont tout le royaume bénéficie.

(1) *Archives* de Compiègne. — Les principaux plénipotentiaires étaient : pour Charles VII. le chancelier Regnault de Chartres ; pour Philippe le Bon, Jean de Luxembourg. « qui fit moult promesses, sans en tenir aucune (Chronique du héraut Berry : *Procès*, t. IV, p. 47). »

(2) Disons à la louange des habitants de Compiègne qu'ils refusèrent obstinément d'accepter cette clause. Philippe le Bon dut se contenter d'occuper Pont-Sainte-Maxence.

L'héroïne avait eu le pressentiment de ces intrigues de cour
qui trop souvent paralysent les efforts du génie ou entremêlent
de cruelles épines les plus purs dévouements. Le 16 juillet,
recevant à Châlons la visite de cinq de ses compatriotes, venus
tout exprès pour lui offrir leurs félicitations, elle leur racon-
tait avec un charme infini quelques-unes de ses aventures les
plus périlleuses, lorsque l'un d'eux, Gérardin d'Épinal, l'inter-
rompit : « Dans les assauts, dans les mêlées sanglantes, ne
craignez-vous donc rien ? » Son visage s'assombrit. « Je ne
crains que la trahison (1) », répondit-elle. Elle redoutait, non
sans motif, les menées ténébreuses, soit de Philippe le Bon,
soit de La Trémoille ; elle n'en était pas dupe. Bien plus, elle
les dénonçait publiquement et savait y opposer des protestations indignées comme celle qu'elle adressait le 5 août aux
habitants de Reims, à la nouvelle de la trêve du 20 juillet.

« *Mes chers et bons amis les bons et loyaux Français de
la cité de Reims, Jeanne la Pucelle vous apporte de ses
nouvelles. Elle vous prie et vous requiert de ne pas douter
du succès de la bonne cause qu'elle soutient pour le sang
royal. Je vous promets et vous certifie que je ne vous aban-
donnerai pas, tant que j'aurai un souffle de vie. Il est exact
que le roi a conclu avec le duc de Bourgogne une trêve de
quinze jours, à l'expiration de laquelle le duc doit lui
rendre paisiblement la ville de Paris. Ne soyez donc pas
surpris que je n'y entre pas plus tôt. Je ne suis pas con-*

____

(1) Déposition de Gérardin d'Épinal : *Procès*, t. II, p. 423.

tente d'une trêve de cette nature, et je ne sais si je l'obser-
verai. En tout cas, si je l'observe, ce sera uniquement pour
sauvegarder l'honneur du roi. Nos ennemis ne réussiront
pas à le leurrer : car je maintiendrai toute son armée sur
le pied de guerre, pour qu'elle soit toute prête au bout des
quinze jours, si la paix n'est pas conclue. Aussi, mes très
chers et parfaits amis, vous prierai-je de ne pas vous tour-
menter tant que je vivrai ; mais je vous requiers de faire
le guet et de bien garder la bonne cité du roi. Faites-moi
savoir s'il y a des oppresseurs qui voudraient vous nuire,
et je les ferai partir le plus tôt possible. Donnez-moi de vos
nouvelles. Je vous recommande au Seigneur. Dieu vous
garde (1) ! »

La petite paysanne meusienne a la claire vision des choses :
ces lignes en sont la preuve. Toutes ces trêves bâtardes,
toutes ces promesses diplomatiques, elle les juge de haut et
avec une rectitude qu'on n'attend pas d'une jeune fille de dix-
sept ans. Elle ne veut pas être jouée par ses adversaires, et elle
le dit clairement. Plus que personne elle proclame la nécessité
d'une entente sérieuse avec Philippe le Bon ; plus que personne elle désire cette entente, mais sur des bases sérieuses
et acceptables. Aux entrevues d'Arras et de Compiègne, les
plénipotentiaires de Charles VII ont souscrit à toutes les con-
cessions ; ils sont décidés à acheter la paix, n'importe à quel
prix ! L'héroïne se montre plus exigeante et aussi plus digne.

(1) *Procès*, t. V, p. 139.

Elle signera la paix à la condition que le duc de Bourgogne
se réconcilie avec son suzerain et qu'il reconnaisse par un
acte public les liens de vassalité qui l'attachent à la couronne de France. Politique très sage, conforme au droit
féodal et dont nous retrouvons les grandes lignes, soit dans
les lettres de Jeanne à Philippe le Bon, soit dans ses réponses
aux juges de Rouen, notamment dans la suivante. « Il y a la
paix avec les Bourguignons et la paix avec les Anglais. En ce
qui concerne le duc de Bourgogne, je l'ai requis par lettres et
par mes hérauts de *conclure la paix avec le roi*. Quant aux
Anglais, il n'y a de paix avec eux qu'à une condition :
c'est qu'ils retournent dans leur pays (1). » « La paix avec le
roi », c'est-à-dire l'hommage et le serment de fidélité ; c'est
précisément la condition que répudie l'ambitieux fils de Jean
Sans-Peur, lui qui vise ostensiblement à l'indépendance et
qui, au risque de démembrer le royaume, cherche à entraîner
les maisons apanagères dans sa lutte contre la branche aînée
des Valois. Et alors la Pucelle, irritée de la duplicité de Philippe non moins que de la veulerie des conseillers de
Charles VII, fait flotter sa bannière en indiquant à ses
entours la seule solution possible dans ces crises nationales.
« La paix ! On la conquiert à la pointe de l'épée ! » Que
Charles VII eût été bien mieux inspiré si, au lieu de prêter
l'oreille aux louches combinaisons de son ministre favori, il
eût suivi la politique franche et loyale de la petite pastourelle.

(1) *Procès*, t. I, p. 297.

Nous saurons maintenant à qui attribuer les fausses
manœuvres et l'échec final d'une expédition qui s'annonçait, nous allons le voir, sous les meilleurs auspices.

II. — CAMPAGNE DE L'ILE-DE-FRANCE.

Le jeudi 21 juillet, Charles VII, qui a signé la veille la
trêve de quinze jours dont nous avons parlé précédemment,
s'engage enfin avec Jeanne d'Arc sur la route de Paris. Le
soir, il s'arrête au prieuré de Saint-Marcoul de Corbeny, pour
toucher les écrouelles, en vertu d'un privilège dont jouis-
saient nos rois après leur sacre. Le 22, il est à Vailly, où les
bourgeois de Laon lui apportent les clefs de la ville. Le 23, il
entre sans coup férir à Soissons et s'y attarde jusqu'au 29.
Château-Thierry capitule; Montmirail et Provins se rendent.
Le 3 août, le bruit court dans l'armée qu'une colonne anglaise
approche, commandée par Bedfort en personne. Jeanne range
ses troupes en bataille à la Motte-de-Nangis; mais l'ennemi
ne paraît pas.

Avec de pareils succès, la marche en avant s'imposait,
prompte et directe sur Paris. C'est le moment, au contraire,
où commencent ces ordres et contre-ordres, hésitations et
délais, qui jettent le trouble parmi les troupes les mieux dis-
ciplinées. Le 4 août, Charles VII, illusionné par les promesses de Philippe le Bon, enjoint à ses capitaines de franchir la Seine le lendemain à Bray, pour redescendre vers la
Loire : ordre injustifiable, contraire à ses propres intérêts et

qui, heureusement, ne peut être exécuté, parce que les éclaireurs anglais, maître du passage depuis quelques heures, forcent l'avant-garde française à reculer. Le monarque revient alors sur sa décision, « à la grande satisfaction des ducs de Bar et d'Alençon, des comtes de Vendôme et de Laval, qui sont d'avis qu'il faut continuer la conquête du pays, puisque les Anglais n'ont pas osé affronter les chances du combat (1). »

La Pucelle qui, au premier abord, a épanché son âme et son mécontentement dans le cœur des Rémois (2), se réjouit, elle aussi et plus encore que ses compagnons d'armes, de la reprise d'une expédition qui est l'objet de tous ses vœux : joie de courte durée. Le 7 août, l'armée parvient à Coulommiers, à quinze lieues seulement de Paris; mais au lieu de fondre sur la capitale, elle rétrograde vers Château-Thierry, puis remonte vers la Ferté-Milon et Crépy-en-Valois. Le roi semble prendre plaisir à perdre son temps, malgré les pressantes objurgations de l'Envoyée de Dieu. De là, chez elle, un état indéfinissable de malaise et d'angoisses qui transpire à travers toutes les lignes d'un épisode relaté par un témoin oculaire digne de foi, le comte de Dunois.

Le 11 août, le cortège royal approchait de Crépy. La Pucelle chevauchait, mélancolique et rêveuse, entre le Bâtard d'Orléans et l'archevêque Regnault de Chartres. Était-elle hantée de sombres pressentiments sur l'avenir ou retournait-elle par la pensée vers les calmes soirées de la chaumière

----

(1) Journal du siège d'Orléans : *Procès*, t. IV, p. 188.
(2) V. la lettre aux habitants de Reims, p. 154.

paternelle ? Nous l'ignorons. Toujours est-il que les bruyantes acclamations de la population, accourue au devant du souverain pour le saluer, le chant du *Te Deum*, les cris de *Noël, Noël*, toutes ces marques d'un attachement sincère à la maison de France l'arrachèrent à ses rêveries. « En nom Dieu, s'exclama-t-elle tout émue, voici de bien braves gens. Nulle part, je n'ai vu peuple qui se réjouît si fort de l'arrivée d'un si noble roi. Oh ! Que je serais heureuse, quand je finirai mes jours, d'être inhumée dans ce pays !

— Jeanne, demanda le chancelier, en quel lieu croyez-vous devoir mourir ?

— Où il plaira à Dieu, répliqua-t-elle ; car je ne suis sûre ni du temps ni du lieu, pas plus que vous. Mais plût à Dieu, mon Créateur, qu'il me fût donné de m'en retourner, après avoir déposé les armes, auprès de mon père et de ma mère, pour les servir et garder leurs brebis, avec ma sœur et mes frères, qui seraient bien joyeux de me revoir (1) ! »

La scène est très caractéristique, à notre avis. Elle nous laisse entrevoir le fond de l'âme de la vierge domrémoise : une sensibilité exquise, un cœur qui n'oublie pas, le dégoût des intrigues de cour, puis, dominant tout, un sentiment profond du devoir et la conscience de sa mission. L'expédition de l'Ile-de-France continue ensuite, avec quelques incidents que nous signalons au passage, mais sans rien de décisif jusqu'à l'attaque de Paris.

Le 12 août, l'armée royale traverse Lagny-le-Sec ; le 13,

____

(1) Déposition de Dunois : *Procès*, t. III, p. 14.

jour où expire la trêve du 20 juillet, elle atteint le village de Dammartin. Le duc de Bedford campait tout près de là à Mitry, dans une assez forte position. Charles VII, de son côté, s'avance jusqu'à Thieux. dans le dessein de lui livrer bataille et de venger les injures du manifeste de Montereau (1). La Hire est envoyé en reconnaissance avec une troupe de cavaliers; mais tout se borne à des escarmouches, et le soir même Bedfort reprend le chemin de la capitale, pendant que le roi, au lieu de le poursuivre l'épée dans les reins, comme il aurait dû le faire, regagne sans bruit ses quartiers de Crépy-en-Valois. Le 14, le régent réapparaît à Senlis avec de nouveaux renforts, puis traverse à gué la rivière de la Nonette. Les Français se mettent aussitôt en marche pour lui barrer le passage, mais arrivent trop tard. Une lutte partielle s'engage quand même, avec quelques beaux faits d'armes de part et d'autre, et l'ennemi perd le capitaine d'Orbec avec une douzaine de soldats. La nuit sépare les combattants; les Français s'appuient sur l'abbaye de Montépilloy, tandis que leurs adversaires s'adossent aux rives de la Nonette.

Le lendemain, 15 août, fête de l'Assomption, la vierge domrémoise commence par s'associer aux solennités de l'Église. Elle assiste à une messe célébrée en plein air et y communie avec une grande piété, à côté du duc d'Alençon et du comte de Clermont. Le reste de la journée ne répond pas à ses désirs belliqueux. En vain provoque-t-elle les Anglais au combat; en vain leur porte-t-elle une sorte de défi

(1) V. plus haut, p. 151.

personnel, en frappant leurs palissades de la hampe de son
étendard : ils ne bougent pas. Au lieu d'une bataille générale
et décisive, il n'y a que des combats singuliers où périssent
deux ou trois cents hommes de chaque parti. Le 16, au matin,
Jeanne, pour attirer l'ennemi, exécute un simulacre de
retraite. Bedfort profite du mouvement pour lever le camp et
se replier sur Paris. C'était s'avouer vaincu; mais il avait
réussi à conserver pour la défense de la Normandie la seule
armée qui fût à sa disposition (1).

Maître du terrain, Charles VII envoya ses hérauts dans
toutes les directions. Les Bourgeois de Senlis, de Beauvais et
de Compiègne se soumirent ; ceux de Beauvais, avec un
empressement qu'ont signalé les chroniques contemporaines.
« Ils crièrent : *Vive Charles, roi de France !* chantèrent le
Te Deum et firent de grandes réjouissances (2). » On permit
aux partisans de l'alliance anglo-bourguignonne de se retirer
et d'emporter leurs biens; de ce nombre fut l'évêque-comte de
cette ville, Pierre Cauchon, sinistre personnage avec lequel
il nous faudra bientôt faire plus ample connaissance et dont
il nous suffira de dire, pour le moment, qu'il était le protégé
des princes de Lancastre.

Le 18 août, Charles VII fit son entrée à Compiègne, où
l'attendaient les « attournés » (ou échevins) et Guillaume de
Flavy, le nouveau gouverneur de la ville. « Il est impossible,
remarque un des historiens de la Pucelle, de décrire l'enthousiasme de la population tout entière, à la vue du cortège royal.

(1) *Procès,* t. IV, p. 21-25, et 191-196.
(2) Journal du siège d'Orléans : *ibid.,* t. IV, p. 190.

Il lui semblait renaître entièrement à la vie, en saluant le véritable roi de France. Et puis il y avait encore une autre figure qui provoquait les acclamations chaleureuses de la foule. C'était celle de Jeanne d'Arc. Chacun voulait voir l'héroïne qui, en délivrant Orléans, avait sauvé la France ; on se pressait autour d'elle ; c'est à peine si le beau cheval blanc qu'elle montait, pouvait avancer. Les vieillards pleuraient ; les femmes cherchaient à embrasser son armure ; les enfants lui envoyaient force baisers, et les jeunes filles jetaient des fleurs sur son passage. Aux cris de *Noël, Noël, Vive le Roi*, succédaient ceux de *Vive la Pucelle (1)*. » Joies délirantes, joies sans mélange ! Qui aurait jamais pu soupçonner en ce moment-là que, neuf mois après, ces mêmes lieux marqueraient le premier pas de la Libératrice dans la voie de son Calvaire ?

Elle fut logée à l'Hôtel du Bœuf, demeure de Jean le Féron, procureur du roi à Compiègne et parent, par sa femme, Marie le Boucher, de Jacques Boucher, trésorier du duc d'Orléans. Elle y passa cinq jours qui, en dépit de la réception triomphale du 18, lui parurent cinq siècles. On connaît la cause toute patriotique de ses tourments : c'était de voir le trop confiant monarque s'attarder à attendre là, dans l'inaction, la solution des conférences diplomatiques qui devaient aboutir à la trêve du 28 août, alors qu'elle était « avertie par ses guides célestes » que de la part de Philippe le Bon tout était mensonge et perfidie. « Avertie », nous avons un témoin compétent, Jean Le Féron, petit-fils de Marie Le Boucher, qui

____

(1) Albert SOREL, *La prise de Jeanne d'Arc devant Compiègne*, p. 121.

l'insinue en termes suffisamment explicites. « Plusieurs fois, déclare-t-il, Jeanne, troublée dans son sommeil, éveilla sa compagne de lit, Marie Le Boucher, la suppliant d'aller prévenir son mari de se tenir en garde contre les trames secrètes des Bourguignons (1). »

Enfin, dans la soirée du 22 août, elle s'ouvrit de ses craintes au duc d'Alençon ; puis, ne s'inspirant que des intérêts de la patrie : « Mon beau duc, ajouta-t-elle avec son enjouement ordinaire, tenez-vous prêts, vous et les autres capitaines . Par mon martin ! Je veux voir Paris de plus près (2)! » Et le lendemain, — sans doute avec l'assentiment du roi, mais à coup sûr contre le gré de ses ministres, — le généralissime et l'Envoyée de Dieu se dirigeaient en hâte, avec l'élite de l'armée, vers Senlis et de là vers Paris. Le 26, ils pénétraient, sans avoir rencontré de résistance, dans cette ville de Saint-Denys si célèbre par son abbaye, nécropole royale et centre de science non moins que de piété où s'élaboraient les annales de la monarchie. Ils n'étaient plus qu'à deux lieues de la capitale. On devine l'effroi qu'y jeta la nouvelle de leur présence. Bedfort l'avait quittée la veille, pour concentrer ses forces en Normandie, laissant le soin de la défendre à des représentants dignes d'une meilleure cause : Louis de Luxembourg, évêque de Thérouanne, et les capitaines bourguignons de Créqui et Villiers de l'Isle-Adam.

Le duc d'Alençon essaya d'entretenir des intelligences dans la place. Les Bourguignons ripostèrent en faisant courir le

(1) A. SOREL, *La prise de Jeanne d'Arc devant Compiègne*, p. 122.
(2) *Procès*, t. IV, p. 24.

bruit (chose pourtant difficile à croire, ajoute le narrateur!)
« que Charles de Valois avait l'intention de détruire la ville et
d'y faire passer la charrue (1). » La Pucelle était plus heureuse dans ses excursions militaires. En trois ou quatre jours,
elle établissait un pont de bateaux sur la Seine, s'emparait de
deux châteaux-forts du voisinage, Montjoie et Bethemont, et
harcelait l'ennemi par des combats d'avant-garde, non loin des
remparts et principalement entre le village de la Chapelle et
la porte Saint-Denys. Toutefois elle ne voulut pas tenter une
attaque générale avant l'arrivée du roi. Le duc d'Alençon
envoya message sur message à ce dernier, pour le presser de
venir. Charles était gêné par la trêve du 28 août et peut-être
encore plus par son entourage; car « il semblait, dit Perceval de Cagny, qu'il fût conseillé à l'encontre du vouloir de la
Pucelle, du duc d'Alençon et de leur compagnie (2). » Il ne
partit qu'à regret de Compiègne pour Senlis; enfin sur les
instances du généralissime, accouru deux fois à Senlis pour
le chercher, le 1er et le 5 septembre, il se décida à prendre le
chemin de la capitale. Retards fâcheux, dont les Parisiens
avaient su profiter pour réparer les points faibles de leurs
remparts et distribuer habilement, dans les divers quartiers,
la garnison composée de deux mille hommes, dont quatre
cents Bourguignons !

Le 7 septembre, Charles VII dînait à Saint-Denys. Sa venue
excita une grande joie dans toute l'armée. Les soldats se

_____

(1) *Procès*, t. IV, p. 458 : registre de Clément de Fauquembergue, greffier
du Parlement de Paris.
(2) *Ibid.*, t. IV, p. 25.

·disaient les uns aux autres : « La Pucelle mettra le roi dans
Paris, si lui-même n'y met obstacle (1). » Cependant il y avait
une ombre au tableau. La veille, Jeanne avait brisé son épée,
l'épée de Fierbois, sur le dos d'une fille légère, en la chas-
sant du camp. Le monarque en fut vivement impressionné.
« Il eût mieux valu, murmura-t-il, prendre un bâton pour
frapper et punir que de perdre ainsi votre épée! » Son armurier essaya vainement de ressouder les tronçons de la précieuse lame; elle demeura brisée (2). Était-ce donc un symbole ? Mais la vierge domrémoise n'était point superstitieuse;
elle mettait sa confiance en Dieu, et non dans ses armes. Il
fallait agir, pensait-elle, et agir sans délai; c'est ce qui eut
lieu. Le soir même, elle s'avança jusqu'à la Chapelle et y
établit son quartier-général. Le lendemain, 8 septembre, fête
de la Nativité de la Sainte Vierge, ses douze mille hommes
étaient réunis autour de la Butte des Moulins. Une batterie de
canons et de couleuvrines sur la hauteur (3); derrière la Butte,
un corps de réserve sous les ordres du duc d'Alençon; en
avant, deux colonnes commandées par l'héroïne en personne
et le sire de Saint-Vallier. Peut-être le Conseil royal, en cours
de négociations avec le duc de Bourgogne, n'avait-il eu en
vue et permis qu'une simple démonstration, « une vaillance
d'armes », selon l'expression de Jeanne (4); mais comment

----

(1) *Procès*. loc. cit., p. 26.
(2) Déposition du duc d'Alençon : *ibid*., t. III. p. 99. — Jean Chartier
(*ibid*., t. IV, p. 71) place à tort le même fait à Gien.
(3) Artillerie de siège fournie par Compiègne et les autres villes qui
avaient fait leur soumission.
(4) *Ibid*., t. I. p. 57.

arrêter l'élan des troupes, une fois aux prises avec l'ennemi ? Suivons donc les mouvements d'une action que les hasards des combats vont rendre décisive, pour le malheur du drapeau fleurdelisé.

La porte Saint-Honoré était le point d'attaque. Vers midi, les Français obtiennent un premier avantage ; le sire de Saint-Vallier s'avance hardiment et met le feu aux barrières du boulevard, tandis que les assiégés, fuyant en désordre, rentrent à la hâte dans les remparts. La Pucelle juge le moment favorable et commande l'assaut, sans connaître le terrain et avant que la brèche soit ouverte. Elle franchit un premier fossé, alors à sec, puis se trouve devant un second fossé, large de vingt mètres, profond de quatre à cinq mètres et rempli par la crue de la Seine : circonstance non ignorée de plusieurs chefs de son entourage qui, au lieu de la seconder ou de l'éclairer, conspirent à l'envi contre elle. De la hampe de son étendard, elle sonde la profondeur de l'eau, puis réclame les fascines pour combler le fossé et crie aux Parisiens : « Rendez-vous, de par Jésus ! » Ils lui répondent à la façon de Glasdal, par des injures. A ce moment, un trait d'arbalète lui transperce la jambe ; une flèche atteint également le soldat auquel elle a confié son étendard. L'héroïque jeune fille redescend alors vers l'épaulement du fossé, pour se mettre à l'abri des coups. Mais elle est grièvement blessée ! Les quelques vaillants qui l'ont suivie jusque-là, s'éloignent déconcertés, et (ce qui est pis !) La Trémoille fait sonner la retraite pour les hommes de sa compagnie (1) !

(1) Chroniqueurs bourguignons, français et lorrains sont d'accord ici

En dépit de ces défections, l'héroïne demeure étendue au rebord du fossé. Ses fidèles veulent l'entraîner loin du péril. « Non, réplique-t-elle, je prendrai Paris ou je mourrai ici. » La nuit étant venue, le duc d'Alençon accourt avec le sire de Gaucourt et Guichard de Thiembronne; il finit par persuader à Jeanne de monter en selle, parce que les soldats, exténués de fatigue, ne peuvent continuer la lutte; et il la ramène à son logis de La Chapelle (1).

Ce n'était pas la faute de la vierge domrémoise, si la journée s'était terminée sur un échec. « Si tous les hommes d'armes avaient eu son courage, remarque un des historiographes de la cour de Bourgogne, Paris aurait été en grand danger d'être pris; mais tous les autres étaient en désaccord sur l'entreprise (2). » L'échec toutefois n'était point irréparable, et la jeune guerrière se promettait bien de le venger : d'autant plus que le lendemain, 9 septembre, pendant les délibérations du Conseil, de Paris lui survenait un renfort inattendu, le baron de Montmorency, abandonnant la croix de Saint-André avec une cinquantaine de gentilshommes, pour se rallier à l'oriflamme fleurdelisée (3). Vain espoir! Le 9,

pour accuser La Trémoille de félonie et de trahison. « Les assaillants étaient si près du rempart qu'il ne fallait que lever les échelles dont ils étaient bien pourvus, pour qu'ils eussent été dedans. Mais il y fut visé par un nommé messire de la Trémoille, de côté dudit Charles (Notes de Clément de Fauquembergue : AYROLES, *La vraie Jeanne d'Arc*, t. III, p. 472). » Cf. le héraut Berry (*ibid.*, p. 250) ; Georges Chastelain (*ibid.*, p. 458) ; le doyen de Metz (*ibid.*, t. IV, p. 228).

(1) *Procès*, t. IV, p. 199. — Il est impossible, en raison des divergences des autres contemporains, d'évaluer le nombre des morts et des blessés.

(2) AYROLES, *op. cit.*, t. III, p. 458.

(3) Nous suivons ici Perceval de Cagny (*Procès*, t. IV, p. 28). Monstrelet

au moment où le généralissime et la Pucelle, déjà en chemin sur Paris, se concertaient pour recommencer l'assaut, avec plus de chances de succès, arrivaient tout à coup le duc de Bar et le comte de Clermont leur notifiant, de la part du roi, l'ordre de retourner sur-le-champ à Saint-Denys. Le 10, alors qu'ils méditaient de se servir de leur pont de bateaux pour attaquer la ville par la rive gauche de la Seine, ils trouvaient le pont coupé par ordre du monarque. Le 13, ce dernier enjoignait à ses troupes de rétrograder vers la Loire : dupe d'une politique dont le héraut Berry nous découvre les dessous !

Voici, en effet, ce qui s'était passé. Le sire de Charny, Pierre de Bauffremont, un des signataires bourguignons de la trêve du 28 août, était venu, au nom du duc de Bourgogne, entamer de nouvelles négociations avec Charles VII à Saint-Denys. Il était chargé de renouveler la promesse faite par Philippe le Bon de livrer Paris, puis de solliciter un sauf-conduit pour son maître; car celui-ci voulait se rendre d'Hesdin à la capitale et traverser les lignes françaises, *sans être inquiété* (1). Charles VII concéda tout, signa tout, crédule jusqu'à l'absurde, au détriment de ses propres intérêts; car le rusé Bourguignon, parvenu à ses fins, n'eut rien de plus pressé que de renouer et d'étendre le pacte précédemment conclu avec Bedfort, qui, se réservant la Normandie, lui transmit tous ses pouvoirs, avec le titre de lieutenant-général

et Jean Chartier placent la venue du baron de Montmorency une ou deux semaines auparavant.

(1) *Procès*, t. IV. p. 48. — Cf. *ibid.*, p. 201.

d'Henri VI d'Angleterre. Maître de la capitale, il se garda
bien de la restituer à Charles VII; il se contenta, à la suite
des conférences tenues à Saint-Denys, le 10 octobre, entre les
deux chanceliers Regnault de Chartres et Louis de Luxembourg, d'approuver la prorogation de la trêve jusqu'à Pâques
de l'année suivante. Puis, satisfait d'avoir joué le roi et son
Conseil, il quitta Paris le 17 octobre, pour aller en Flandre
célébrer son mariage avec Isabelle de Portugal.

Sans connaître tous ces dessous de la politique, ni prévoir
toutes ces conséquences, la Pucelle était consternée. Sa première pensée fut de résister. « Je ne quitterai pas mon poste,
répétait-elle, tant que Paris ne sera pas soumis (1)! » Elle
consulta ses Voix, qui lui permirent de suivre le monarque,
et se résigna; mais avant de s'éloigner de la nécropole royale,
elle eut à cœur d'accomplir un acte religieux, de reconnaissance et d'adoration, qu'imposaient les traditions militaires à
tout chevalier frappé sur le champ de bataille et préservé de la
mort : elle suspendit à un pilier de la basilique son armure et
une épée qu'elle avait prise à un Bourguignon sous les murs
de la capitale. Pourquoi offrit-elle cet ex-voto à Saint-Denys
plutôt qu'à tout autre sanctuaire? Elle le dira au procès de
Rouen : « Parce que Saint-Denys, c'est le cri de France (2)! »
La pensée de Dieu et l'amour de la France, voilà les deux
nobles sentiments qui domineront, jusqu'à son dernier soupir,
ce cœur héroïque.

Le 13 septembre, après avoir constitué une lieutenance

(1) Perceval de Cagny : *Procès*, t. IV, p. 27.
(2) *Ibid.*, t. I, p. 179.

générale pour gouverner les régions conquises de l'Ile-de-
France et du Beauvaisis, et avoir investi de cette charge le
comte de Clermont (Charles de Bourbon), Charles VII rétro-
gradait vers la Loire, avec des troupes découragées, traversait
la Seine à Bray, l'Yonne à l'abbaye de Sainte-Colombe,
arrivait le 21 à Gien, d'où il était parti, plein d'espérance, trois
mois auparavant; et là (suite fatale de son aveuglement !), il
licenciait son armée.

Ainsi se terminait l'expédition de l'Ile-de-France, par une
fuite qui ressemblait à une déroute. Finies les combinaisons
géniales de l'Envoyée de Dieu! Finie l'espérance de rejeter
les Anglais de la Loire sur la Seine, et de la Seine sur la mer !
Les fleurs de lys étaient humiliées, et les princes de Lancastre
s'apprêtaient à prendre leur revanche. Résultats désastreux
dont il est facile d'assigner les principales causes : la versatilité
du roi ; les divisions des chefs ; la prédominance de l'élément
diplomatique, ne réussissant que trop à diminuer le prestige
de la Pucelle, à annihiler son rôle providentiel ; et par
dessus tout la politique tortueuse, disons le mot, la trahison
de La Trémoille !

La grande guerre est terminée. Les chroniqueurs ne nous
disent pas de quelle façon la Libératrice fit ses adieux à ses
troupes ; mais on ne peut douter qu'elle n'ait versé une grosse
larme, en voyant s'éloigner d'elle, le visage attristé, ces
hommes de rude écorce, mais bons, dont la guerre a fait un
instant ses compagnons d'armes : son auxiliaire dévoué, le
duc d'Alençon, et tous ces capitaines ou soldats qui lui ont
fidèlement obéi. Quelques-uns d'entre eux lui survivront

assez, nous le verrons plus loin, pour faire revivre son image par leurs souvenirs intimes et venger sa mémoire, au procès de réhabilitation, des odieuses calomnies entassées contre elle par ses bourreaux.

CHAPITRE XI

DERNIÈRES CAMPAGNES

I. — DANS LE NIVERNAIS ET LE BOURBONNAIS

RIEN ne pèse comme l'inaction ; rien ne blesse comme le délaissement et l'oubli : deux épreuves auxquelles va être soumise la Pucelle pendant six longs mois, de la fin de septembre 1429 au 28 mars de l'année suivante, c'est-à-dire tant qu'elle sera prisonnière du parti diplomatique. Elle n'en sera distraite que par deux sièges que nous aurons à raconter.

En quatre mois, écrit un contemporain, « elle fit choses incroyables pour ceux qui ne l'avaient pas vue à l'œuvre, et l'on peut dire qu'elle en eût fait encore autant, si le roi et son Conseil se fussent bien conduits et eussent gardé à son égard les mêmes sentiments (1). » Mais leur attitude n'était plus la même, et le faible monarque, entièrement acquis aux vues politiques de la Trémoille, allait maintenir l'héroïne dans un repos forcé, aussi pénible pour elle que fâcheux pour les intérêts du pays.

Malgré la trêve, on peut dire que chaque seigneur, chaque ville, continuaient la lutte pour leur propre compte. Après le licenciement de Gien, le duc d'Alençon s'était retiré dans sa vicomté de Beaumont. Apprenant le succès de l'intrépide Richemont sur les Anglais, il songea, lui aussi, à reconquérir son duché d'Alençon. Il leva des troupes et fit d'actives démarches auprès de Charles VII pour obtenir que Jeanne vînt combattre à ses côtés. « Beaucoup, disait-il, se mettront en sa compagnie, qui ne bougeront pas de chez eux si elle ne vient pas. » Mais Regnault de Chartres, la Trémoille et le sire de Gaucourt, « qui lors gouvernaient le corps du roi et le fait de sa guerre », firent à ce projet une opposition irréductible, et jamais plus la Pucelle et le duc d'Alençon ne se revirent (2).

Charles VII partit de Gien pour rejoindre la reine à Bourges. Les garnisons ennemies lui barraient la route ; il dut faire un détour et passer par Selles-en-Berry (fin de septembre 1429). C'est là qu'au mois de juin précédent, Jeanne, pleine d'espoir et d'entrain, avait offert au jeune comte de

(1) Perceval de Cagny : *Procès*, t. IV, p. 30.
(2) *Ibid.*, loc. cit.

Laval et à son frère le vin de l'hospitalité, en leur disant :
« Je vous en ferai boire bientôt à Paris. » De brillants succès
avaient suivi; mais aujourd'hui ces lieux sont tristes, et la
Pucelle est plus triste encore : elle ne se console pas de voir
le bienfait de l'intervention divine compromis par de basses
intrigues qui révoltent son patriotisme. L'âme en deuil, elle
se rend à l'église paroissiale; et là, seule au pied du tabernacle, elle pleure à chaudes larmes, pensant plus encore aux
malheurs de la France qu'aux épreuves qui l'étreignent personnellement.

A Bourges, elle fut reçue chez Marguerite La Touroulde,
femme de sire Régnier de Bouligny, conseiller du roi et trésorier général. Cette dame désirait vivement connaître la
petite villageoise dont toute la France exaltait les prouesses
et les exploits; aussi fut-elle tout heureuse de la recevoir
dans sa maison. Elle confesse, dans sa déposition, qu'elle prenait plaisir à converser avec cette petite pastourelle à l'âme si
haute et d'un sens si pratique, et cite quelques-unes de ses
réponses, non les moins savoureuses. « Il ne vous était pas difficile, lui dit-elle un jour, de vous lancer à l'assaut : vous saviez
que vous n'y seriez pas tuée ! — *Je n'en étais pas plus sûre
que les autres gens de guerre* », répliqua-t-elle. Une autre
fois qu'elle lui présentait des chapelets et certains objets de
piété, apportés tout exprès pour qu'elle les touchât : « *Tou-
chez-les vous-même*, répartit Jeanne avec un fin sourire;
ils seront aussi bons, touchés par vous que par moi. »
D'un bout à l'autre, la dame La Touroulde rend un magnifique hommage à la jeune guerrière, louant en elle sa tendre

compassion pour les miséreux non moins que sa piété angélique et sa parfaite humilité (1).

Charles VII passa l'automne de 1429 et l'hiver de 1430 dans ses différents châteaux du Berry, de la Touraine et du Poitou. Il y fut presque toujours accompagné de Jeanne, « très marrie de ce qu'il n'entreprenait pas de reconquérir ses places sur ses ennemis (2). » Sur les instances pressantes et réitérées de la jeune fille, le Conseil royal consentit enfin à l'employer à la soumission des forteresses riveraines de la Loire encore occupées par les Anglais. L'héroïne eût préféré porter la guerre dans l'Ile-de-France ; néanmoins elle obéit et n'épargna rien pour assurer le succès de cette expédition. Il s'agissait de s'emparer tout d'abord de Saint-Pierre-le-Moutier. Des troupes furent réunies à Bourges ; leur chef officiel fut le sire d'Albret, frère utérin de la Trémoille. De cette façon, même à la guerre, la Pucelle n'échappait pas à la surveillance jalouse du favori. Saint-Pierre-le-Moutier fut investi vers la fin d'octobre 1429. Jean d'Aulon était présent à ce siège ; il nous en a laissé un récit d'une captivante simplicité et qu'il a signé sous la foi du serment. Nous pouvons nous fier à lui : c'est un témoin qui a le goût du vrai et le sens de l'honneur.

« Quand la Pucelle et ses gens, raconte-t-il, eurent tenu le siège devant la ville pendant quelque temps, on reçut ordre de donner l'assaut. Ainsi fut fait. Mais les remparts étaient solides, et les hommes qui les défendaient firent une forte

_____

(1) *Procès*, t. III, p. 85-88 : dépos. de Marguerite la Touroulde.
(2) *Ibid.*, t. IV, p. 31.

résistance : de telle sorte que les Français furent contraints de se retirer. J'avais été blessé d'un trait au talon, et je ne pouvais ni me soutenir ni marcher sans béquilles. Or, à ce moment, je vis que la Pucelle était restée sous les murs avec quelques hommes d'armes seulement. Craignant qu'il ne lui arrivât quelque malheur, je me fis hisser sur mon cheval et me dirigeai vers elle, en lui criant : « Que faites-vous ainsi toute seule ? Et pourquoi ne vous retirez-vous pas avec les autres ? — « Je ne suis pas seule, me répondit-elle, j'ai encore avec moi cinquante mille de mes gens, et je ne partirai pas d'ici que la ville ne soit prise. » Malgré ses affirmations, je ne voyais avec elle que quatre ou cinq hommes, et il en était certainement ainsi; car plusieurs autres le virent comme moi. Je lui recommandai donc de nouveau de s'éloigner et de ne pas s'isoler du mouvement de retraite. Pour toute réponse, elle se mit à crier à haute voix : « Aux fagots ! aux claies ! Tout le monde, afin d'établir un pont. » Le pont fut en effet aussitôt dressé. J'en fus émerveillé. Un instant après, la ville fut prise d'assaut, sans qu'on y opposât une trop grande résistance (1). »

Grisés par la victoire et emportés par leur fougue naturelle, les Français livrent la ville au pillage. Ils veulent même enfoncer les portes de l'église pour s'emparer des trésors que l'ennemi y a cachés; mais Jeanne s'y oppose de toutes ses forces et réussit à calmer la fureur guerrière de ses hommes.

Ce succès était de bon augure. La cour s'en affligea plus

____

(1) Déposition de Jean d'Aulon : *Procès*. t. III. p. 217.

qu'elle ne s'en réjouit. Elle voyait déjà l'héroïne marchant de victoire en victoire et lui procurant des conquêtes *dont elle ne voulait pas lui être redevable.*

Restait à prendre La Charité. Mais pour réduire cette ville, beaucoup plus forte, il fallait un matériel d'artillerie et des troupes qui manquaient. Le roi et ses conseillers ne s'inquiétèrent nullement de les procurer à la Pucelle. Celle-ci ne se laisse pas décourager par ce mauvais vouloir. Elle-même se met à la recherche des recrues et des subsides. Là où elle ne peut se rendre, elle envoie des lettres pressantes. C'est ainsi qu'elle écrit aux bourgeois d'Orléans, de Bourges, de Clermont, de Riom. Cette dernière lettre est datée de Moulins où Jeanne s'était rendue le 9 novembre.

Quelques jours après, elle était à Montfaucon-en-Berry, où se place un curieux épisode que nous ne pouvons passer sous silence : sa rencontre avec une aventurière nommée Catherine de la Rochelle, qui se disait, elle aussi, envoyée de Dieu pour le salut de la France. Une dame blanche vêtue de drap d'or lui était apparue, affirmait-elle, et lui avait ordonné de parcourir la France pour recueillir l'argent nécessaire à la solde des troupes royales. Elle se faisait fort de trouver même les trésors cachés. La cour était divisée au sujet de cette femme. Le frère Richard prenait ouvertement parti pour elle. Jeanne consulta ses Voix à ce sujet, et ses Voix lui répondirent qu'en tout cela il n'y avait que « mensonge et folie ». Elle conseilla donc à Catherine de retourner vers son mari et ses enfants. Pour mieux la convaincre, elle lui demanda : « Cette dame blanche vous apparaît-elle toutes les nuits ?

— Oui.

— Eh bien! je coucherai avec vous cette nuit, et moi aussi je la verrai. »

Le soir elles couchèrent dans le même lit. Jeanne veilla jusqu'à minuit, ne vit rien, puis s'endormit. Le matin elle demanda à l'aventurière : « Votre dame est-elle venue?

— Elle est venue; mais vous dormiez si fort que je n'ai pu vous réveiller.

— Viendra-t-elle demain ?

— Oui. »

Cette fois Jeanne prit ses précautions. Elle dormit le jour afin de mieux veiller toute la nuit suivante, et coucha de nouveau avec Catherine. Naturellement la dame blanche ne se montra pas. De temps à autre Jeanne demandait malicieusement : « Viendra-t-elle point? — Si, tout à l'heure », répondait Catherine. La dame blanche ne parut pas. L'impudente plagiaire était démasquée !

Le moment était venu de partir pour le siège de la Charité. Catherine voulut détourner Jeanne de cette entreprise. « Venez plutôt avec moi, répartit la Pucelle.

— Nenni, murmura Catherine; il fait trop froid! (1). »

La Charité était munie de solides remparts. De plus, elle était défendue par un aventurier nommé Perrinet Grasset, qui n'était pas sans mérite. Les habitants lui disaient, en parlant de la Pucelle : « Inutile de chercher à résister! C'est une sorcière! — Allons donc, répliqua-t-il! La sorcellerie, c'est notre lâcheté! »

(1) *Procès*, t. I, p. 106-109.

La ville. attaquée avec vigueur, se défendit de même. Après un mois d'efforts infructueux, les troupes de la Pucelle, éprouvées par le froid et dans l'impossibilité de se ravitailler, durent se retirer précipitamment, laissant sous les murs de la place tout le matériel de l'artillerie. Ce fut le second échec de l'héroïne (décembre 1429).

Jeanne remonta vers Jargeau. Dans cette ville elle retrouva Catherine de la Rochelle, qui, triomphant sans doute de l'échec de sa rivale, se fit fort, si on le voulait, de négocier la paix avec le duc de Bourgogne. « La paix, répartit finement la jeune guerrière, on ne la trouvera qu'au bout de la lance (1)! »

Le ciel avait ménagé à notre Bienheureuse une autre rencontre, plus consolante et de meilleur aloi, que nous avons reportée jusqu'ici pour ne pas interrompre le fil du récit. Le 9 novembre, Jeanne était à Moulins. A cette même date s'y trouvait également sainte Colette de Corbie, la grande thaumaturge du xvᵉ siècle. Jeanne d'Arc et sainte Colette ont dû se voir ; ce n'est là sans doute qu'une opinion, mais combien probable ! Voici comment s'exprime à ce sujet un critique moderne qui a profondément étudié la question, Siméon Luce. « Au moment du passage de Jeanne à Moulins, la réformatrice des Clarisses habitait le couvent qu'elle venait de fonder dans cette ville. Comment supposer que la pieuse héroïne n'ait pas profité de cette occasion pour se recommander aux prières de

___

(1) *Procès*, t. I, p. 108. — Plus tard. interrogée par l'Official de Paris. Catherine déposera que Jeanne était « un vrai suppôt d'enfer et qu'elle s'échapperait de prison par l'assistance du diable, si l'on ne faisait pas bonne garde ». On ne sait comment finit cette aventurière.

la sainte, alors surtout que Colette et Jeanne avaient dans la
duchesse de Bourbon une amie commune qui dut mettre le
plus grand empressement à faciliter leur entrevue (1) ? »

Il nous est doux de nous présenter, devisant ensemble,
ces deux grandes saintes, gloire de leur siècle. Quel fut le
sujet de leurs colloques ? On le devine ; car de quoi pouvait-il
être question entre elles, si ce n'est de ce qui les passionnait
l'une et l'autre: *Dieu, les âmes, la France ?* Tout tendait à
les rapprocher : la similitude de leur vocation et les sublimes
élans de leur piété séraphique; vierges l'une et l'autre, toutes
deux désireuses du triomphe du drapeau fleurdelisé, toutes
deux appelées, quoique diversement, à restaurer parmi leurs
contemporains le règne de la justice et de la paix, l'une dans
les cloîtres, l'autre dans les camps. Mais laissons là ces con-
sidérations philosophiques, et revenons à l'histoire de la
Pucelle, à ses relations avec la cour.

De Jargeau, elle se rendit au château de Mehun-sur-Yèvre,
où résidait alors Charles VII. Elle y fut reçue avec beaucoup
d'égards. On parut oublier complètement l'échec de la Charité, et le prince voulut signifier à tous que sa confiance dans
l'Envoyée de Dieu n'avait pas diminué. Par lettres patentes,
contresignées par la Trémoille, il anoblit la glorieuse enfant,
et avec elle toute sa famille, « en considération des louables,
agréables et utiles services rendus par Jeanne au roi et au
royaume, et de ceux qu'elle lui rendrait encore. » L'acte portait que la noblesse se transmettrait dans la famille d'Arc par

____

(1) « Jeanne d'Arc et les Ordres mendiants » : *Revue des Deux-Mondes*,
1881 ; t. XLV, p. 90.

les femmes aussi bien que par les hommes : privilège presque
unique dans les annales de la noblesse (1).

Jeanne ne fut pas insensible à cet honneur. Toutefois elle
s'en réjouit plus pour sa famille que pour son propre compte ;
car, pour elle-même que pouvait-elle rêver de plus grand que
d'être appelée par les anges « la fille de Dieu » ?

Les égards dont elle était l'objet ne pouvaient lui faire
oublier les souffrances du peuple, ruiné par la guerre et
menacé de perdre le plus précieux de ses biens, son indépendance nationale. Elle insistait auprès de Charles VII sur l'ur-
gence et la gravité de l'obligation qui s'imposait à lui de
pourvoir à la défense de ses sujets et de reprendre l'œuvre
d'affranchissement commencée par la campagne de la Loire.
« Sire, répétait-elle, je ne durerai guère plus d'un an.
Employez-moi au service de la France. Hâtez-vous ! » Mais le
roi, dominé par la Trémoille, restait sourd à toutes les
prières. « Pour Jeanne, dit Henri Martin (2), il y eut, après
le siège de la Charité, quatre mois d'angoisses que les langues
humaines ne sauraient exprimer ; sentir que l'on porte en soi
le salut d'un peuple, que Dieu nous pousse et que les hommes
nous enchaînent ! » Une courte visite de la Pucelle à Orléans
(19 janvier 1430) apporta seule un certain adoucissement à
cette grande douleur patriotique.

La Trémoille redouta qu'à la longue un sentiment si noble
ne finît par influencer Charles VII et sa cour. Pour maintenir
plus sûrement son empire, il invita le monarque et sa suite

(1) *Procès*, t. V, p. 150-153.
(2) *Histoire de France*, t. VI, p. 221.

à venir passer quelques jours dans son château de Sully ; et
là, il se chargea de distraire ses hôtes par des fêtes sans fin.

Jeanne, elle, ne pense qu'à la France. Toute son attention
se porte du côté de la guerre. Elle se réjouit des succès par-
tiels remportés sur les Anglais par les partisans de
Charles VII, écrit aux villes qu'elle a visitées et les encou-
rage à persévérer dans leur patriotisme. Elle prend part à un
complot qui se trame à Paris et dont le but est probablement
de lui livrer à elle-même la capitale. Les habitants de Reims
lui expriment-ils leurs craintes sur l'apparition probable des
Anglais en Champagne ? Elle prend soin de les rassurer
dans une lettre frémissante d'ardeur guerrière. Elle-même
ira au secours de Reims ; et si elle rencontre les ennemis,
elle leur fera chausser leurs éperons « avec tant de hâte,
qu'ils ne sauront par où les prendre (1). » La lettre est datée
de Sully, 16 mars 1430. Douze jours après, nouvelle missive
des bourgeois de Reims, qui se défendent de pactiser avec
l'ennemi ; nouvelle réponse de la Pucelle, qui semble déjà
sonner la charge.

« *Très chers et bons amis, leur écrit-elle, croyez bien
que vous êtes dans les bonnes grâces du roi et que si vous
aviez un siège à soutenir, il vous secourrait. Il sait que
vous avez beaucoup à souffrir de la dureté de ces traîtres
de Bourguignons, vos adversaires ; il vous en délivrera,
s'il plaît à Dieu, d'ici peu, c'est-à-dire le plus tôt possible.
Aussi je vous prie et vous requiers, très chers amis, de*

_____

(1) *Procès*, t. V, p. 159-160.

*bien garder la dite bonne cité pour le roi et de bien faire
le guet. Vous aurez bientôt plus amplement de mes nouvelles. Pour le moment, je ne vous annonce qu'une seule
chose : c'est que toute la Bretagne est française et que le
duc doit envoyer au roi 4.000 combattants, soldés pour
deux mois. Je vous recommande à Dieu; qu'il vous
garde (1).* »

La trêve était sur le point d'expirer. Il était manifeste
qu'Anglais et Bourguignons s'apprêtaient à rentrer en campagne, malgré les pourparlers pacifiques qui s'échangeaient
entre les deux partis et dont Charles VII et La Trémoille
étaient les seules dupes. Jeanne, se sentant impuissante à
les guérir de leur aveuglement, résolut de s'éloigner. Le
28 mars 1430, « à l'insu du roi, sans prendre congé de lui,
elle fit semblant d'aller à une simple promenade et, au lieu
de rentrer au château de Sully, s'en alla directement à
Lagny-sur-Marne, parce que les habitants de cette place faisaient bonne guerre aux Anglais de Paris et d'ailleurs (2). »
Dans cette fuite, elle était accompagnée de son frère
Pierre d'Arc, de Jean d'Aulon et d'une soixantaine de cavaliers, commandés par le capitaine lombard Barthélemy
Baretta.

Un touchant épisode, raconté au *Procès*, nous montre
quelle était la confiance des habitants de Lagny dans l'Envoyée de Dieu. Trois jours avant son arrivée, une femme

---

(1) « Escript à Sully, le XXVIII° de mars » (1430). — M. le comte de
Maleissye possède l'original de cette missive.
(2) *Procès*, t. IV, p. 32.

avait mis au monde un enfant qui était mort sans baptême.
Pleine de cette foi vive qui croit que rien n'est impossible
à Dieu, la pauvre mère n'hésitait pas à solliciter du ciel la
résurrection de son fils, afin qu'il pût être baptisé. Dans le
but d'obtenir cette grâce, ce miracle, on avait apporté le petit
cadavre à l'église, aux pieds d'une statue vénérée représentant la Mère de Dieu. Les jeunes filles de la ville, réunies
autour de l'autel, suppliaient la Reine des Anges de faire rentrer la vie dans ce petit corps inanimé ; mais en vain, et la
mère, désolée, non désespérée, refusait toujours de le laisser
enterrer. Jeanne, compatissant à un chagrin si légitime et si
profond, s'approche du groupe, mêle ses supplications à celles
des jeunes filles ; et voici que l'enfant reprend sa couleur
naturelle et baille trois fois. Un prêtre le baptise ; puis l'enfant pousse un dernier soupir et est inhumé en terre bénite.
Les habitants attribuèrent cette résurrection aux prières et
aux mérites de la vierge domrémoise (1).

Mais Jeanne n'est ni une orante ni une mystique. Elle est
faite pour l'action, et elle est venue pour combattre. Aussi se
hâte-t-elle de rassembler en un faisceau compact tous les
hommes d'armes qu'elle peut recruter. L'occasion d'agir ne
tarde pas à se présenter. On annonce l'approche d'un chef
de bandes nommé Franquet d'Arras, qui s'était rendu fameux
par les pillages accomplis dans tous les environs. Jeanne sort
de Lagny et va à sa rencontre. Les deux troupes sont égales
en nombre ; environ quatre cents hommes (2). Les pillards

(1) *Procès*, t. I, p. 105
(2) *Ibid.*, t. IV, p. 91.

étaient braves ; la lutte est acharnée. Deux fois repoussés, les Français, électrisés par la Pucelle, reviennent une troisième fois à la charge, et les Anglais sont tous tués ou pris. Au nombre des prisonniers se trouvait Franquet d'Arras. Jeanne se proposait de l'échanger contre Guillaume Jacquet, seigneur de l'Ours, un des conjurés de Paris, arrêté et mis en prison par suite de la découverte du complot; mais ayant été informée que Guillaume avait été mis à mort, elle remit son prisonnier au bailli de Senlis qui le réclamait. Celui-ci, après un jugement en forme, lui fit trancher la tête en punition de ses brigandages (1).

Le beau fait d'armes que la Pucelle venait d'accomplir, décida la ville de Melun à chasser la garnison bourguignonne et à revenir au roi de France. Voulant féliciter les habitants, la guerrière se rendit au milieu d'eux (2). Le 15 avril 1430, elle se trouvait sur les fossés de la ville. Soudain, ses Voix lui murmurent à l'oreille : « Tu seras prise avant la Saint-Jean prochaine. » Et la jeune fille toute tremblante de s'écrier : « *Oh! épargnez-moi cette douleur!* — Jeanne, il faut qu'il en soit ainsi. Ne te chagrine pas ; prends tout en gré. Dieu t'aidera. » Dans la suite. « ses frères du ciel » lui répétèrent presque tous les jours ce sinistre avertissement. Jeanne alors suppliait : « *Oh! dites-moi quand je serai prise! Dites-moi le jour, l'heure!* — Cela doit te rester caché. — *Au moins que je meure bien vite! Que je ne lan-*

1) *Procès*, t. I, p. 158.
2) *Ibid.*, t. I. p. 115.

guisse pas dans les prisons ! — Courage, reprenaient les
Voix. Prends tout en gré ; Dieu t'aidera (1). »

Terrible épreuve, qui rappelle celle du divin Rédempteur
au jardin de Gethsémani ! Jésus, après son agonie, dit à ses
disciples : « Allons, levez-vous ! » Et le premier, il marcha à
la rencontre du traître. Jeanne également sortait, de ces
angoissants colloques, pleine d'un courage héroïque, et sans
hésitation allait s'exposer aux risques des embûches et des
batailles. Toutefois, par une réserve prudente, pour ne point
tenter Dieu par une témérité inconsidérée, elle laissera désormais aux capitaines qui l'accompagnent l'initiative des
marches et des combats (2).

La fête de Pâques était passée ; la trève avait pris fin, et de
tous côtés se rallumait le feu de la guerre. Philippe le Bon
entrait en campagne pour s'emparer de Compiègne, que les
traités lui avaient livrée, mais dont les habitants refusaient
obstinément de se soumettre. Par mesure d'approche, il
s'empara du château de Gournai-sur-Aronde, et assiégea
Choisy-sur-Aisne. Vers le même temps, le roi d'Angleterre
débarquait à Calais et se rendait à Rouen, pour donner à la
guerre une plus grande activité. Deux prélats, le cardinal de
Winchester et Cauchon, l'évêque de Beauvais, faisaient
partie de sa cour. Charles VII et son ministre, gardant leurs
fatales illusions, demeuraient seuls inactifs.

(1) *Procès*, t. I, p. 115 ; 253-254.
(2) *Ibid.*, t. I, p. 147.

CHAPITRE XII

LA TRAHISON

I. — COMPIÈGNE

Depuis son départ de Sully, la Pucelle n'avait entretenu aucune relation avec le Conseil royal. Ni le roi ni ses ministres n'avaient osé la désapprouver ouvertement, pour ne pas s'attirer les colères du peuple, très attaché à la Pucelle; mais ils s'étaient strictement abstenus; et la seule abstention n'était-elle pas déjà un désaveu? Ils trouvaient plus sage de ne pas s'opposer à la nouvelle campagne du duc de Bourgogne. Par suite encore, Jeanne se trouvait seule pour faire face à l'ennemi; les ardeurs de son patriotisme devenaient un obstacle aux négociations diplomatiques et les politiciens de la cour en prenaient prétexte pour ruiner son influence. La Trémoille, « qui gouvernait le roi…, était jaloux des faits qu'elle faisait, et fut coupable de sa prise. » Ainsi parle le doyen de Saint-Thibaud de Metz (1). Cette phrase nous donne l'explication de ce qui va suivre. Nous allons voir les infidélités se multiplier autour de la Pucelle, sans cause apparente ; mais leur continuité et leur perfidie laissent peu de doute sur leur cause cachée. D'autant plus qu'une fois le but atteint, une fois Jeanne prisonnière, les complices ne chercheront plus à dissimuler leur joie.

De Melun, la Pucelle était remontée vers le Nord à la rencontre des Bourguignons. De nombreux volontaires s'étaient joints à elle ; sa troupe compta bientôt mille cavaliers, et parmi eux un bon nombre de grands seigneurs. Avec eux aussi, hélas ! arrive le chancelier Regnault de Chartres (2), qui partage à l'égard de la vierge domrémoise la jalousie de La Trémoille. Il fut convenu en conseil que l'armée irait passer l'Aisne à Soissons, pour venir ensuite surprendre les Bourguignons, qui assiégeaient Choisy-sur-Aisne. Soissons était ville royale ; néanmoins, à l'arrivée des troupes de Jeanne, le capitaine de la garnison, Guichard Bournel de Thiembronne, fit lever les ponts-levis, comme s'il se fût agi d'ennemis déclarés. Des pourparlers s'engagèrent. Tout ce qu'on put obtenir, c'est que Regnault de Chartres, le comte de Vendôme et la Pucelle entreraient dans la ville « avec une faible escorte » ; le reste de l'armée devait camper hors des

_____

(1) *Procès*, t. IV, p. 323.
(2) *Ibid*, t. IV, p. 49-50 : Chronique du héraut Berry.

murs. Regnault de Chartres aurait dû répondre à cette félonie par la révocation du capitaine ; c'était son droit, c'était son devoir. Mais non ; il se soumit à ces honteuses conditions, proposa de renoncer à l'entreprise, et mit tout son empressement à disperser une armée qui contrecarrait ses desseins diplomatiques.

La Pucelle ne put contenir son indignation contre Guichard Bournel. « Cet homme, s'écria-t-elle, mériterait d'être écartelé (1) ! » N'ayant plus d'armée, elle se rendit à Compiègne (13 mai 1430). Regnault de Chartres l'y suivit peu de jours après, et eut alors avec Guillaume de Flavy, commandant de la place, des entretiens mystérieux dont l'objet fut à coup sûr la Pucelle, devenue pour eux un être gênant.

Les Compiégnois n'avaient point oublié l'entrée triomphale de l'année précédente ; ils rendirent à Jeanne les honneurs réservés aux grands personnages. Le dimanche suivant, (14 mai), elle se rendit à l'église Saint-Jacques, se confessa et communia ; puis, se retirant derrière un pilier, elle s'abîma dans une ardente prière. Au milieu des tristesses dont l'abreuvait la malice des hommes, elle éprouvait le besoin de les oublier en Dieu. Les larmes coulaient malgré elle sur son visage : circonstance remarquée des personnes présentes qui s'arrêtaient pour voir une sainte en prière ; parmi elles, beaucoup d'enfants. Sortant de son long recueillement, Jeanne releva la tête et aperçut les sympathiques spectateurs qui l'entouraient. Laissant alors déborder les sentiments de

---

(1) *Procès*, t. I, p. 111. — Le mois suivant, Bournel compléta sa trahison en livrant Soissons au duc de Bourgogne (*ibid.*, t. IV, p. 50.)

son âme : « Mes chers enfants et chers amis, dit-elle, sachez que l'on m'a trahie et vendue et que dans peu de temps je serai livrée à la mort ! Je vous supplie de prier Dieu pour moi ; car je ne pourrai plus servir le roi ni le royaume de France. » Ces paroles, ces sanglots, firent impression sur les assistants ; longtemps après, plusieurs d'entre eux rappelaient encore avec émotion ce souvenir de leur enfance (1).

Ces appréhensions, hélas ! trop fondées, n'abattent pas le courage de la Pucelle. Tout espoir de triomphe semble perdu pour elle ; n'importe ! « Fais ce que dois ; advienne que pourra ! » Son devoir est de combattre, et elle combat.

Toujours dans le but de secourir Choisy-sur-Aisne, elle tente un hardi coup de main sur Pont-l'Évêque. Tout alla bien d'abord. Pont-l'Évêque fut pris ; mais les garnisons bourguignonnes des villes voisines accoururent et en chassèrent les Français, avant qu'ils eussent eu le temps de s'y fortifier. Peu de jours après, Choisy-sur-Aisne succombait, et Philippe le Bon se présentait en personne devant Compiègne, pour en faire le blocus. Il sentait la nécessité de s'assurer, de gré ou de force, la possession d'une place qui, fortement assise sur la rive gauche de l'Oise, lui barrait le passage entre ses États de Bourgogne et l'Ile-de-France. Il en sentait aussi la difficulté ; car elle lui opposait, derrière ses fossés et ses remparts, une bourgeoisie et une garnison décidées à périr plutôt que de capituler. Un pont garni de tourelles reliait la cité à la rive droite de l'Oise. C'est de ce côté que Philippe le Bon investit

(1) *Procès*, t. IV, p. 272-273.

la place. Un de ses corps d'armée, composé de Bourguignons,
occupa Margny, placé en face du pont, à un kilomètre de
distance ; les deux autres corps prirent position, de chaque
côté, sur la rive de l'Oise : le premier, formé de Picards,
à Clairoix, à trois quarts de lieue environ, en remontant la
rivière ; le second, entièrement anglais, à Venette, à une
demi-lieue en descendant vers Pont-Sainte-Maxence. Le duc
de Bourgogne se tenait en arrière de Clairoix avec un bataillon
de réserve (1).

La Pucelle était à Crespy-en-Valois, occupée à réorganiser
ses quelques compagnies, lorsque les bourgeois de Compiègne
lui firent connaître l'investissement de leur ville par les Bourguignons. « Allons à leur secours, dit-elle aussitôt. — Y
pensez-vous, lui fait-on remarquer ? Comment, avec si peu de
soldats, traverser les lignes anglaises et bourguignonnes ? —
Par mon martin, réplique-t-elle, nous sommes assez ; j'irai
voir mes bons amis de Compiègne. » Elle a l'intuition que
l'occupation de ce point stratégique est le nœud du problème ;
le conserver, le défendre, demeurera l'objectif et le stimulant
de ses derniers moments d'activité.

Elle se mit en route pendant la nuit, avec une troupe
d'environ quatre cents hommes. Au matin, elle entra sans
encombre dans Compiègne. Pendant que les soldats prenaient
un repos bien mérité, elle assista à une messe matinale et eut
un entretien avec le gouverneur de la ville, Guillaume de
Flavy (2). Celui-ci proposait une sortie pour le jour même.

(1) *Procès*, t. V, p. 175. — WALLON, *Jeanne d'Arc*, t. I, p. 225.
(2) Allié à la famille de Regnault de Chartres.

La Pucelle, pensant à la fatigue de ses soldats, estimait au contraire qu'il était plus sage de surseoir jusqu'au lendemain ; néanmoins elle se rendit à l'avis du gouverneur, et il fut convenu que dans la soirée, à l'heure où les Bourguignons ne pourraient plus s'attendre à une attaque, on chercherait à se rendre maîtres de Margny ; de là, on se rabattrait sur Clairoix pour en chasser les Picards. Dans ce plan, on négligeait les Anglais ; mais le gouverneur se chargeait de les arrêter. Lorsque tout fut déterminé, — alors seulement, — Jeanne songea au repos.

En vue de l'attaque, le gouverneur fit garnir les remparts de couleuvriniers, d'arbalétriers et d'archers. Des bateaux, munis de défenses, furent disposés le long de l'Oise (1).

A cinq heures et demie, la Pucelle, revêtue de son armure sur laquelle elle avait jeté une huque en drap cramoisi brodé d'or, et suivie d'un page portant son étendard, sortit de Compiègne à la tête de ses soldats et se dirigea rapidement sur Margny. Elle s'aperçut vite que les Bourguignons, loin d'être surpris, semblaient, au contraire, attendre son attaque (2). Cependant l'héroïne n'hésita pas : elle s'élança en poussant son cri habituel : « En nom Dieu, en avant ! » L'élan fut si vigoureux que les Bourguignons furent culbutés. Ils se reformèrent et durent encore reculer. Une troisième fois, les Français allaient les repousser, lorsqu'ils aperçurent

(1) *Procès*, t. IV, p. 438-439 : Chronique de Lefèvre Saint-Remi ; et t. I, p. 177.

(2) Témoignage de Monstrelet, présent au camp bourguignon, préférable à celui de Lefèvre de Saint-Rémi, émis beaucoup plus tard. Voir chronique d'Enguerran de Monstrelet, *ibid.*, t. IV, p. 439.

les Picards de Clairoix qui s'avançaient dans la plaine sur
leur droite. Avec courage ils firent face aux nouveaux assaillants. Le combat était bien engagé, et le succès paraissait
assuré. Tout-à-coup, les derniers rangs entendent sonner à
toutes volées les cloches de Compiègne ; en même temps,
ils voient les Anglais sortir de Venette et s'approcher du
boulevard qui protège le cours de l'Oise. Saisis d'une panique
qu'ils ne savent pas maîtriser, ils se débandent et courent à
toutes jambes vers le pont. Dans la mêlée, l'héroïne n'avait
rien entendu et continuait de combattre avec acharnement.
Les fidèles chevaliers qui luttaient à ses côtés, voyant fuir
une partie de leurs compagnons d'armes, lui crièrent : « Jeanne,
Jeanne, rapprochez-vous de la ville ; sinon vous et nous,
nous sommes perdus ! — Taisez-vous, répondit la Pucelle, il
ne tient qu'à vous qu'ils soient battus. Ne pensez qu'à frapper
sur eux. »

Tout en combattant, elle se rapprochait de Compiègne. Les
Anglais resserraient les mailles de leur mouvement enveloppant, sans être aucunement arrêtés par les défenseurs du boulevard, qui ne bougeaient pas. Cependant les fuyards rentraient
dans la ville, par le pont et par les bateaux. Quand le flot en
fut écoulé, le gouverneur fit fermer le boulevard, de peur
que les Anglais ne les suivissent sur le pont. Il ne restait
plus dans la plaine que la Pucelle et cinq ou six fidèles chevaliers. Ils combattaient vaillamment, en se rapprochant peu à
peu du boulevard. Ils n'en étaient plus qu'à quelques mètres,
et Jeanne appelait au secours, en agitant son étendard. Une
sortie vigoureuse, à ce moment, eût tout sauvé ! Il n'y eut

ni sortie ni même la moindre intervention de la part des
arbalétriers du boulevard. Cependant les Picards de Clairoix
s'archarnaient sur l'héroïne, que leur désignait sa huque
brodée d'or. Tandis qu'elle faisait face aux assaillants, un
archer picard la saisit par sa casaque et la désarçonna.
« Rendez-vous, rendez-vous, lui cria-t-il. Donnez-nous votre
foi. — *J'ai juré et donné ma foi à un autre que vous,
et je tiendrai mon serment.* »

Elle fut désarmée et emmenée à Margny par les Bourguignons triomphants, qui la remirent entre les mains de Jean
de Luxembourg. De la place ont la vit s'éloigner sans rien
tenter pour la reprendre. Avec elle furent faits prisonniers
Pierre d'Arc et Jean d'Aulon. C'était le 23 mai 1430 : date
tristement mémorable (1) !

Quelques jours auparavant, la Pucelle avait dit : « Sachez
que je suis *trahie* et *vendue*. » La prédiction vient de se
réaliser. Il semble bien, en effet, qu'à Compiègne il y ait eu
trahison. Sans cela, comment expliquer la vigilance des
Bourguignons et des Anglais, même dans le poste le plus
éloigné, à une heure où selon toute vraisemblance aucune
sortie n'était à craindre ? Comment expliquer cette sonnerie
de cloches si intempestive, la levée du pont-levis à l'heure critique et surtout l'inertie absolue du gouverneur, alors que
Jeanne, à peine à quelques mètres des remparts, pouvait être
sauvée par un coup de main vigoureux et sans danger ? Quel

(1) Nul doute sur la date du 23 mai. Elle est inscrite au bas de la pièce
officielle où le duc de Bourgogne annonce à ses sujets la capture de la
Pucelle (*Procès*, t. V, p. 166).

fut le motif d'une inertie aussi coupable que honteuse ?
Mystère ! L'abréviateur du Procès, chroniqueur du xvᵉ siècle,
conclut nettement à la trahison de Flavy : « Mais le traître
de Flavy, qui avait fait clore les barrières, ne voulut pas lui
ouvrir les portes (1). » Dans ce verdict de condamnation,
le chroniqueur ne fait que traduire l'opinion de son époque.
Parmi les modernes, plusieurs écrivains se sont inscrits
contre un jugement « plutôt dénué de preuves » ; ils n'ont pas
réussi à innocenter l'inculpé.

Lorsque la triste nouvelle fut connue des bonnes villes de
France, la consternation fut générale. On fit des prières publiques pour la délivrance de la captive (2). Tours, Blois,
Orléans, se signalèrent dans l'expression de leur deuil. On
accusait tout haut les seigneurs de l'avoir livrée, parce qu'elle
critiquait leurs mœurs et qu'elle se montrait douce et compa-
tissante à l'égard des petits et des humbles.

Dans le camp des coalisés, au contraire, les Anglais et les
Bourguignons poussaient à l'envi des hourras de conten-
tement. Leur plus terrible ennemi était réduit à l'impuissance ! Car, de l'aveu de Monstrelet, « ils ne redoutaient nul
capitaine ni autre chef de guerre autant que la Pucelle (3). »

Quels étaient, pendant ce temps-là, les sentiments du roi ?
Quelle était l'attitude de la cour ? C'est là un problème historique semé jusqu'ici d'ombres épaisses et sur lequel la publi-

---

(1) *Procès*, t. IV, p. 273 : L'abréviateur du Procès. — AYROLES, t. IV, p. 93 :
« La Pucelle fut-elle trahie à Compiègne ? »

(2) La préfecture de l'Isère possède un évangéliaire du XVᵉ siècle con-
tenant « trois oraisons pour la délivrance de Jeanne d'Arc. »

(3) *Procès*, t. IV, p. 402.

cation de la chronique de Morosini est venue enfin, de nos
jours, projeter quelques lueurs dont nous profiterons. Elle
nous apprend que, personnellement, Charles VII fut profondément affecté d'une perte qu'il considérait, lui aussi, autant
et plus que ses fidèles sujets, comme une calamité publique.
Et elle ajoute : « Lorsque le bruit courut que les Anglais
avaient acheté Jeanne à prix d'argent, le dauphin envoya
une ambassade au duc de Bourgogne pour lui signifier, sous
peine de représailles, qu'il ne devait à aucun prix consentir
à un marché si odieux (1). » Ce détail était inconnu. De plus,
ayant constaté l'inutilité de ses démarches diplomatiques, il
agita en conseil la question d'une campagne « d'outre-Seine »
(novembre 1430) ; puis, finalement, il retomba dans son état
habituel de défiance et d'inertie, et regagna Chinon au moment
où la Pucelle était livrée aux satellites de Bedford. Ce serait
donc dépasser les limites de la justice que de le taxer d'indif-
férence ou d'ingratitude ; seulement il encourt les blâmes de
l'histoire pour n'avoir pas rempli tout son devoir de roi (2).

Il y a du moins, chez lui, un ressaut de reconnaissance,
une larme de pitié, un effort vers la délivrance. Rien de
pareil dans son entourage, dans « le clan diplomatique ».
Là, l'impression générale, autant qu'on peut la saisir, est
plutôt une impression de soulagement, presque de satisfaction. Regnault de Chartres devait trop la manifester pour
son honneur. Dans une lettre aux habitants de Reims, il

____

(1) MOROSINI, t. III. p. 337. — Lettre écrite entre le 4 et le 25 janvier 1431.
(2) Un écrivain du XVᵉ siècle, Pierre Sala, l'absout de tout mauvais
vouloir : « La sainte Pucelle fut prise et martyrisée des Anglais : dont le
roi fut moult dolent, mais remédier n'y put » (*Procès*, t. IV, p. 281).

leur annonçait la prise de la Pucelle, en laissant entendre
« qu'elle avait eu le sort qu'elle méritait ; car elle ne voulait
écouter personne et n'en faisait qu'à sa tête. » Devait-on la
regretter ? Non, d'après lui ; car le Très-Haut semblait dire
le contraire ; il envoyait à la France son remplaçant en la
personne d'un jeune pâtre du Gévaudan « qui dit ni plus ni
moins qu'avait fait Jeanne. » Or, ce nouveau sauveur disait
de l'héroïne : « Dieu avait laissé prendre la Pucelle, parce
qu'elle s'était constituée en orgueil et par les riches habits
qu'elle avait pris, et qu'elle avait fait sa volonté, au lieu de
faire la volonté de Dieu. »

Ainsi Regnault de Chartres mettait sa confiance dans un
inconnu, « un enfant berger tout sot » (1) ! Il l'opposa aux
Anglais. A la première rencontre, le « soi-disant envoyé du
ciel » fut pris, mis dans un sac et jeté dans la Seine (2).
Éternelle folie de ces hommes de tous les temps qui nient
l'évidence admirable des œuvres de Dieu et acceptent en
aveugles l'imitation mensongère qu'en fait une imagination
malade ! — Un tel langage et une telle conduite ne sont-ils
pas eux mêmes un terrible acte d'accusation contre le chancelier et son parti ?

Quant à la fille d'Isabelle Romée, elle s'achemine vers les
douloureuses destinées qui lui ont été annoncées par ses Voix
et qui compléteront ses grandeurs. L'homme possède, en effet,
deux merveilleuses puissances, qui sont aussi deux libertés

----

(1) « Un jeune enfant, bergier tout sot, soi-disant envoyé de Dieu. »
Martial d'Auvergne, *Vigiles de Charles VII* (*Procès*, t. V, p. 173).
(2) *Ibid.*, t. V, p. 168-173.

et deux sources de mérites : la puissance d'agir et celle de souffrir. L'une fait les héros, l'autre les martyrs. Jeanne portera au front ces deux auréoles. Elle n'est pas seulement une guerrière, *une libératrice* hors ligne ; il faut, lui disent ses Voix, qu'elle devienne aussi *une rédemptrice*, une victime expiatoire, une victime innocente et pure. Elle a accepté la gloire ; elle acceptera de même les humiliations, le martyre (et quel martyre !), pour son roi, pour sa patrie, pour son Dieu.

II. — Attitude de l'Université de Paris

A cette époque, tout soldat pris sur le champ de bataille était mis à rançon et demeurait prisonnier jusqu'à ce que la somme convenue fût intégralement versée. Parfois les paiements ne se faisaient pas attendre, et le prisonnier de guerre aussitôt délivré reprenait place dans les rangs de l'armée. Tel pouvait être le sort de Jeanne. C'est à Charles VII qu'incombait le devoir de la racheter. Ses ressources le lui eussent permis ; depuis plus de six mois le trésor royal ne supportait plus les frais de la guerre ; il pouvait donc fournir le prix d'une forte rançon. D'ailleurs, au premier appel du roi, les bonnes villes de France, inconsolables de la perte de la Libératrice, n'eussent pas hésité à souscrire pour elle aux plus grands sacrifices.

L'archevêque d'Embrun, Jacques Gélu, écrivit au roi à ce sujet et lui rappela son devoir. « Je vous recommande, lui disait-il, que pour le recouvrement de la Pucelle et pour le rachat de sa vie, vous n'épargniez ni moyens, ni argent, ni quel prix que ce soit, si vous n'êtes prêt d'encourir le blâme indélébile d'une noire ingratitude (1). » Le conseil, nous l'avons constaté précédemment, ne fut suivi qu'à moitié. C'est une éclipse pour la gloire du monarque; mais la Pucelle n'y perd rien. Délivrée, peut-être fût-elle tombée, victorieuse, sur quelque champ de bataille. Délaissée, emmenée d'un cachot à un autre, elle aura une fin plus en harmonie avec sa mission et atteindra par son courage les plus hauts sommets de la grandeur morale ; l'acharnement de ses ennemis lui en fournira l'occasion.

Signalons tout d'abord une intervention qui aura une influence décisive sur la suite des événements : l'intervention de l'Université de Paris. En réclamant la Pucelle au nom de l'Église, les docteurs de Paris ont contribué pour une large part à modifier, dans le sens de l'arbitraire, le sort de celle qui n'est jusqu'ici qu'une captive uniquement justiciable des lois de la guerre.

Le 25 mai, c'est-à-dire deux jours après l'événement, on apprit à Paris l'échec et la capture de la Pucelle. Le lendemain, 26, le vicaire-général du grand inquisiteur de France adressait au duc de Bourgogne, avec une requête de l'Université de Paris, une lettre où nous lisons : « Comme loyal prince chrétien et vrai catholique, vous êtes tenu d'extirper toute erreur contre la foi et tout scandale. Or, à l'occasion de cer-

---

(1) Extrait de l'*Histoire des Alpes Maritimes et Cottiennes*, par le P. FOURNIER, p. 311.

taine femme dite la Pucelle, que vous avez en votre puissance et sujétion, il a été semé force erreurs, d'où résulte le scandale de beaucoup d'âmes. Pour ces causes, nous vous demandons de nous envoyer la dite Jeanne, sans délai. Et usant des droits à nous accordés par le Saint-Siège de Rome, nous requérons instamment, et enjoignons sous toutes peines de droit, qu'on nous amène prisonnière la dite Jeanne, soupçonnée véhémentement de plusieurs crimes sentant l'hérésie, afin qu'il soit procédé contre elle comme de raison avec le secours et l'aide des bons docteurs et maîtres de l'Université de Paris (1). » Le duc de Bourgogne et Jean de Luxembourg, à qui cette lettre fut sans doute communiquée, n'y firent aucune réponse.

Cette promptitude de l'Université de Paris à réclamer la Pucelle n'est pas sans nous étonner. Quel est donc le mobile qui dirigeait tous ces docteurs ? Le sentiment du péril que Jeanne faisait courir à la foi ? Nous ne le croyons pas. Du côté de Charles VII, il y avait des évêques, des docteurs, des inquisiteurs, non moins soucieux de l'orthodoxie que les docteurs de Paris. A Poitiers, ils n'avaient point failli à leur tâche, signalant avec un soin minutieux les dires, les actes, les prédictions de la petite paysanne meusienne ; et les victoires annoncées avaient magnifiquement authentiqué leur verdict. La foi n'était donc point en si grand péril ; et c'est pour un motif moins noble que s'enflammait le zèle des docteurs de Paris. Ce motif, nous n'avons pas le même intérêt qu'eux à

____

(1) *Procès*, t. I, p. 12-13.

le dissimuler; le voici dans sa crudité. Étant tous du parti
de l'envahisseur, ils épousaient les idées anglaises et obéis-
saient à une politique égoïste qui leur faussait le jugement.
Pour eux, comme pour Glasdal et tous ses compatriotes, la
Libératrice d'Orléans était « une sorcière », et pas autre
chose.

« Une sorcière ! » Dans leurs missives, ils insinuaient cette
grave accusation, au risque d'éveiller dans les esprits la
pensée d'un procès pour cause d'évocations diaboliques ; et
c'est, en effet, ce qui eut lieu. S'il faut en croire un auteur
contemporain, les ducs de Glocester et de Bedfort, à la première nouvelle de la capture de la Pucelle, s'étaient tout de
suite concertés pour la faire disparaître sans bruit, dès qu'on
l'aurait arrachée des mains des Bourguignons. Elle eût été
noyée ou poignardée. Mais sur l'avis de Warwick, gouverneur de la ville de Rouen, qui avait eu vent des démarches
de l'Université de Paris, ils se rallièrent à l'idée d'une action
judiciaire qui leur permettrait de diffamer et de perdre leur
prisonnière, sans encourir l'odieux d'un meurtre qui eût soulevé l'indignation de toute l'Europe chevaleresque (1). Ajou-
tons qu'ils ne négligèrent rien pour faire aboutir ce complot
au gré de leur vengeance. Il leur fallait, pour réussir, un
complice intelligent et peu scrupuleux ; ils le trouvèrent dans
la personne de Pierre Cauchon, alors honoré du titre de « conservateur des privilèges de l'Université de Paris. » Celui-ci
quitta la cour d'Angleterre et alla prendre, sur l'ordre

____

(1) *Procès*, t. V. p. 84 : Varanius Valéran.

d'Henri VI, une part prépondérante aux pourparlers engagés. Ses frais de voyage lui furent royalement payés; il reçut, à cette occasion, de 30 à 35 mille francs (765 livres tournois) (1). De plus, il prétendit, à titre d'évêque de Beauvais, que la Pucelle avait été prise dans son diocèse et qu'elle relevait de son autorité (2).

Au mois de juillet 1430, l'Université de Paris envoya de nouvelles lettres à Jean de Luxembourg; elle se plaignait que la première missive fût demeurée sans réponse, et exigeait que la captive lui fût livrée le plus tôt possible, en menaçant le destinataire des peines de droit, s'il mettait sa prisonnière à rançon (3). Une lettre semblable fut adressée au duc de Bourgogne. Pierre Cauchon fut chargé par l'Université de porter lui-même les deux requêtes; il y ajouta un mémoire adressé « à Monseigneur le duc de Bourgogne et à Monseigneur Jean de Luxembourg et au bâtard de Wandonne, de par le roi, notre sire Henri VI, et de par lui évêque de Beauvais. » Dans ce mémoire, l'ami des princes de Lancastre parle tour à tour en négociateur qui propose un marché, et en évêque qui réclame de droit un justiciable. Il requiert « que cette femme que l'on nomme communément la Pucelle, prisonnière, soit envoyée *au roi*, pour la livrer à l'Église, pour lui faire son procès, parce qu'elle est accusée de sortilèges, idolâtrie, etc. » Quoiqu'on ne la traite pas en prisonnière de guerre, cependant le roi offre libéralement à ceux qui l'ont

---

(1) Ph.-H. DUNAND, *Jeanne d'Arc*, p. 236.

(2) C'était une erreur (*ibid.*). Cette erreur fut partagée par l'Université de Paris.

(3) *Procès*, t. I, p. 10-11.

prise et détenue, une somme de six mille francs, et pour le
dit bâtard qui l'a prise, une rente de deux ou trois cents
livres. Le dit évêque requiert également, en vertu de son autorité, « que cette femme, qui avait été prise dans son diocèse
et sous sa juridiction spirituelle, lui soit rendue pour lui faire
son procès comme il convient. » Enfin, pour terminer, le
prélat revient à la question d'argent et propose « dix mille
francs », somme pour laquelle on pouvait réclamer de droit
tout prisonnier, fût-il de sang royal (1).

Il était difficile de mêler d'une façon plus sacrilège les droits
de l'Église à des intérêts personnels, disons mieux, à un tra-
fic ignominieux. Et au nom de qui l'évêque de Beauvais pro-
pose-t-il de l'argent ? Est-ce au nom de l'Église ? — Nullement ; mais au nom *du roi d'Angleterre*. La Pucelle ne sera
sera donc pas livrée à l'Église, mais aux Anglais.

Pierre Cauchon porta les lettres et le mémoire à Jean de
Luxembourg en son château de Beaurevoir. Pour des raisons
que nous dirons plus loin, Jean de Luxembourg ne put conclure tout de suite cet infâme marché ; mais il n'est pas téméraire de présumer que dès ce moment il y consentit *in petto*,
se réservant de saisir une occasion favorable pour livrer impu-
nément sa prisonnière. Les Anglais eurent avis de ces dispositions du comte de Luxembourg, puisque dès le 2 septembre 1430, ils levaient sur la Normandie un impôt extraordinaire de cent vingt mille livres tournois, dont dix mille

____

(1) *Procès*, p. 13 14.

étaient affectés « au paiement de l'achat de Jeanne la Pucelle, que l'on dit être sorcière, personne de guerre, conduisant les armées du Dauphin (1). »

(1) *Jeanne d'Arc et les villes d'Arras et de Tournai*, p. 56.

CHAPITRE XIII

LA CAPTIVE

De Beaulieu a Rouen

Pendant que se tramait dans l'ombre une si criminelle trahison. que devenait la noble jeune fille qui en était l'objet? Elle était prisonnière; elle subissait cette dure épreuve dont elle avait supplié Dieu de la préserver. Une année entière s'écoulera pour elle dans cette douloureuse captivité. où les horreurs du cachot seront suivies des tourments du bûcher. Dans la soirée même où elle avait été prise sous les remparts de Compiègne. le duc de Bourgogne vint la voir, curieux sans doute de se trouver en présence de cette héroïne dont le seul nom faisait trembler les Anglais. Quel fut leur entretien? Monstrelet, qui était présent, dit

l'avoir oublié (1), sans doute parce que les paroles échangées
ne furent pas à l'honneur du duc son maître, à qui la Pucelle
dut reprocher, de vive voix cette fois, sa félonie. Tant de
beauté, dans tant de jeunesse et d'héroïsme, ne toucha point
les visiteurs; et la fille d'Isabelle Romée fut laissée aux
mains de Jean de Luxembourg, qui la fit enfermer dans la
partie la plus sûre du château de Clairoix.

Une fois seule dans son cachot, Jeanne put réfléchir sur
les événements qui l'y avaient amenée; et son cœur dut se
briser, à la pensée que si elle était prisonnière, c'était par
suite de la trahison d'un Français. Elle eut cette fierté géné-
reuse de ne jamais s'en plaindre, comme elle ne se plaindra
jamais non plus de l'ingratitude au moins apparente de
Charles VII. A ses yeux, le roi de France représente la
patrie; elle les confond dans un même amour. Médire soit
de l'un, soit de l'autre, c'est également la blesser au cœur.
D'ailleurs, elle ne désespère pas; ses Voix l'encouragent à
tout supporter en patience : « Prends tout en gré, fille de
France! Dieu t'aidera. »

Cependant le duc de Bourgogne eut soin d'envoyer des cour-
riers dans toutes les directions, pour annoncer la capture de
cette Pucelle qu'il affectait tant de mépriser auparavant. Il
écrivit aux habitants de Saint-Quentin et de Gand, et fit part
de son succès aux ducs de Bretagne et de Savoie (2).

Jeanne ne resta que quelques jours à Clairoix. Son geôlier, craignant un coup de main et jugeant qu'elle était trop

____

(1) Chronique d'Enguerran de Monstrelet : *Procès*, t. IV, p. 402.
(2) AYROLES, *La vraie Jeanne d'Arc*, t. III, p. 534. — *Procès*, t. V, p. 358.

près du théâtre de la guerre, la fit conduire sous bonne
escorte au château de Beaulieu-en-Vermandois. La Pucelle y
retrouva son fidèle écuyer, le brave Jean d'Aulon. Ensemble,
ils oubliaient leur propre infortune, pour ne penser qu'à
celle de la France. Ils parlaient un jour de la résistance de
Compiègne ; Jean d'Aulon avait peut-être reçu de mauvaises
nouvelles du siège ; il dit à Jeanne en soupirant : « Cette
pauvre ville de Compiègne, que vous avez tant aimée, sera
donc remise entre les mains des ennemis de la France ! —
Non, non, répondit Jeanne, cela ne sera pas ! Car toutes les
places que le roi du ciel a remises en l'obéissance du gentil
roi Charles par mon moyen, ne seront pas reprises, tant qu'il
fera diligence pour les garder (1). »

A Beaulieu, Jeanne fut bien traitée ; mais la captivité elle-
même lui était extrêmement pénible. Les jours étaient inter-
minables, et les nuits ne lui apportaient guère de repos. Au
bout de deux longs mois (mai-fin juillet 1430), pensant, comme
elle le dira plus tard, qu'un prisonnier a toujours congé de
Dieu pour s'évader quand il le peut, elle tenta l'entreprise. Se
glissant entre deux planches, elle réussit à sortir de la tour
où elle se trouvait, et elle allait y enfermer ses propres gardiens, lorsque survint le portier du château, qui la reconnut
et l'arrêta. Cette tentative d'évasion qui avait été si près de
réussir, fut annoncée aussitôt à Jean de Luxembourg, qui
était encore sous les murs de Compiègne. Il eut peur de
perdre une si précieuse prisonnière, et la fit conduire encore

____

(1) *Procès*, t. IV, p. 35 : Chronique de Perceval de Cagny.

plus loin, en son château de Beaurevoir, situé au milieu des bois, entre Cambrai et Saint-Quentin. Là, on lui donna pour prison la plus haute chambre d'une tour massive et très élevée.

Dans cette demeure seigneuriale vivaient deux nobles dames, Jeanne de Béthune, femme de Jean de Luxembourg, et Jeanne, demoiselle de Luxembourg, sa tante. Toutes deux portaient ainsi le même nom que la prisonnière ; toutes deux étaient françaises de sentiments. Elles allaient visiter la Pucelle dans sa prison, et bientôt elles eurent lieu d'admirer sa patience et la noblesse de ses sentiments. Par leurs ordres, toute facilité lui fut accordée pour assister à la messe et recevoir les sacrements. Touchées de son angélique pitié, elles recherchèrent encore davantage sa compagnie et lui témoignèrent une vive affection. Une seule chose les étonnait ; c'était que Jeanne si pieuse, si pure, persistât à vouloir garder les habits d'homme. Oubliant que les dangers étaient aussi grands pour la jeune fille dans sa prison que dans les camps, elles multipliaient leurs instances pour lui faire prendre des vêtements de femme ; mais Jeanne leur répondait toujours : « Je ne le puis ; je n'ai pas encore reçu la permission de Notre-Seigneur ; il n'est pas encore temps. » S'apercevant qu'elle contristait ses nobles amies, elle en souffrait beaucoup, et plus tard, au procès, elle dira : « Plusieurs autres m'ont demandé de prendre des vêtements de femme ; mais je faisais mieux d'obéir à Dieu. Si j'avais dû endosser la robe, je l'eusse fait plutôt à la requête de ces deux dames que de toutes autres dames de France, excepté ma reine (1). »

(1) *Procès*, t. I, p. 95-96.

L'évêque de Beauvais, au milieu de ses négociations, passa par Beaurevoir. La vénérable châtelaine comprit qu'il était question de livrer Jeanne aux Anglais ; elle s'en effraya et conjura son neveu, qu'elle affectionnait vivement et qui était son héritier, de ne pas souiller son nom d'une pareille forfaiture. Cette opposition retarda l'exécution du honteux marché.

L'héroïne connut quelque chose des démarches dont elle était l'objet. Ses Voix, interrogées à ce sujet, confirmèrent ses craintes. Sainte Catherine lui dit : « Sans faute, prends tout en gré ; tu ne seras pas délivrée que tu n'aies vu le roi des Anglais. — Vraiment, répondit Jeanne, je ne veux point le voir ; j'aime mieux mourir que d'être mise entre les mains des Anglais (1). »

Son patriotisme n'était pas moins soumis que sa personne aux plus cruelles épreuves. Elle entendit un jour murmurer autour d'elle que Compiègne, abandonnée par les miñistres de Charles VII (2), était sur le point de tomber au pouvoir des assiégeants et que « ceux-ci, furieux de la résistance opiniâtre qu'ils rencontraient, s'apprêtaient à massacrer tous les habitants. » Une douleur poignante la saisit alors. « Eh quoi ! demanda-t-elle à ses frères du Paradis, Dieu laissera-t-il périr ces bonnes gens de Compiègne qui ont été si loyaux envers leur seigneur ? — Dieu t'aidera, répondit sainte Catherine, et il aidera aussi ceux de Compiègne. — Si Dieu, reprit Jeanne, secourt ceux de Compiègne, j'y veux être

____

(1) *Procès*, t. I, p. 151.
(2) Lettre du 20 octobre 1429.

aussi (1). » Mais les voix lui renouvelaient le conseil de prendre tout en gré.

Trois longs mois s'étaient écoulés depuis que la Pucelle était à Beaurevoir. Les ennuis de l'isolement, le désir de voler au secours de Compiègne, la crainte très légitime d'être livrée aux Anglais, ces divers sentiments entremêlés fomentaient en elle une douloureuse aspiration vers la liberté. Un fait d'une autre nature vint mettre le comble à ses souffrances. Un jeune officier préposé à sa garde lui manqua d'égards (2). Elle le repoussa vivement; mais elle sentit plus que jamais toute l'horreur de sa position. Aussi, bien que ses Voix l'eussent avertie qu'elle ne serait pas délivrée « avant d'avoir vu le roi des Anglais », bien qu'elle s'exposât à contrister les nobles châtelaines qui l'avaient comblée d'attentions délicates, essaya-t-elle une seconde fois de s'évader. Des linges qu'elle avait sous la main (3), elle forma une corde qu'elle attacha aux barreaux de sa prison; puis, recommandant son âme à Dieu, elle se suspendit dans le vide. La corde improvisée se rompit, et l'héroïne, tombant d'une hauteur de soixante pieds environ, vint s'abattre dans les fossés du château. Les geôliers l'y trouvèrent étendue sans mouvement. Ils la relevèrent et l'enfermèrent avec mille précautions dans son cachot. Quand elle eut repris ses sens, elle reconnut sa faute et la pleura. Sainte Catherine vint la consoler; elle lui conseilla de se confesser et de demander pardon à Dieu. Un peu plus

(1) *Procès*, t. I, p. 150-153.
(2) *Ibid.*, t. III, p. 120-123 : Dép. d'Aimond de Macy.
(3) AYROLES, t. III, p. 453.

tard, la même sainte assura la jeune fille qu'elle était pardonnée, et lui apprit que les gens de Compiègne seraient secourus avant la Saint-Martin d'hiver. Ces réjouissantes nouvelles réconfortèrent la prisonnière. Après être restée trois jours sans boire ni manger, elle put prendre un peu de nourriture et fut bientôt complètement guérie de sa chute.

Vers la fin d'octobre, le duc de Vendôme vint au secours de Compiègne. Jean de Luxembourg, s'étant porté à sa rencontre, fut battu et dut lever précipitamment le siège. Cet échec le confirma dans sa résolution de livrer sa prisonnière aux Anglais. Sa tante, Jeanne de Luxembourg, mourut le 13 novembre. Huit jours après, 21 novembre 1430, voyant son héritage assuré, il exécutait sans pudeur la dernière clause du contrat secret qui le liait aux princes de Lancastre. Jeanne fut conduite à Arras ; de là au Crotoy, où les Anglais la reçurent des mains des Bourguignons ; puis à Saint-Valéry, à Dieppe, et enfin à Rouen, capitale de la Normandie, sa dernière étape, qu'elle atteignit vers la fin de décembre 1430.

Dès que les docteurs de l'Université de Paris eurent appris que la Pucelle avait été remise entre les mains des Anglais, ils écrivirent à l'évêque de Beauvais pour lui enjoindre de commencer immédiatement contre elle les informations judiciaires. « Tâchez donc, lui disaient-ils, que l'autorité de l'Église n'ait point à souffrir d'un si long retard ; faites diligence pour que cette femme soit remise le plus promptement possible en votre pouvoir et au pouvoir de l'Inquisiteur. Après quoi, veuillez faire qu'elle soit amenée à Paris, où se trouvent nombre de docteurs savants et érudits, qui pourront examiner sa cause plus diligemment et la juger plus sûrement, pour le plus grand honneur de Dieu et la bonne édification du peuple chrétien (1). »

Une autre lettre, conçue dans le même sens, fut adressée au roi d'Angleterre ; mais les deux régents se gardèrent bien de faire droit à cette supplique. Ils ne voulaient à aucun prix se dessaisir de leur prisonnière, et il fut décidé que le procès aurait lieu, non à Paris, mais à Rouen. Dans cette ville, séjour de la cour anglaise, la captive serait à l'abri d'un coup de main ; surtout, il serait plus facile de diriger les débats et d'influencer les gens d'Église, dont on redoutait, malgré tout, l'impartialité. L'évêque de Beauvais entra pleinement dans ces vues, et fut lui-même chargé d'instruire la cause.

Les Anglais — et en leur nom le comte de Warwick, gouverneur de la ville — veillaient à ce que leur captive ne pût leur échapper. Ils lui assignèrent pour prison une des tours du vieux château, construit sous Philippe-Auguste au penchant de la colline du Bouvreuil. De son arrivée à l'ouverture du procès, elle demeura enfermée dans une cage de fer, œuvre d'un serrurier nommé Castille. Dans la suite, en guise d'adoucissement, on l'en fit sortir, mais pour l'attacher par le cou, les mains et les pieds, comme une bête fauve, à une lourde chaîne fixée par un cadenas à une pièce de bois en relief dans l'appartement. Une planche grossière lui servait de lit ; elle s'y étendait comme elle pouvait, sans être débarrassée de ses entraves. Autre supplice encore plus intolé-

(1) *Procès*, t. I, p. 15.

rable ! Près d'elle, dans l'intérieur même de ce cachot, se tenaient jour et nuit trois soldats, trois brutes, dont les ricanements et les insultes grossières ne lui laissaient pas un instant de répit (1).

C'est un témoin oculaire, Jean Massieu, qui nous relate tous ces détails ; et l'on sent que, malgré un laps de près de vingt-cinq ans, il frissonne encore au seul souvenir de tant d'infamies. Il nous décrit les traitements barbares infligés à la pauvre recluse ; mais qui nous dira les tortures morales et les souffrances intimes de la vierge délicate ?... Ses frères du Paradis, du moins, lui restèrent fidèles. Chaque jour, plusieurs fois même par jour, ils venaient la consoler ; et pour l'exciter à la patience, à une soumission totale aux desseins du divin Maître, ils lui répétaient sous mille formes le mot d'ordre du ciel : « Prends tout en gré, fille de France ! Dieu t'aidera. » Battue par les flots de la tempête, mais confiante en Celui qui les avait déchaînés, elle trouvait, en effet, près de Lui le calme et les surnaturelles énergies dont elle avait tant besoin.

Jean de Luxembourg, étant venu à Rouen, eut l'effronterie de la visiter dans sa nouvelle prison. Poussé on ne sait par quel sentiment, ce Judas qui l'avait vendue, parla de la racheter aux Anglais. Jeanne s'indigna. « En nom Dieu, s'écria-t-elle, vous vous moquez de moi ! Car je sais bien que vous n'en avez ni le vouloir ni le pouvoir. » Et se tournant vers les deux lords anglais qui accompagnaient le sire de

(1) *Procès*, t. II, p. 18 ; et t. III, p. 154-155.

Luxembourg, Warwick, le geôlier de la Pucelle et le comte de Stafford, elle ajouta d'un ton plein d'assurance : « Je sais bien que les Anglais me feront mourir, croyant après ma mort gagner le royaume de France ; mais quand ils seraient cent mille godons de plus, ils n'auront pas ce royaume (1). » Irrité de ce langage, le comte de Stafford tira sa dague pour en frapper l'héroïne ; Warwick lui retint le bras. Un coup de dague eût, il est vrai, terminé le procès ; mais il aurait déçu les désirs de vengeance que nourrissaient les envahisseurs contre celle qui les avait vaincus.

(1) *Procès*, t. III, p. 122.

CHAPITRE XIV

LE PROCÈS DE ROUEN

Dans l'interminable série des débats, aux gammes si variées, où est intervenue l'image de la justice humaine, il n'en est pas — les scènes de la Passion exceptées, — qui aient une physionomie plus accentuée que le *Procès de Rouen*, et qui portent davantage l'empreinte des haines et des rivalités de l'époque. Écoutons là-dessus une page d'Henri Martin dénonçant les principaux meneurs et leur homicide complot.

« Pour les deux hommes qui gouvernaient l'Angleterre et la France anglaise, le cardinal de Winchester et le duc de

Bedford, ce n'était pas assez de tirer Jeanne des mains des
Bourguignons ; sa captivité ne pouvait suffire ni à leur vengeance ni à leur politique. Et cependant mettre à mort une
personne « de si grande chevalerie » eût soulevé par toute la
chrétienté une indignation qu'ils n'osaient braver. D'ailleurs,
sa mort même, si ce n'était qu'un fait de force, ne défaisait
pas son œuvre. Il fallait qu'elle mourût, mais déshonorée, en
déshonorant avec elle son œuvre, son roi et son parti. Une
seule voie s'ouvrait pour ce but : un procès d'hérésie ou de
sorcellerie, qui montrât dans les miracles de Jeanne des prodiges néfastes, dans la mission qu'elle s'attribuait une révolte
contre l'Église, dans le sacre de Charles VII un ouvrage de
l'enfer, dans le supplice de la Pucelle la conséquence légale
d'un jugement de l'autorité ecclésiastique ; qui enfin, s'il était
possible, obtînt une victoire plus décisive encore que la condamnation, c'est-à-dire une rétractation de la mission de
Jeanne par elle-même (1). »

Une accusation d'une si haute gravité exige, il est vrai,
des preuves ; mais elles ne manquent pas. Si nous con-
sultons les documents contemporains, nous arriverons vite
à constater, à notre tour, que les charges les plus lourdes
pèsent sur la mémoire des deux personnages incriminés. En
Écosse et en Italie, l'opinion désigne notamment le duc de
Bedford comme le principal fauteur de la condamnation de
Jeanne d'Arc. « C'est à son instigation, déclarent également
l'écossais Walter Bower et l'italien Lorenza Buonincontro,

(1) H. MARTIN, *Histoire de France*, t. VI, p. 237.

qu'elle subit le supplice du feu (1). » La correspondance de
Justiniani, qui réflète le sentiment des Armagnacs, s'attache
de son côté à nous découvrir les mobiles politiques qui ont
dirigé les conseillers d'Henri VI. « On est convaincu, y
lisons-nous, que les Anglais ont brûlé Jeanne à cause de ses
succès, parce que sa seule présence était un gage de victoire
pour les Français. *Supprimons la cause*, répétaient-ils
crûment, et *la fortune cessera de favoriser le dauphin* (2). »

Bien plus, les propres ennemis de la Pucelle nous four-
nissent des armes contre eux-mêmes. Les premières pièces
officielles du procès, celles-là mêmes qui, cinq mois auparavant, ont constitué le tribunal extraordinaire de Rouen,
laissent percer en effet, à travers les énigmes de la langue
diplomatique, un dessein qu'on avait tout intérêt à ne pas
divulguer, le dessein bien arrêté *d'éliminer violemment*
l'obstacle, le bras féminin qui a soudainement brisé l'effort
de la conquête. Le 3 janvier 1431, le roi d'Angleterre, se
prêtant à la requête officielle de l'évêque de Beauvais, consent
à ce que son « ami et féal conseiller » procède contre « la
femme appelée Jeanne la Pucelle, selon les ordonnances et
dispositions des droits divins et canoniques. » Il reconnaît
Pierre Cauchon comme son représentant attitré devant un
tribunal ecclésiastique; bien plus, il l'établit juge suprême
du procès, mais sans rien céder de ses droits sur la prison-

(1) *Procès*, t. IV, p. 480 ; et t. V, p. 506.

(2) Lettre écrite entre le 8 et le 14 juillet 1431, c'est-à-dire un mois et
demi tout au plus après l'exécution de Rouen : MOROSINI, t. III, p. 357.

nière. « *C'est notre intention de ravoir et reprendre par devers nous icelle Jehanne*, si ainsi était qu'elle ne fût convaincue ou atteinte des cas dessus dits, ou chacun d'eux ou d'autres touchans et regardans notre foy (1). » Pouvait-il dire plus clairement : « En justice ou hors de justice, elle périra ! »

Les intentions d'Henri VI et de ses conseillers n'étaient ignorées ni du juge ni des assesseurs. L'évêque de Beauvais, en particulier, n'en faisait pas mystère. « Dès l'introduction de la cause, affirme Guillaume Manchon, il tint une réunion non loin du château. Y assistaient l'abbé de Fécamp, Nicolas Loyseleur et plusieurs autres. J'y fus mandé moi aussi, et l'évêque m'interpella dans les termes suivants : « Il nous faut bien servir *le roi*. Nous avons l'intention de faire un beau procès contre cette Jeanne. » Des maîtres et docteurs qui furent convoqués, continue le même témoin, aucun n'eût osé *ne pas comparaître;* aucun n'était exempt de crainte. On m'obligea à prendre part comme notaire au procès. Je le fis bien malgré moi; mais jamais je n'aurais osé résister à un ordre du Conseil royal (2). »

« Je me souviens, déclare de son côté Jean Massieu, qu'un jour, au commencement du procès, Jeanne reprocha à l'évêque de Beauvais d'être son ennemi juré (3). *Le roi*, répondit-il, *m'a ordonné* de faire votre procès, et je le ferai. »

---

(1) *Procès*, t. I, p. 18. — Henri VI, le jeune roi d'Angleterre, séjourna à Rouen, du 29 juillet 1430 au mois de novembre 1431.

(2) *Ibid.*, t. III, p. 137.

(3) « Vous, lui dit-elle, vous n'êtes pas mon juge ; vous êtes mon ennemi capital (*ibid.*, t. II, p. 304) ! »

Les témoignages sont formels : c'est bien le roi qui veut
le procès ; c'est lui qui choisit le juge et les conseillers. Parce
que le roi l'a ordonné ainsi, l'on verra cette chose inique et
contraire au droit naturel : un ennemi ayant entre les mains
comme juge le sort d'une jeune fille dont il croit avoir à se
plaindre et dont il veut se venger. On voit dès lors quelle sera
la valeur juridique de la sentence : d'autant plus que le jeune
prince qui dirige le procès proclamera hautement, au moins
une fois, quelle condamnation il attend. Au milieu du procès,
Jeanne tombera malade. On appellera aussitôt les plus
habiles médecins, et voici comment ces derniers rendront
compte plus tard de leur mandat. « Le comte de Warwick
nous dit que Jeanne était tombée malade et qu'il nous avait
fait venir pour la soigner ; que pour rien au monde le roi ne
voudrait qu'elle mourût de sa mort naturelle. Il l'avait
achetée assez cher ! Il entendait qu'elle mourût par arrêt de
justice, et non autrement, et *qu'elle fût brûlée*. A nous
d'user de toutes les ressources de notre art pour la guérir (1). »
Enfin, ce sont les Anglais qui couvrent les frais du procès (2),
et ils y pourvoient largement, acquérant en retour le droit
d'espérer « de bons services. »

La conclusion s'impose : nous sommes ici en présence d'un
procès *exclusivement politique*, sous couleur ecclésiastique,
d'un procès dont l'issue fatale est voulue et préméditée : ce
qui le rend doublement odieux. Nous aurons à constater les

(1) *Procès*, t. III, p. 51.
(2) *Ibid.*, t. II, p. 348. — Cf. t. III, p. 56 : déposition d'Isambard de la
Pierre.

mêmes dols, les mêmes iniquités, dans le juge et dans les procédés dont il usera.

Muni des lettres d'Henri VI et fidèle à ses recommandations, Pierre Cauchon se mit immédiatement en demeure de remplir son office, en s'entourant de toutes les formalités requises. Le 28 décembre 1430, il avait obtenu du Chapitre de Rouen, pressuré et intimidé, des *lettres de territoire* lui conférant juridiction spirituelle dans le diocèse, pour cette fois et ce cas seulement (1). Le 9 janvier de l'année suivante, il désignait, pour les fonctions de promoteur, Jean d'Estivet, auparavant promoteur de Beauvais, chassé de cette ville avec son évêque dont il partageait les préférences et les haines. Voici les noms des autres membres du tribunal : conseiller, Jean de la Fontaine ; greffiers, Guillaume Colles dit Boisguillaume et Guillaume Manchon. De plus, l'évêque s'adjoignit un nombre considérable d'assesseurs : il y en eut jusqu'à soixante à la fois, entre autres, les abbés du Mont-Saint-Michel, de Fécamp, de Jumièges ; Pierre Miget, prieur de Longueville-Giffard ; Nicolas Loyseleur, chanoine de Rouen. L'astucieux président eut encore l'habileté de convier un corps illustre et justement renommé, l'Université de Paris, à prendre part au procès ; et l'Université lui députera en effet six de ses docteurs, non des moins qualifiés : Jean Beaupère, Pierre Maurice, Gérard Feuillet, Jacques de Touraine, Nicolas Midi, Thomas de Courcelles. Cette nuée de « clercs solennels », séculiers ou réguliers, apparaissait là pour le couvrir aux

---

(1) Le siège archiépiscopal de Rouen était alors vacant ; l'archevêque, Jean de la Rochetaillée, avait été promu au siège de Besançon.

yeux de la postérité ; mais, il ne faut pas l'oublier. ils n'avaient que voix consultative ; *le juge seul* portait la sentence.

Plus tard, dans le but de donner encore plus d'éclat et de force à l'action judiciaire, Pierre Cauchon invita à siéger à côté de lui, en qualité de juge, le vice-inquisiteur de Rouen, Jean Lemaître, dont la présence transformait l'affaire en procès du Saint-Office. Jean Lemaître se récusa tant qu'il put, et ne vint siéger que le 13 mars. Canoniquement on aurait dû alors recommencer le procès, dont la direction suprême revenait de droit au vice-inquisiteur. Pierre Cauchon n'eut garde d'observer des lois contraires au but caché qu'il poursuivait ; il s'adjugea tout, la présidence et la direction.

Dans toute poursuite en matière de foi. il y avait tout d'abord *un procès d'office* (ou instruction préparatoire) pour la recherche des renseignements. S'il y avait des motifs d'inculpation, alors s'engageait *le procès ordinaire*, qui aboutissait à une sentence. Ces deux procès seront instruits contre Jeanne, *pour cause de chute :* le procès d'office, du 9 janvier au 26 mars 1431 ; le procès ordinaire, du 26 mars au 24 mai, jusqu'à la prétendue abjuration du cimetière de Saint-Ouen. Mais, de plus, il y aura un troisième procès *pour cause de rechute ;* il durera à peine trois jours, et Jeanne, déclarée *relapse*, sera conduite au bûcher.

Décidé à faire « un beau procès », Pierre Cauchon s'attachera à lui donner toutes les apparences juridiques, mais les apparences seulement. La haine et la partialité dont il fera preuve, la pression et les menaces employées contre les asses-

seurs privés de toute liberté, les falsifications volontaires des
pièces officielles, rendront la sentence radicalement nulle et
injuste, et feront de ce procès une conspiration contre l'innocence et la vertu, disons le mot, une infâme parodie de la justice. Mais il est temps d'esquisser, au moins en traits rapides,
la figure de celui qui présida ce nouveau sanhédrin : Pierre
Cauchon.

Né à Reims, reçu docteur à l'Université de Paris où il avait
fait ses études, il s'annonça de bonne heure tel qu'il devait
être un jour : habile, entreprenant, érudit, dédaigneux des
pratiques de la piété et par dessus tout assoiffé d'honneurs.
Il chercha à tirer parti des divisions qui partageaient alors
la France, fut un cabochien violent, l'un des quatre pertur-
bateurs proscrits en 1413 par les Armagnacs, et se réfugia
auprès des Anglais. Plus tard il revint à Paris. A la mort
d'Henri V d'Angleterre, il fut mis au nombre des exécuteurs
testamentaires du feu roi, en compagnie des ducs de Bedfort
et de Bretagne. En 1423, il devenait conseiller d'Henri VI,
chancelier de la reine d'Angleterre et conservateur des privilèges de l'Université de Paris. Protégé du régent, plus anglais
que les Anglais, employé à tous les services hauts et bas,
il fut récompensé de son zèle et nommé à l'évêché-pairie de
Beauvais. Expulsé de son diocèse, ainsi que nous l'avons vu,
il rêvait de devenir archevêque de Rouen. C'est pour y
parvenir qu'il se montra si empressé à proposer et à conclure l'achat de la Pucelle ; c'est pour le même motif qu'il
sera pendant tout le procès l'instrument docile et aveugle des
envahisseurs.

Il ne se révéla dans l'affaire de Jeanne que « comme un homme passionné, artificieux, corrompu (1). » Spectacle inouï, en effet, que celui de cet évêque sacrifiant tout à son ambition et s'acharnant — avec une effrayante habileté, une plus effrayante scélératesse et une perfidie cynique, — à perdre une jeune fille simple et sans défense. Les réponses les plus sublimes, le noble caractère et les douces vertus de la victime, qui attendriront parfois les Anglais eux-mêmes, le laisseront insensible et ne feront qu'exciter sa haine et sa colère.

Pendant toute la durée du procès, personne ne peut témoigner à Jeanne la moindre sympathie, sans être repris, et avec quelle rudesse ! par ce juge partial. Dans les questions épineuses, il arrivait parfois aux assesseurs de venir en aide à Jeanne. « Laissez-la parler, clamait alors l'évêque ! Qui de vous ou de moi a mission de l'interroger ?

Maître Jean de Castiglione, archidiacre d'Evreux, fit remarquer un jour qu'on avait posé à Jeanne des questions trop difficiles et qu'elle n'était pas tenue d'y répondre : « Laissez-nous en paix, lui répondit Cauchon ! Vous nous rompez les oreilles ! — Il faut que je libère ma conscience, reprit Jean de Castiglione. Tel qu'il est fait, ce procès me paraît nul. — Taisez-vous, lui cria l'évêque ! » Et il lui défendait d'assister aux séances suivantes, défense à laquelle l'archidiacre se soumit volontiers. Il apostropha de même, dans une autre circonstance, le frère Isambard de la Pierre, au moment

____

(1) QUICHERAT, *Aperçus nouveaux*, p. 99.

où celui-ci cherchait à éclairer Jeanne sur la soumission qu'elle devait à l'Église. « Taisez-vous, au nom du diable ! » lui cria-t-il.

Et c'était cet homme que les Anglais avaient choisi pour diriger le procès ! Et c'était le juge qu'ils imposaient à la Pucelle ! Véritable juge, il ne pouvait l'être ; car il était de notoriété publique qu'il était l'ennemi personnel de l'accusée, et à ce titre, le droit naturel lui interdisait d'accepter de s'en faire le juge. Il savait, d'autre part, que son métropolitain, Regnault de Chartres, présidant le jury d'honneur de Poitiers, avait rendu un verdict favorable à la vierge domrémoise. Celle-ci le lui rappela plus d'une fois ; pourquoi ne tenait-il pas compte de cette première décision ? Enfin, par trois fois, l'innocente victime en appela au Pape. Par le fait même, les pouvoirs de juridiction de l'évêque de Beauvais, s'il en avait jamais eu, étaient annulés ; il aurait dû arrêter immédiatement les débats ; il n'en fit rien.

A ces vices de fond, à ces irrégularités capitales s'ajoutaient chaque jour des procédés inavouables que nous relèverons au fur et à mesure, et une pression éhontée dont il nous faut citer quelques exemples.

Jean Lemaître, le second juge, avait d'abord refusé, nous l'avons dit, de prendre part au procès. Au rapport de Jean Massieu, ses amis l'avertirent que par là il se mettait en péril de mort ; il céda. « Je vois bien, leur répondit-il, que si l'on ne procède selon la volonté des Anglais, il y va de la vie (1).

(1) Dépos. de Jean Massieu : *Procès*, t. III, p. 153.

— Je puis assurer, déclare un autre témoin, que le vice-inquisiteur fut en proie à une terreur extrême pendant le procès. Maintes fois je fus témoin de ses angoissantes perplexités (1). » Il demeura muet; Cauchon dirigeait tout. Sans doute le devoir de Jean Lemaître était d'affirmer malgré tout la vérité. Pour cela il eût fallu un courage héroïque qui lui manqua; mais la terreur qui le domina, infirmait de droit sa sentence.

Même pression à l'égard des assesseurs. L'un d'eux, Jean Lefèvre l'atteste formellement. « Ceux qui assistaient au procès, étaient loin de jouir d'une pleine liberté; nul n'osait ouvrir la bouche, de peur d'être mal noté. Il fallait songer beaucoup plus à faire la volonté des Anglais qu'à écouter la voix de la conscience (2). »

Un huissier qui ramenait Jeanne en prison dit à Jean Massieu : « Que pensez-vous de ses réponses? Sera-t-elle brûlée? — Jusqu'ici, répondit Jean Massieu, je n'ai vu en elle qu'honneur et vertu; mais je ne sais quelle sera la fin. » Ces paroles furent rapportées à l'évêque de Beauvais, qui réprimanda fortement Jean Massieu et menaça de le faire jeter à la Seine (3). Le comte de Warwick proféra les mêmes menaces contre le frère Isambard de la Pierre, qui avait cherché par signes à venir en aide à l'accusée. Jean de la Fontaine, quoique peu favorable à la Pucelle, se crut obligé, en conscience, de lui dire qu'elle pouvait interjeter appel. Il fut menacé de la pri-

____

(1) Dépos. de Nicolas de Houppeville : *Procès*, p. 153 et 172.
(2) *Ibid.*, t. III, p. 174.
(3) *Ibid.*, t. II, p. 16.

son par Cauchon et, pour échapper à toute poursuite, se vit
obligé de quitter Rouen.

La chanoine André Marguerie, archidiacre d'Evreux, ayant
dit : « Il serait bon de demander à Jeanne pour quoi elle a
repris le costume viril ». — « Traître d'Armagnac ! » s'écria
un soldat Anglais, en levant sa lance pour l'en frapper. L'honorable archidiacre se sauva, bouleversé et malade d'émotion (1).

Toute liberté était enlevée aux assesseurs ; et dès lors leurs
délibérations étaient nulles de plein droit.

Les interrogatoires et la rédaction des comptes-rendus ren-
ferment beaucoup d'autres infamies qui achèvent de nous
montrer dans ce procès une conspiration préméditée contre la
vie de l'accusée. « Je l'ai vue soumise à des questions cap-
tieuses, subtiles, insidieuses, déclare un des assesseurs. On
cherchait à la prendre par ses propres paroles, à détourner
brusquement son attention vers un autre point (2). On pressait les notaires officiels, ajoutent d'autres témoins, d'écrire
autrement que ne l'exigeait la vérité (3), ou bien on les empê-
chait d'écrire telle et telle chose (4). »

Qu'on ne croie pas que ces accusations, si accablantes pour la
mémoire des juges, soient exagérées ou qu'elles dérivent d'un
sentiment d'animosité politique. Nous les trouvons corroborées
de tout point par le témoignage formel d'un homme qui aurait

____

(1) *Procès*, t. III, p. 158 et 180.
(2) Déposition du chanoine Richard de Grouchet : *ibid.*, t. II, p. 137.
(3) Dép. de Thomas-Marie, prieur de Saint-Michel, près Rouen : *ibid.*,
t. II. p. 325.
(4) Dép. de Nicolas Houppeville : *ibid.*, t. II, p. 371.

eu plutôt intérêt à les taire, le principal greffier, Guillaume Manchon. « Bien souvent, déclare-t-il dans sa déposition au procès de revision, j'eus à subir les accès d'humeur de l'évêque de Beauvais et de plusieurs autres docteurs de l'Université. Ils insistaient pour me contraindre à insérer des réponses fantaisistes, au rebours de ce que Jeanne avait voulu exprimer ; et quand il y avait quelque chose qui ne leur plaisait pas, ils défendaient de l'écrire, sous prétexte que cela ne servait pas au procès. Ainsi voulurent-ils, pendant les cinq ou six premières journées, me forcer à modifier ma rédaction, me disant en latin d'employer d'autres termes, de façon à changer le sens des paroles (1). » La malhonnêteté des juges révoltait sa probité professionnelle ; *la peur fit de lui un complice.* Il en convient. « Jamais, avoue-t-il, je n'aurais osé me mettre en opposition avec des personnages si haut placés ! »

Nous verrons plus loin avec quelle mauvaise foi les juges reprocheront à l'héroïque jeune fille « sa rébellion contre l'Eglise. » Disons seulement ici qu'au cours d'une séance où cette question était agitée, Jeanne éleva la voix pour attester qu'elle se soumettrait volontiers au concile de Bâle. « Faut-il insérer cette déclaration au procès, demanda Guillaume Manchon ? — C'est inutile, répliqua sèchement l'évêque de Beauvais. » Et en effet, la déclaration de Jeanne fut passée sous silence ; ce qui suscita une véritable tempête dans l'assemblée, remarque Frère Isambard de la Pierre. C'est alors que l'accusée, fixant son clair regard sur le juge inique,

____

(1) *Procès,* t. II, p. 12-13

l'interpella dans des termes qui auraient dû éveiller le remords au fond de sa conscience : « Vous écrivez bien ce qui est contre moi ; et vous refusez d'écrire ce qui est pour moi (1) ! » Par le même procédé, dans les douze articles, prétendu résumé du jugement, les charges seules seront maintenues, et les réponses favorables seront travesties ou supprimées. C'est un continuel déni de justice.

Autre infâmie : on épia l'accusée dans sa prison. Les murs du cachot étaient percés, et Cauchon et Warwick venaient y écouter ses plaintes, ses déclarations, ses confidences. Ils tentèrent même de faire insérer dans les procès-verbaux ce qu'ils avaient entendu de la sorte.

Contrairement à toute justice, on refuse de donner un conseiller à l'accusée. Lorsque plus tard, dans un sentiment hypocrite de sympathie, on lui proposera d'en choisir un parmi les assesseurs, la jeune fille, ayant constaté l'animosité de tous à son égard, trouvera plus prudent de refuser et de s'en rapporter à ses Voix.

Un des assesseurs, maître Nicolas Loyseleur, familier de l'évêque et vendu comme lui aux Anglais (2), surprit la bonne foi de la jeune fille. Il feignit d'être lui aussi des bords de la Meuse, lui parla du pays, de sa famille, broda là-dessus quelques-unes de ces nouvelles qui charment les imaginations naïves, et gagna par là toute sa confiance. Elle le prit pour

____

(1) *Procès*, t. II, p. 331, 341 et 350.

(2) Etant chanoine de Chartres, il s'empressa d'aller avertir Henri V, roi d'Angleterre, de l'arrivée des Français devant la ville et de l'inviter à faire lever le siège. Déposition de Guillaume Manchon : *ibid.*, t. II, p. 10.

son confesseur ; et ce qu'elle lui disait en confidence, il trouva
moyen de le faire connaître aux notaires. Sur cet avis, Guillaume Manchon et Bois-Guillaume, avec d'autres témoins,
vinrent secrètement dans une chambre voisine, d'où l'on pouvait tout entendre par un trou. Ils furent ainsi en état de rapporter ce qu'elle disait ou confessait à Loyseleur (1). Les premières confidences remontent au commencement du procès.
Dans la suite, le misérable ira plus loin ; par un sacrilège abus,
il profitera de son rôle de confesseur pour mal conseiller sa
pénitente. Il la poussera tout d'abord à désobéir à l'Église ;
puis, lorsque viendra la sentence de condamnation, il la con-
jurera de s'y soumettre « en reniant ses révélations ». N'est-ce
pas là le comble de l'ignominie ?

Que penser d'un procès instruit de cette façon ? Un contemporain va nous le dire. Ce « beau procès » (expression de
Pierre Cauchon) fut dès le début déclaré *nul* par un savant
jurisconsulte nommé Jean Lohier. L'évêque, ayant appris sa
présence à Rouen, voulut s'appuyer sur son appréciation.
Il lui communiqua les pièces du procès et lui demanda son
avis. Dans le but de l'intimider, il exigea la solution le jour
même. Jean Lohier était un homme de caractère ; il répondit
avec une franchise digne de tout éloge. A ses yeux, le procès
n'était pas valable, pour quatre raisons : 1° Il n'avait point
la forme d'un procès ordinaire. — 2° Il se déroulait dans le
château royal, un lieu clos et fermé où juges et assesseurs
n'avaient pas la pleine liberté de dire ce qu'ils voulaient. —

____

(1) *Procès*, t. II, p. 10.

3° L'honneur de Charles VII s'y trouvait engagé, et personne de son parti n'était là pour le défendre. — 4° On laissait à l'accusée, jeune fille simple et sans instruction, le soin de résoudre la question si ardue des révélations divines, tout en lui refusant le défenseur et le conseiller auxquels elle avait droit (1).

Ce langage, ces arguments irréfutables, eurent le don d'irriter l'évêque de Beauvais. Il réunit sur-le-champ ses principaux affidés, et leur dit en ricanant : « Voilà Lohier qui veut mettre de belles oppositions à notre procès. Il affirme qu'il est radicalement nul. A l'en croire, il faudrait tout recommencer. On voit bien de quel pied il cloche. Par saint Jean, nous n'en ferons rien ; mais nous continuerons notre procès comme il est commencé. »

Le lendemain Jean Lohier dit à Manchon : « Vous voyez leur façon d'agir! Ils perdront Jeanne, s'ils peuvent, par ses propres paroles..... Il semble bien qu'ils *procèdent plus par haine qu'autrement*, et c'est pour cela que je ne resterai pas ici. » Et de fait, il se rendit à Rome, où ses talents lui méritèrent la charge de Doyen du tribunal de la Rote (2).

La postérité s'est rangée à l'opinion de Jean Lohier. Elle n'a rien reconnu ici des principes juridiques, mais uniquement une œuvre de haine, « un véritable assassinat prémédité et exécuté sous l'apparence de la forme judiciaire (3). »

« L'Église, vocifère la libre-pensée, voilà la coupable dans

(1) *Procès*, t. II, p. 11-12.
(2) *Ibid.*, loc. cit.
(3) L'AVERDY, *Notices et extraits*, p. 463.

cette condamnation et cet assassinat! » C'est là une calomnie. Pierre Cauchon, le soudoyé d'Henri VI, ne représente pas plus l'Église que Judas ne représente le Collège apostolique. La responsabilité d'un crime retombe tout entière sur la tête de celui qui le commet, et non sur les pouvoirs qu'il trahit. C'est le cas du prélat qui nous occupe ; il a agi ici par haine personnelle, par ambition politique, *contre tout droit et sans pouvoirs*. Évêque prévaricateur, il a le sort des traîtres : il n'a droit qu'au mépris de la postérité.

Mais détournons nos regards de cette figure de renégat pour les reposer sur le doux visage de la victime. Que fait la Pucelle au milieu de ces maîtres et docteurs acharnés à sa perte ? Elle reste calme comme l'innocence, forte comme l'amour, patiente comme le martyre. Même dans les circonstances les plus difficiles, elle garde un sang-froid admirable. A ces gens retors et passionnés qui par instant lui posent plusieurs questions à la fois, elle répond avec un doux sourire : « Beaux seigneurs, mais parlez donc l'un après l'autre (1) ! » Souvent elle confond ses interrogateurs. Parfois même ses réparties pleines d'humour, de bon sens et de noblesse provoquent les applaudissements de ses ennemis, les Anglais : « Très bien, Jeanne, s'écrient-ils ! Très bien ! »

Jacques de Touraine lui demande si elle s'est trouvée en des lieux où des Anglais ont été tués : « Oui, répond-elle, je m'y suis trouvée. Mais pourquoi ne voulaient-ils pas retourner dans leur pays et sortir de France ? » Elle prononce ces pa-

(1) *Procès*, t. II, p. 332.

roles d'un ton si pénétré qu'un des seigneurs anglais ne peut retenir ce cri d'admiration : « Ah ! la brave fille ! Que n'est-elle Anglaise (1) ! »

Dieu l'assiste visiblement, et l'un des médecins qui l'ont soignée, Jean Tiphaine, déclarera plus tard « que le docteur le plus subtil, interrogé comme Jeanne l'avait été, eût souvent paru perplexe et indécis (2). » Ses actes valent encore mieux que ses paroles ; et la Providence ne laissera aux bourreaux leur pleine et néfaste liberté d'action que pour mieux faire éclater l'innocence de son Élue et lui permettre de se tresser à elle-même une plus riche couronne de mérites.

Pour les séances et la marche du procès, nous suivrons la relation officielle, celle des juges de Rouen, la seule qui nous reste. Nous savons que la rédaction en est due aux plus mortels ennemis de l'héroïne, à ses bourreaux, qu'elle est une œuvre de passion et qu'elle fourmille d'altérations voulues, réticences, interpolations, truquages, imputations calomnieuses. Néanmoins, même en ces conditions, le rôle de la vierge domrémoise nous y apparaît encore très beau et très noble. Çà et là, autant qu'il nous sera possible, nous rectifierons, à l'aide des dépositions du Procès de réhabilitation, les erreurs ou les inexactitudes des comptes-rendus du premier procès (3).

---

(1) *Procès.* t. III. p. 48.

(2) *Ibid.,* loc. cit.

(3) Le procès de condamnation se trouve en entier dans le premier volume de Quicherat. Voici la division : — Procès d'office ou instruction préparatoire, p. 1-193 ; — Procès ordinaire et premier jugement, p. 194-452 ; — Procès de chute, p. 453-476. — Actes postérieurs : rapport apocryphe et mensonger de Cauchon, p. 477-485 ; — Actes extra-judiciaires, p. 486-500.

CHAPITRE XV

LES INTERROGATOIRES

I. — Interrogatoires publics

Au commencement du mois de janvier 1431, Pierre Cauchon avait chargé, par commission rogatoire, le chevalier Jean de Torcenay, bailli de Chaumont, en Normandie, d'ouvrir une enquête à Domrémy et dans les environs sur la jeunesse de l'accusée. Les premières dépositions étant toutes favorables, il prescrivit une contre-enquête qui eut d'ailleurs le même résultat. Jean de Torcenay, quoique mécontent, n'en présenta pas moins à l'évêque le fruit de ses investigations. Celui-ci, ayant pris connaissance du dossier, ne dissimula point son dépit ; il qualifia le chevalier « de traître d'Armagnac », et refusa de lui rembourser les frais du voyage. Plus tard, cet homme, racontant ses déboires, faisait cette réflexion : « Est-ce ma faute si, dans cette enquête consciencieuse, je n'ai rien trouvé sur cette jeune fille que je n'eusse voulu voir dans ma propre sœur? »

L'évêque de Beauvais communiqua néanmoins ces informations à quelques assesseurs. Canoniquement, elles auraient dû figurer en tête des pièces du procès. On eut soin de les mettre de côté, et personne ne les revit. Dans le cours des débats, il n'y sera fait que des allusions fausses et calomnieuses. On traita avec la même désinvolture toutes les pièces du procès de Poitiers ; elles étaient favorables : on les supprima.

Après ces préliminaires, on procéda à l'interrogatoire de l'accusée. Le mardi 20 février, Jean Massieu, exécuteur des ordres et citations, vint la prévenir que le lendemain, à huit heures du matin, elle aurait à comparaître devant le tribunal, pour être examinée sur ses actes attentatoires à la foi. Elle répondit qu'elle comparaîtrait et répondrait volontiers ; mais auparavant elle demandait deux choses : en premier lieu, que le tribunal qui devait l'entendre, comptât autant d'ecclésiastiques du parti français que du parti anglais ; en second lieu, qu'on lui permît d'assister à la messe dans la matinée du 21 ; car (et c'était son plus grand chagrin), elle avait été privée, depuis son arrivée à Rouen, de l'assistance à l'office divin et de tout secours religieux. Cette double requête, si légitime pourtant, si touchante, fut impitoyablement rejetée (1).

Séance du 21 février. — Le mercredi 21 février, à huit heures du matin, commença dans la chapelle du château royal

____

(1) *Procès*, t. I, p. 42-43.

le premier interrogatoire public. L'évêque de Beauvais présidait, assisté de quarante assesseurs. Suivant les formes du droit, Pierre Cauchon exposa l'objet du procès, adressa une courte exhortation à l'accusée et lui enjoignit de prêter serment de dire la vérité sur tous les points de l'interrogatoire. « Mais, répondit Jeanne, je ne sais sur quels points vous voulez m'interroger. Peut-être me demanderez-vous des choses que je ne pourrai pas vous dire.

— Jurez-vous de dire la vérité sur ce qui vous sera demandé concernant la foi, si vous le savez ?

— Au sujet de mon père, de ma mère et de ce que j'ai fait depuis que j'ai pris le chemin de la France, je jurerai volontiers ; mais quant aux révélations que j'ai reçues de Dieu, je ne les ai jamais dévoilées à personne, si ce n'est au roi Charles, et je ne les dévoilerai pas, dût-on me couper la tête. J'ai reçu défense d'en rien dire à personne. Au surplus, avant huit jours, je saurai bien si je dois les dévoiler. »

L'évêque insista pour que l'accusée fît le serment pur et simple de tout révéler ; ce fut en vain. Elle maintint ses réserves ; puis, les deux genoux en terre, les mains sur le missel, elle jura de dire la vérité selon la condition sus-énoncée. Tous les interrogatoires suivants, publics ou secrets, s'ouvriront par la même insistance réitérée de la part du juge, et la même résistance invincible de la part de l'accusée. Qu'il nous suffise de le signaler une fois pour toutes ; nous n'y reviendrons pas.

Après les interrogations d'usage sur le nom, les parents, le

lieu de naissance, l'âge de la jeune fille. l'évêque demanda :
« Que savez-vous ?

— De ma mère, répondit Jeanne, j'ai appris le *Notre Père*, *Je vous salue Marie, Je crois en Dieu*. C'est de ma mère que je tiens toute ma croyance.

— Dites le *Notre Père* ?

— Entendez-moi en confession ; je vous le dirai volontiers. »

Le prélat feignit de n'avoir pas compris. « Jeanne, reprit-il, vous réciterez le *Notre Père*, si vous voulez, devant deux ecclésiastiques de votre parti (1). — Soit, répliqua-t-elle ; mais qu'ils m'entendent en confession. » Deux fois l'évêque a posé la même question ; deux fois l'accusée a fait entendre la même réponse. Elle, dans sa naïve candeur, ne songe et n'aspire qu'à blanchir son âme dans les eaux vives de la grâce, dût-elle recourir au ministère des clercs indignes qui l'interrogent, le regard de sa foi n'apercevant en eux que le caractère sacré dont ils sont revêtus. Lui, le juge vendu, vise à tout autre chose : la tromper et la perdre ! Il ne fit point venir les deux ecclésiastiques du parti de Charles VII ; mais à la fin de la séance, il somma la prisonnière, sous peine d'excommunication, de renoncer à toute tentative d'évasion. Jeanne protesta qu'elle n'acceptait point cette défense, et déclara qu'elle avait voulu et voudrait encore s'échapper ; car « c'est le droit de tout prisonnier. »

John Gris, écuyer du roi, Jean Berwoit, William Talbot furent constitués geôliers responsables de l'accusée et pré-

(1) C'est le sens de l'expression : « De lingua gallicana. »

tèrent serment devant le tribunal d'exécuter ponctuellement leur mandat, c'est-à-dire de la surveiller de jour et de nuit et de ne la laisser communiquer avec personne. Elle fut ramenée dans la tour de la forteresse, c'est-à-dire en prison anglaise. Un grand nombre d'assesseurs étaient d'avis qu'elle devait être remise aux mains de l'Église et dans les prisons ecclésiastiques. Ils pensaient même que dans un procès en matière de foi, il était illégal de laisser l'accusée aux mains des Anglais; mais ils n'osèrent pas imposer leur sentiment (1).

Séance du 22 février. — La seconde séance publique eut lieu le lendemain, 22 février, dans une salle située au bout de la grande galerie du château. L'huissier Jean Massieu alla chercher l'accusée. En suivant la galerie, ils passèrent devant la chapelle du château. Jeanne demanda à s'y arrêter afin de prier quelques instants; l'appariteur y consentit. Le promoteur, Jean d'Estivet, lui reprocha vivement cette condescendance. « Truand, s'écria-t-il ! Qui te rend si hardi que de laisser approcher de l'église cette excommuniée, sans en avoir l'autorisation? Si tu recommences, je te ferai mettre en telle tour, que pendant un mois tu ne verras ni lune ni soleil. » Cette dureté injustifiable révolta Jean Massieu; et il ne tint aucun compte des injonctions du promoteur. D'Estivet, s'en étant aperçu, vint plusieurs fois se placer devant la porte de la chapelle. Jean Massieu alors passait outre, et

(1) *Procès*, t. III, p. 59 : Dép. de Thomas de Courcelles ; et p. 183, dép. d'André Marguerie.

Jeanne, sans comprendre, demandait : « Est-ce que le Saint-Sacrement n'est pas là ? » Touchante piété de la victime ! Mais infâmes procédés des bourreaux !

L'interrogatoire, dirigé cette fois par un docteur de Paris, Jean Beaupère, roula sur l'enfance de Jeanne, ses pratiques religieuses, ses Voix, l'habit d'homme, sa venue en France, ses entrevues avec Baudricourt et Charles VII, et enfin sa conduite devant Paris ; le tout entremêlé à dessein, afin d'égarer et de surprendre l'accusée. Jean Beaupère insista particulièrement sur la nature des apparitions, leur caractère, leur enseignement. « Que vous semblait-il de cette Voix ?

— Elle me paraissait une noble Voix. Je crois qu'elle m'était envoyée par Dieu... Elle m'a toujours bien gardée, et je l'ai toujours bien comprise.

— Quel enseignement vous donnait-elle pour le salut de votre âme ?

— Elle m'enseignait à bien me conduire, à fréquenter l'église, et m'affirmait qu'il était nécessaire que je vinsse en France.

— Entendez-vous souvent cette Voix ?

— Il n'y a pas de jour que je ne l'entende, et j'en ai grand besoin. Je ne lui ai jamais demandé d'autre récompense que le salut de mon âme.

— Quelles révélations votre roi a-t-il eues avant de vous mettre en œuvre ?

— Je ne vous le dirai pas ; mais consultez le roi, et il vous le dira. Ceux de mon parti ont bien su que cette Voix m'avait été envoyée par Dieu ! »

Désormais toutes les interrogations convergeront, habiles et pressantes, vers ces deux points : démontrer l'inanité de ces apparitions célestes et découvrir le secret donné à Charles VII : secret que les Anglais désiraient tant connaître !

Séance du 24 février. — Le samedi 24 février, à huit heures du matin, une troisième réunion eut lieu dans la même salle. Soixante-trois assesseurs étaient présents. L'évêque de Beauvais ouvre le séance, en sommant de nouveau l'inculpée de prêter serment sans aucune restriction. « Si l'on vous condamnait, ajoute-t-il d'un ton menaçant !

— Tous les clercs de Rouen et de Paris, réplique-t-elle avec feu, ne sauraient me condamner, s'ils n'en ont le droit. Je suis venue de par Dieu; je n'ai rien à faire ici. Qu'on me renvoie à Dieu d'où je suis venue. » Elle dénie de la sorte, d'une façon générale, la compétence de ses juges; mais s'il faut en croire un témoin auriculaire, elle ne s'arrête pas là. Elle s'attaque particulièrement à l'indigne prélat et lui porte un de ces coups droits dont elle est coutumière. « *Vous ! Vous n'êtes pas mon juge; vous êtes mon ennemi capital*(1)! »

Le président passe l'interrogatoire à Beaupère. « Jeanne, demande ce dernier, à quelle heure avez-vous entendu la Voix qui vient à vous?

____

(1) *Procès*, t. II, p. 304.

— Je l'ai entendue hier et aujourd'hui.

« Elle m'a dit : *Réponds hardiment ; Dieu t'aidera.* » Puis, se tournant tout-à-coup vers Pierre Cauchon, elle fonce sur lui, avec la même vigueur qu'elle fonçait sur Falstolf et Talbot dans les champs de Patay. « *Vous, évêque, vous dites que vous êtes mon juge ; prenez garde à ce que vous faites ; car, en vérité, je suis envoyée par Dieu, et vous mettez votre âme en grand péril.* »

Sous cette foudroyante apostrophe, l'évêque pâlit et laisse tomber de ses lèvres frémissantes le mot — effrayant d'impudence et de servilité — que nous avons cité plus haut : « Le roi m'a ordonné de faire votre procès ; je le ferai (1). »

L'incident terminé, l'interrogateur continua : « Cette Voix vient-elle de Dieu immédiatement ? Est-ce la voix d'un ange, d'un saint ou d'une sainte ?

— Cette Voix me vient de la part de Dieu. Oui, je crois fermement, — aussi fermement que je crois les mystères de la foi chrétienne et que Dieu nous a rachetés des peines de l'enfer, — que cette Voix m'est venue de Dieu et par son commandement.

— Votre Conseil vous a-t-il révélé que vous sortiriez de prison ?

— Je n'ai pas à vous le dire.

— Êtes-vous en état de grâce ? — C'est là une question délicate, murmura l'assesseur Jean Lefèvre ! L'accusée n'est

____

(1) *Procès*, t. III. p. **154.**

pas tenue de répondre. — Taisez-vous ! » lui cria l'évêque ; et de nouveau il posa la question : « Êtes-vous en état de grâce ? »

C'est alors que Jeanne fit entendre la réponse suivante, la plus belle peut-être qui ait jamais jailli de son cœur : « *Si je n'y suis, Dieu veuille m'y mettre ! Et si j'y suis, Dieu veuille m'y garder ! Je serais la femme la plus malheureuse de la terre, si je savais ne pas être dans la grâce de Dieu. Si j'étais en état de péché, il me semble que les Voix ne viend'aient pas à moi.* »

Jean Beaupère aborda ensuite une autre matière : les superstitions du pays, l'arbre des fées, la fontaine, la prophétie annonçant qu'une vierge venant du Bois-Chesnu sauverait la France. Son but était d'assimiler les révélations de la Pucelle à ces vaines croyances des naïfs et des ignorants. Mais Jeanne déjoua d'un mot la perfidie de son interrogateur, en affirmant qu'elle n'avait jamais pris part aux pratiques superstitieuses qu'on rappelait, pas plus qu'à la prétendue prophétie qui semblait parler d'elle : « Mon frère m'a appris qu'on disait dans le pays : « Jeanne a pris sa vocation à l'arbre des fées. » Il n'en est rien, et je lui ai dit le contraire. Quand je vins vers mon roi, plusieurs m'ont demandé si dans mon pays il n'y avait point un bois appelé le bois Chesnu, parce qu'il y avait des prophéties qui disaient que des environs de ce bois devait sortir une pucelle qui ferait des merveilles. Mais je n'ai pas ajouté foi à ces prédictions. »

A la fin de la séance, le docteur de Paris demanda brusquement : « Voulez-vous un habit de femme?

— Volontiers, pourvu qu'on me laisse partir; sinon, je me contenterai de l'habit que j'ai, puisqu'il plaît à Dieu que je le porte. »

Séance du 27 février. — Au commencement du quatrième interrogatoire public, le mardi 27 février, Jean Beaupère affecta de se montrer bienveillant et posa la question suivante à l'accusée : « Comment vous êtes-vous portée depuis samedi dernier?

— Vous le voyez bien ; je me suis portée le mieux que j'ai pu.

— Jeûnez-vous tous les jours de carême ?

— Cela est-il du procès ?

— Oui, certainement.

— Eh bien ! oui, j'ai jeûné chaque jour, pendant le carême. » Pénitence vraiment héroïque ! Aux dures souffrances des chaînes et du cachot Jeanne ajoutait ainsi les privations d'un jeûne auquel son âge ne l'obligeait nullement.

L'interrogateur revint au sujet qu'il avait tant à cœur : « Depuis samedi avez-vous entendu vos Voix ?

— Oui, et plusieurs fois.

— Que vous ont-elles dit ?

— Elles m'ont dit de vous répondre hardiment. J'ai demandé conseil sur ce que je devais répondre à vos questions, Je dirai volontiers ce que Dieu me permettra de vous communiquer. Mais pour ce qui est des révélations concernant le roi de France, je n'en dévoilerai rien sans la permission de mes Voix ; car si je répondais sans leur agrément, je n'aurais peut-être plus mes Voix *en garant*.

— Aviez-vous permission de Dieu de venir en France ?

— J'aurais mieux aimé être écartelée que de venir en France sans la permission de Dieu.

— Dieu vous a-t-il prescrit de prendre un habit d'homme ?

— Ce qui concerne cet habit est peu de chose, moins que rien. Je ne l'ai pas pris sur le conseil des hommes ; *je n'ai rien fait que par l'ordre de Dieu et de ses anges.*

— Croyez-vous avoir bien fait de prendre un habit d'homme ?

— En tout ce que Notre-Seigneur commandait, je crois avoir bien fait d'obéir.

— Quand vous avez vu cette Voix qui vient à vous, y avait-il de la lumière ?

— Oui, une lumière resplendissante, comme il convient. Quand elle vient dans cette salle, elle se détourne de vous qui m'interrogez.

— Y avait-il un ange au-dessus de votre roi, quand vous le vîtes pour la première fois ?

— Par la Bienheureuse Vierge Marie, s'il y en avait un, je ne sais rien ; je ne l'ai pas vu.

— Quelles révélations avez-vous faites à votre roi ?

— Vous ne le saurez pas de moi cette année. Pendant trois semaines j'ai été interrogée par le clergé de Chinon et à Poitiers. Avant de croire à ma parole, le roi a eu un signe touchant mes révélations, et les clercs de mon parti ont été d'avis que ma mission était divine. »

Quatre fois dans cette séance Jeanne rappela le jugement de Poitiers et pria ses interrogateurs de s'y reporter. Les docteurs de Rouen s'obstinèrent à ne pas comprendre.

On interrogea ensuite l'accusée sur son épée, son étendard, la prise de Jargeau, toujours dans l'intention de découvrir dans ses réponses quelques traces de sortilège et de magie. « N'avez-vous point quelquefois posé votre épée sur les autels, afin que cela vous portât bonheur ?

— Non, je ne l'ai point fait.

— Qu'aimiez-vous mieux, de votre bannière ou de votre épée ?

— J'aimais quarante fois plus ma bannière que mon épée.

— Qui vous a dit de faire peindre ainsi votre bannière ?

— Je vous ai assez dit que je n'ai rien fait que par ordre de Dieu. En chargeant l'ennemi, je portais moi-même cette bannière pour n'avoir pas à verser le sang ; car je n'ai jamais tué personne.

— Au moment d'attaquer les Anglais, n'avez-vous pas dit aux hommes d'armes que vous receviez seule les flèches, les viretons et les pierres lancées par les machines et les canons ?

— Non, certes ; et de fait, plus de cent de mes gens furent blessés. Je leur avais bien dit toutefois : N'hésitez pas ! Vous ferez lever le siège.

— Saviez-vous que vous seriez blessée ?

— Oui, et je l'avais dit au roi. Je l'avais appris de mes deux protectrices sainte Catherine et sainte Marguerite. »

Par ces réponses sincères, Jeanne prouvait l'origine surnaturelle de sa puissance, en même temps qu'elle écartait toute supposition de sortilèges ou d'évocations diaboliques.

Séance du 1ᵉʳ mars. — Le cinquième interrogatoire se tint le jeudi 1ᵉʳ mars. Sommée une fois de plus de prêter serment sans restriction, la Pucelle répondit : « Je vous dirai tout ce que je sais touchant le procès ; je vous en dirai autant que si j'étais devant le pape de Rome. » Cette réflexion amena l'interrogatoire sur une lettre de Jeanne au comte d'Armagnac. La crise religieuse qui avait si longtemps désolé l'Église, le *grand Schisme d'Occident*, s'était enfin dénouée, le 26 juillet 1429, par l'abdication spontanée de Clément VIII, l'antipape de Peniscola ; mais dans les années précédentes, on avait vu jusqu'à trois prétendants se disputer la tiare, et le comte d'Armagnac, compromis dans ces démêlés et même excommunié pour avoir soutenu la cause d'un intrigant qui avait pris le nom de Benoît XIV, avait écrit à la Pucelle, la regardant comme une Inspirée, pour lui demander lequel des trois était le vrai successeur de Pierre (1). Jeanne avait remis sa réponse à plus tard.

« Vous parlez de Notre Saint-Père le Pape, lui demanda l'assesseur. Quel est le vrai pape, à votre avis ?

— Est-ce qu'il peut y avoir deux papes ?

(1) Le vrai pape était Martin V, légitimement élu au concile de Constance (1417). De ses deux compétiteurs, l'un Clément VIII (Gil Mûnoz), qui avait succédé au schismatique Benoît XIII, répara par l'acte public et la sincérité de sa réconciliation le scandale de son intrusion ; l'autre, le faux Benoît XIV (Bernard Garnier), rentra dans l'ombre. Martin V ne survécut pas longtemps à l'extinction du schisme ; il mourut le 20 février 1431, la veille du premier interrogatoire public de Jeanne.

— Aviez-vous quelque doute sur le pape auquel le comte devait obéir ?

— Je ne savais que lui répondre, parce que le comte me demandait à qui Dieu voulait qu'il obéît. Mais pour moi, je tiens et je crois que nous devons obéir *au pape qui est à Rome*.

— N'avez-vous pas écrit au sujet des trois Souverains Pontifes, que vous auriez révélation de Dieu ?

— Je n'ai jamais rien écrit ni fait écrire sur ce point (1).

— Pourriez-vous le jurer ?

— Je le jure. »

On fit lecture de la lettre au roi d'Angleterre, à Bedford et aux généraux anglais. Jeanne reconnut qu'elle avait écrit cette lettre, dont elle rectifia seulement trois mots ; puis soudain, dans un élan prophétique, elle s'écria : « *Avant sept ans, les Anglais perdront un gage plus grand que celui qu'ils ont perdu devant Orléans. Ils éprouveront la plus grande perte qu'ils aient jamais subie en France ; et cela, par une grande victoire que le ciel accordera aux Français.*

— Comment le savez vous ?

— Je le sais par révélation. *Cela arrivera avant sept ans.* J'en suis aussi sûre que de vous voir, là, devant moi.

— Quand cela arrivera-t-il ?

______

(1) Dans l'intervalle entre 1429 et 1431, la Pucelle avait appris des clercs qui l'entouraient à lire et à écrire. Nous possédons plusieurs lettres d'elle, dont trois munies de sa signature. Voir dans la *Revue des deux mondes* (1ᵉʳ février 1911, p. 610) l'article de M. le comte de MALEISSYE sur ce sujet.

— Je ne sais ni le jour, ni l'heure.

— En quelle année ?

— Je ne vous le dirai pas. Je voudrais bien que ce fût avant la Saint-Jean. » En 1436, en effet, moins de sept ans après, les Anglais perdaient la ville de Paris.

Ce fut ensuite toute une série de questions subtiles sur l'aspect matériel et les formes visibles de sainte Catherine, de sainte Marguerite et de saint Michel. « Sainte Marguerite ne parle-t-elle pas anglais, demanda Jean Beaupère ?

— Comment parlerait-elle anglais, si elle n'est pas du parti des Anglais ?

— Saint-Michel a-t-il des vêtements ?

— Pensez-vous que Dieu n'ait pas de quoi le vêtir ?

— Le voyez-vous souvent ?

— Je ne l'ai pas vu depuis mon départ du château de Crotoy. Je ne le vois pas très souvent.

— Quelles promesses vos Voix vous ont-elles faites ?

— Entre autres choses, elles m'ont dit que mon roi serait rétabli dans son royaume, et elles m'ont promis de me conduire au Paradis. Je les en ai bien suppliées.

— Avez-vous eu une autre promesse ?

— Oui, mais je vous la dirai seulement dans trois mois.

— Votre conseil vous a-t-il dit qu'alors vous seriez délivrée de prison ?

— Vous m'en parlerez dans trois mois, et je vous répondrai. » On était au 1ᵉʳ mars. Trois mois après, la mort libérait Jeanne de toutes les tribulations de ce monde.

On lui demande ensuite si elle n'attache pas une vertu particulière aux deux anneaux qu'elle a portés. « Je n'ai jamais guéri personne avec des anneaux ! » réplique-t-elle avec un fin sourire. Beaupère aborde alors la question de ses relations avec Charles VII. « Vous voulez savoir ce qui concerne le roi de France, répond Jeanne ? Il y a là beaucoup de choses étrangères au procès. Je vous dirai donc seulement que mon roi reconquerra le royaume de France ; j'en ai la certitude ; je serais morte sans cette révélation qui me réconforte tous les jours. » Elle refuse de s'expliquer davantage ; et c'est sur cette prédiction réitérée que s'achève la séance.

Séance du 3 mars. — Le 3 mars marque le sixième et dernier interrogatoire public, qui roule en grande partie sur l'étendard de la Libératrice. Là, comme partout, l'assesseur découvre matière à superstition. « N'avez-vous pas dit que les panonceaux faits sur le modèle du vôtre portaient bonheur ?

— Je disais à mes gens : *Entrez hardiment parmi les Anglais !* Et j'y entrais moi-même.

— Ne leur avez-vous pas assuré qu'avec ces panonceaux, ils obtiendraient un plein succès ?

— Oui, je le leur ai promis. Ils ont triomphé, et ils triompheront encore.

— N'avez-vous pas jeté ou fait jeter de l'eau bénite sur les panonceaux, avant qu'on les déployât pour la première fois ?

— Si cela a été fait, ce n'est pas par mon ordre.

— Les gens de votre parti n'ont-ils pas fait dire des messes, des oraisons en votre honneur ?

— Je l'ignore. S'ils l'ont fait, ce n'est pas par mon ordre ;
et s'ils ont prié pour moi, m'est avis qu'ils n'ont point fait de
mal.

— Ont-ils la conviction que vous êtes une Envoyée de
Dieu ?

— Je l'ignore ; j'abandonne ce jugement à leur conscience.
Mais qu'ils le croient ou non, je n'en suis pas moins une
Envoyée de Dieu.

— Dans quelle intention les gens de votre parti vous bai-
saient-ils les pieds, les mains et jusqu'à vos vêtements ?

— Je les laissais faire le moins possible. Les pauvres gens
venaient volontiers à moi, parce que je leur étais sympathique
et que je les soutenais de tout mon pouvoir.

— N'avez-vous point tenu des enfants sur les fonts baptis-
maux ?

— J'en ai tenu un à Troyes, et deux à Saint-Denys. Volontiers je donnais aux garçons le nom de Charles, en l'honneur
de mon roi, et aux filles celui de Jeanne, selon le désir des
mères. »

Viennent ensuite cent autres griefs plus bizarres les uns
que les autres : des inventions grotesques, des calomnies, des
rapports véridiques mais mal interprétés, le Frère Richard,
Catherine de la Rochelle, l'enfant ressuscité à Lagny, la tentative d'évasion de Beaurevoir. A chacune de ces accusations,
Jeanne oppose, selon le besoin, tantôt un lumineux éclaircis-
sement, tantôt un démenti qui ne laisse pas de réplique ;
sans injure ni colère.

La candeur de l'innocence, comme la beauté, a des charmes

irrésistibles. Elle rayonnait dans la jeune prisonnière ; et parmi les assesseurs, en dépit de leurs préventions, s'établissait peu à peu un courant de sympathie admirative en sa faveur. Pierre Cauchon s'en aperçut ; l'issue de son « beau procès » allait-elle donc être compromise ? Il eut des craintes à ce sujet. Usant alors d'un procédé contraire à la loyauté la plus élémentaire non moins qu'aux lois canoniques, il déclara qu'on ferait un résumé des interrogatoires précédents et que désormais quelques docteurs seulement, délégués à cet effet, se rendraient dans la prison de l'accusée, pour réclamer des éclaircissements sur les points demeurés obscurs. Pour cet office d'espionnage, il eut soin de choisir les docteurs qu'il savait ou présumait être défavorables à la captive qu'il fallait réduire. Ce furent Jean Beaupère, Jacques de Touraine, Jean de la Fontaine, Nicolas Midi, Pierre Maurice, Thomas de Courcelles et Nicolas Loyseleur. Les deux témoins étaient l'avocat Jean Fécard et l'huissier Jean Massieu.

II. — Interrogatoires secrets

Le résumé des interrogatoires publics et le travail préparatoire des interrogatoires secrets demandèrent cinq jours, du 4 au 9 mars. Le lendemain commencèrent les interrogatoires secrets. Du 10 au 17 mars il y en eut neuf. Ils commençaient ordinairement le matin à huit heures et finissaient à onze heures. Les assesseurs se retiraient harassés de fatigue. En

quel état devait donc être la pauvre prisonnière, déjà si éprou-
vée par les tortures de ses chaînes et les ennuis de son cachot !

10 mars. — Reportons-nous au samedi 10 mars et pénétrons avec l'évêque et ses affidés dans la prison de l'héroïne.
Jean de la Fontaine interroge celle-ci sur la fatale sortie de
Compiègne : « Si vos Voix vous avaient commandé de faire
cette sortie et signifié que vous seriez prise, l'auriez-vous
faite ?   .

*— Si j'avais su que je dusse être prise, je n'y serais point
allée volontiers. Pourtant j'aurais obéi à mes Voix, quoi
qu'il dût m'arriver.* »

La question du « signe » donné par la Pucelle au roi de
France intriguait vivement les Anglais. L'interrogateur y
revient à chaque instant avec une insistance marquée. Jeanne
a toujours refusé d'en rien dire. Cette fois elle se rend compte
que plus elle cherchera à l'éviter, plus on l'importunera à ce
sujet. Elle se résout donc à parler, mais sous forme d'allégo-
rie. Le vrai « signe du roi », c'étaient les révélations faites à
Charles VII sur sa légitimité et l'état précaire de son royaume.
Ces choses, la Pucelle ne pouvait les dévoiler. Par des allusions symboliques, elle paraît satisfaire la curiosité de ses
juges, tandis qu'en réalité elle déroute complètement
leurs investigations. Elle parle d'une riche couronne
qu'un ange apporta à Charles VII. L'ange n'est autre que
Jeanne elle-même, et la couronne, le royaume de France.

12 mars. — Nouvel interrogatoire le lundi 12 mars, dans

la matinée. « Jeanne, objecta l'assesseur, vos Voix vous ont trompée, puisque vous avez été prise !

— C'était le bon plaisir de Notre-Seigneur, répartit l'héroïne : dès lors je crois qu'il valait mieux qu'il en fût ainsi.

— Dans les biens de la grâce, l'ange vous fait-il défaut ?

— Comment me ferait-il défaut, quand il me réconforte tous les jours ?

— Vos Voix ne vous ont-elles pas appelée *Fille de Dieu, Fille de l'Église, Fille au grand cœur ?*

— Avant la levée du siège d'Orléans et tous les jours, depuis, quand elles m'apparaissent, elles m'appellent souvent *Jeanne la Pucelle, fille de Dieu.*

— Puisque vous êtes fille de Dieu, pourquoi avez-vous refusé de dire le *Notre Père ?*

— C'était pour que l'évêque de Beauvais m'entendît en confession. »

Accusée d'avoir désobéi à ses parents en venant en France sans leur permission, elle se justifia d'un mot. « Puisque Dieu le commandait. il convenait de lui obéir. »

Dans l'après-midi, nouvel interrogatoire, plus court, au sujet de son costume masculin et du songe de Jacques d'Arc.

13 mars. — Le lendemain 13 mars, Jean Lemaître, ayant reçu tout pouvoir de l'Inquisition de Paris, intervint à titre de second juge au procès. C'est lui qui, le matin, interrogea la prisonnière (1). Celle-ci donna de nouveaux détails symbo-

____

(1) Manuscrit de d'Urfé, V. *Procès*, t. I, p. 134.

liques sur le signe du roi, affirma de nouveau l'origine surhumaine de sa mission, et spécifia que l'attaque de la Charité et
celle de Paris avaient été entreprises sur le conseil des
hommes d'armes, et non sur l'avis des Voix, qui lui avaient
laissé à cet égard la plus complète liberté.

14 mars. — Dans le cinquième interrogatoire secret, qui
eut lieu le mercredi 14 mars, on lui posa cette question :
« Qu'avez-vous demandé à vos Voix ?

— Je leur ai demandé trois choses : 1º le succès de mon
expédition ; 2º que Dieu aide les Français et garde bien les
villes de leur obéissance ; 3º le salut de mon âme.

— Vous avez dit que Monseigneur de Beauvais se mettait
en péril, en entreprenant de vous juger. Qu'est-ce-à-dire ? A
quel danger s'expose-t-il, lui et les autres juges ?

— J'ai dit à Monseigneur de Beauvais : *Vous dites que vous
êtes mon juge. Je ne sais si vous l'êtes ; mais prenez garde
de juger mal, parce que vous vous mettez en grand péril.
Je vous préviens. afin que si Notre-Seigneur vous en châtie.
j'aie fait mon devoir en vous le disant.* »

Jeanne continua : « Sainte Catherine m'a dit que je serais
secourue. Je ne sais si cela signifie que mes chaînes seront
brisées. Ce que mes Voix me répètent avec le plus de force,
c'est que je serai délivrée par une grande victoire. Et elles
ajoutent : *Prends tout en gré ; ne t'inquiète pas de ton
martyre. Tu viendras finalement au royaume du paradis.*
Elles m'ont dit cela, absolument et sans faute.

— Qu'entendez-vous par votre martyre ?

— Par mon martyre j'entends les peines et adversités que j'endure en prison. Je ne sais si de plus grandes souffrances me sont réservées. Je m'en rapporte à Notre-Seigneur.

— Vous vous tenez donc pour assurée d'être sauvée et de ne point aller en enfer?

— Je crois fermement ce que mes Voix m'ont dit, c'est-à-dire que je serai sauvée; je le crois aussi fermement que si je l'étais déjà.

— C'est là une promesse de grand'poids.

— *Je l'estime moi aussi un grand trésor.* »

Le soir, on revient sur le même sujet. « Maintenez-vous votre affirmation de ce matin sur la certitude d'être sauvée?

— J'entends que je serai sauvée, pourvu que je tienne le serment que j'ai fait à Notre-Seigneur de garder ma virginité de corps et d'âme.

— Alors vous n'avez plus besoin de vous confesser?

— Je crois que l'on ne peut trop nettoyer sa conscience. »

A propos du « saut de Beaurevoir », dont on lui faisait un crime, elle répondit qu'elle n'avait point cédé ici à une tentation de désespoir, mais au désir d'être délivrée de sa prison.

A propos de ses vêtements d'homme : « Puisque je les porte par l'ordre de Dieu et pour son service, je ne crois point mal faire. Dès qu'il me le commandera, je les déposerai. »

15 mars. — Au septième interrogatoire secret, du jeudi

15 mars, l'accusation entre subitement dans une voie nouvelle, et le débat s'engage sur une question de théologie posi-
tive : *De la soumission due à l'Église*.

L'Église, sa vie intime et sa constitution hiérarchique,
création de l'Homme-Dieu, étaient alors momentanément
obscurcies par les luttes politiques, les compétitions ambi-
tieuses et les discussions passionnées. Les meilleurs esprits
et les plus savants docteurs ne parviennent point à mettre
en pleine lumière ces vérités fondamentales. Avec une habileté infernale, Pierre Cauchon profitera de ces confusions
pour faire de la Pucelle « une hérétique, une âme réfractaire
aux lois de l'Église catholique. » Il lui laissera croire que
l'Église est uniquement le tribunal de Rouen, et exigera d'elle
qu'elle soumette la teneur de ses révélations au jugement de
ce tribunal. Jeanne connaissait l'hostilité de ses juges et pré-
voyait leur sentence de condamnation. Accepter l'interpréta-
tion erronée qu'ils émettent, équivaudrait pour elle au reniement de sa mission ; or elle préfère la mort à ce reniement.
Elle résistera donc à ses juges : et ces derniers proclameront
bien haut que de la sorte « elle refuse de se soumettre à
l'Église universelle. » Plus tard la jeune fille, mieux rensei-
gnée, en appellera au concile de Bâle et au Pape ; mais les
juges, trompés dans leur attente, auront la prétention schismatique d'être eux-mêmes l'Église et voudront contraindre
l'accusée à s'en rapporter uniquement à leur décision. Sur
son refus, ils la déclareront « hérétique ». Chose étonnante !
A cet instant si périlleux, les Voix se taisent. Le Très-Haut
éprouve ainsi la fidélité de son Envoyée, en la laissant

quelque temps se débattre seule, au milieu des angoisses et des ténèbres du doute.

L'interrogatoire débute ainsi : « Jeanne, nous vous avertissons et requérons, si vous avez commis quelque faute contre notre foi, de vous en rapporter à la décision de l'Église ?

— Que mes réponses soient vues et examinées par les clercs, et puis qu'on me dise si l'on y trouve quelque chose contre la foi catholique, je saurai bien par mon Conseil ce qu'il en sera. Si toutefois il y a réellement quelque chose contre la foi, je ne le voudrais pas soutenir et je serais bien fâchée d'aller contre la volonté de Dieu. »

L'interrogateur établit la distinction entre l'Église triomphante et l'Église militante ; puis il presse l'accusée de se soumettre à cette dernière. Jeanne garde le silence.

Connaissant la piété de la jeune fille, les juges la **tentent** de ce côté. « Qu'aimeriez-vous mieux, lui demandent-ils, de prendre un habit de femme et d'entendre la messe, ou de garder votre habit d'homme sans entendre la messe ?

— Faites-moi faire une robe, longue, traînant jusqu'à terre, sans queue ; donnez-la moi pour aller à la messe ; **puis au** retour, je reprendrai les vêtements que je porte.

— Consentez à prendre un habit de femme, ou vous n'entendrez pas la messe.

— Je vous en supplie, au nom de Notre-Seigneur et de Notre-Dame, permettez-moi d'entendre la messe en cette bonne ville.

— Prenez alors simplement et sans condition un habit de femme.

« — Donnez-moi un habit de femme comme celui d'une fille de bourgeois, c'est-à-dire une houppelande longue, ainsi qu'un chaperon de femme, je les prendrai pour aller entendre la messe.

— Acceptez sans condition de prendre un habit de femme.

— Je vous le demande aussi instamment que je puis, laissez-moi l'habit que je porte, et permettez-moi d'entendre la messe sans le changer. »

Puis, brusquement : « Voulez-vous vous soumettre à la décision de l'Église pour tout ce que vous avez fait et dit ?

— Tous mes actes sont en la main de Dieu, et sur toutes choses je m'en rapporte à lui. Je vous certifie que je ne voudrais pour rien au monde faire ou dire quoi que ce soit contre la foi catholique. Si j'avais dit ou fait quelque chose que les clercs reconnussent en opposition avec les dogmes de l'Évangile, je ne le voudrais pas soutenir, mais je le bouterais dehors.

— Voulez-vous, oui ou non, vous soumettre à l'ordonnance de l'Église?

— Je ne vous répondrai pas autre chose pour le moment ; mais samedi envoyez-moi un clerc, et je lui répondrai à ce sujet, avec l'aide de Dieu. »

17 mars. — Au commencement du huitième interrogatoire, qui eut lieu le 17 mars, on ramena à dessein la question si difficile des visions. Jeanne fit des réponses aussi justes que sincères, et affirma de rechef qu'elle croyait fermement à la réalité surnaturelle de ces apparitions. En présence de cette affirmation, l'interrogateur réitéra sa demande : « Voulez-vous, pour tous vos faits et dires, soit en bien soit en mal, vous en remettre à la décision de notre sainte Mère l'Église ? »

Question perfide, nous l'avons dit ! Que Jeanne réponde : oui ; aussitôt le tribunal lui impose, au nom de l'Église, l'obligation de rétracter sa mission divine. Qu'elle réponde : non ; elle sera déclarée hérétique. Pour échapper à ce piège, l'héroïque jeune fille proteste de son amour pour l'Église : et en même temps elle déclare ne pouvoir rétracter sa mission divine, dont elle donne sur l'heure, une nouvelle preuve par une prophétie. « L'Église, dit-elle, je l'aime ; je voudrais la soutenir de tout mon pouvoir. Quant aux œuvres que j'ai faites et à ma mission, je dois m'en rapporter au Roi du ciel qui m'a envoyée à Charles, fils de Charles VI, roi de France, et qui sera roi de toute la France. Vous verrez que les Français remporteront sous peu une grande victoire que Dieu leur accordera ; tout le royaume de France en sera ébranlé. Je le dis, afin que quand cela arrivera, on se souvienne que je l'ai dit.

— Quand cela arrivera-t-il ?

— Je m'en rapporte à Notre-Seigneur.

— Vous en rapportez-vous à l'Église ?

— Je m'en rapporte à Notre-Seigneur qui m'a envoyée, à Notre-Dame, à tous les saints et saintes du paradis.

— Alors vous ne vous en remettez pas à l'Église ?

— Je crois que Notre-Seigneur et l'Église c'est tout un, et qu'il ne doit pas y avoir de difficulté là-dessus. Pourquoi, vous, y faites-vous difficulté ? »

Une fois de plus on lui expose la distinction entre l'Église triomphante et l'Église militante, et le juge l'adjure de se soumettre « à l'Église militante » ; et il entend par là le tribunal de Rouen. Une nouvelle affirmation de sa mission divine est toute la réponse de l'héroïne. « Je suis venue vers le roi de France, dit-elle, de la part de Dieu, de la Bienheureuse Vierge Marie, de tous les saints et saintes du paradis et de l'Église victorieuse de là-haut, et par leur commandement. A cette Église je soumets toutes mes bonnes actions, tout ce que j'ai fait et ferai. Je ne puis dire maintenant si je me soumettrai à l'Église militante. » Et après un instant de réflexion : « J'aime mieux mourir que de révoquer ce que Notre-Seigneur m'a fait faire. » L'indigne prélat triomphait. A ses yeux, Jeanne avait l'obstination d'une hérétique, et cette obstination l'exposait à la peine de mort.

L'interrogateur continua d'interroger sur les apparitions, comme pour mieux constater l'illusion de la jeune fille. Il s'attira de superbes réponses. — « Savez-vous si sainte Catherine et sainte Marguerite haïssent les Anglais ?

— *Elles aiment ce que Notre-Seigneur aime ; elles haïssent ce que Dieu hait.*

— Dieu hait-il les Anglais ?

— *De l'amour ou de la haine que Dieu a pour les Anglais, je ne sais rien ; mais je sais bien qu'ils seront boutés hors de France, excepté ceux qui y mourront, et que Dieu donnera victoire aux Français contre les Anglais.*

— Dieu était-il pour les Anglais quand ils étaient victorieux en France ?

— Je ne sais si Dieu haïssait les Français ; mais je crois qu'il voulut qu'ils fussent battus en châtiment de leurs péchés, s'ils l'avaient offensé.

— Quel secours attendez-vous de Notre-Seigneur, en portant un habit d'homme ?

— De l'habit que je porte et des autres choses que j'ai faites, je n'attends d'autre récompense que le salut de mon âme. »

Nous arrivons au neuvième et dernier interrogatoire secret. C'était dans l'après-midi du 17 mars. On pensa découvrir quelque superstition dans l'attachement de la Pucelle à son étendard. On lui demanda : « Est-ce l'étendard qui vous portait bonheur ou bien est-ce vous qui portiez bonheur à l'étendard ?

— Victoire, étendard et Jeanne, tout était à Notre-Seigneur.

— L'espérance de la victoire était-elle fondée sur vous ou sur votre étendard ?

— Elle était fondée sur Notre-Seigneur, et non sur un autre. »

A la suite de ces interrogations cauteleuses, subtilement enchevêtrées, revint naturellement la question de l'Église. Plusieurs fois la Pucelle avait protesté qu'elle ne dirait pas tout. L'interrogateur insinua : « Ne vous croiriez-vous pas tenue de dire pleinement la vérité au Pape, vicaire de Dieu?
— Menez-moi devant Notre Saint-Père le Pape, répliqua-t-elle, et je répondrai devant lui tout ce que je devrai répondre. »

Cette mise en demeure de porter la cause devant le Pape, dut singulièrement gêner les juges. Ils se gardèrent bien d'insister et revinrent aux apparitions. L'interrogatoire s'acheva sur cette question : « Pourquoi votre étendard fut-il porté dans l'église de Reims, plutôt que ceux des autres capitaines ? — *Il avait été à la peine ; il était bien juste qu'il fût à l'honneur.* »

Le lendemain 18 mars, et le 22, les assesseurs se réunirent pour délibérer et rédiger un compte-rendu des interrogatoires. Le 24, Jean Lemaître et Jean de la Fontaine vinrent trouver la prisonnière, pour lui donner lecture de ce procès-verbal. Jeanne en reconnut l'exactitude, ajoute « la relation du procès » : relation encore plus suspecte, il est vrai, ici qu'ailleurs.

Les solennités pascales approchaient. La pieuse fille d'Isabelle Romée multipliait les démarches auprès de ses juges pour qu'on lui permît à cette occasion d'entendre la messe. Elle avait faim et soif de s'asseoir au banquet eucharistique ; elle en était privée depuis si longtemps ! Le dimanche des Rameaux, Pierre Cauchon, accompagné de quatre assesseurs, se rendit auprès de Jeanne pour lui signifier que ses vœux seraient exaucés, si elle consentait à quitter son habit d'homme. Cruelle alternative ! De nouveau Jeanne exprima son extrême désir d'assister à l'office divin et de communier. « Quant à changer d'habits, ajouta-t-elle, ce n'est pas en mon pouvoir. Si je le pouvais, ce serait bientôt fait. Je vous en supplie, permettez-moi d'entendre la messe et de communier en habits d'homme ; ces vêtements ne chargent pas mon âme de péché, et je ne crois pas désobéir à l'Église en les portant. » Elle ne

pouvait oublier que les docteurs de Poitiers lui avaient permis de recevoir les sacrements en costume militaire. Pour
quelles raisons les docteurs de Rouen agissaient-ils autrement? Mystère qu'elle ne parvenait pas à s'expliquer ! Mais
quelle souffrance pour cette âme séraphique d'être sevrée de
la sorte de toute participation aux cérémonies sacrées !

L'instruction était terminée. Les renseignements obtenus
furent jugés suffisants, et l'on déclara qu'il y avait lieu de
poursuivre l'accusée « pour crime d'hérésie. » L'évêque de
Beauvais chargea son digne affidé, le promoteur Jean d'Estivet, de dresser le réquisitoire, afin de commencer le procès
proprement dit (26 mars 1431).

CHAPITRE XVI

DERNIÈRE PHASE DU PROCÈS

I. — LE RÉQUISITOIRE

Le 27 mars, Jeanne fut de nouveau appelée à comparaître en séance publique devant l'évêque de Beauvais, le Vice-Inquisiteur et trente-neuf assesseurs. dans une salle attenant à la grande galerie du château. Pierre Cauchon lui fit adresser une exhortation charitable, lui offrit des conseillers et lui ordonna de prêter serment de dire la vérité.

Elle répondit avec cette sérénité d'âme et cette dignité qui annoncent la pleine possession de soi-même. « Je vous remercie, vous et ceux qui vous accompagnent, de tout ce que vous avez dit pour mon bien. Quant au conseil que vous m'offrez, je vous remercie encore ; mais je n'ai point l'intention de me départir du Conseil de Notre-Seigneur. Enfin, au sujet du serment, je suis prête à jurer de dire la vérité sur tout ce qui touchera au procès. » Elle prêta serment sur les saints Évangiles.

Thomas de Courcelles commença en français la lecture du réquisitoire. Cette pièce, dont la seule lecture devait occuper deux séances, comprenait un préambule et 70 articles. Dans le préambule, Jean d'Estivet donnait libre cours à sa haine; il y traitait la Pucelle de sorcière sacrilège, schismatique, hérétique, apostate, idolâtre, blasphématrice, etc... Les 70 articles étaient dignes de cette entrée en matière. Toute la vie de la jeune guerrière y était odieusement travestie; toutes les accusations portées contre elle y étaient reproduites et aggravées, sans la moindre allusion aux réponses si nettes et si fermes qui en avaient ruiné la base.

Ce réquisitoire est une œuvre basse dont l'hypocrisie et la mauvaise foi apparaissent aux yeux de quiconque prend la peine de le confronter avec la relation du procès, telle que nous l'ont laissée les juges eux-mêmes de la Pucelle. En écoutant ce factum, l'accusée protesta hautement contre les erreurs et les faussetés qui s'y montraient à chaque ligne. Le plus souvent, pour se justifier de toutes ces inculpations, elle renvoie aux procès-verbaux des interrogatoires. Parfois elle ajoute un mot de rectification ou d'explication qui achève de faire la lumière (1). A propos de ses Voix, elle maintient qu'elles viennent de Dieu. On lui demande : « Vous voulez donc continuer à les invoquer?

(1) Les greffiers lui avaient prêté une réponse empreinte de suffisance : « Tout ce que j'ai fait, je l'ai fait par le conseil de Notre-Seigneur. » Elle rectifie : « Tout ce que j'ai fait *de bien*, je l'ai fait par le conseil de Notre-Seigneur (*Procès*, t. I, p. 250). »

— Je les invoquerai, répond-elle, tant que je vivrai.

— De quelle manière les invoquez-vous ?

— Je demande à Notre-Seigneur et à Notre-Dame qu'ils daignent me conseiller et me réconforter.

— Comment vous exprimez-vous ?

— Je dis : Très doux Seigneur, en l'honneur de votre sainte Passion, je vous requiers, si vous m'aimez, de me suggérer ce que je dois répondre à ces gens d'Église. Qu'il vous plaise de me l'enseigner. — Et alors il me l'enseigne. »

Pour finir, l'évêque ayant demandé : « Jeanne, qu'avez-vous à dire à ce qu'on vous reproche ? » Elle fit cette superbe réponse : « *Je nie tout, hormis ce que j'ai confessé* (1). »

Tout le réquisitoire reposait en réalité sur le refus de l'accusée « de se soumettre à l'Église. » Sur ce point, Jeanne réclama un délai et promit de répondre le samedi suivant. Ce jour-là, 31 mars, veille de Pâques, Pierre Cauchon se rendit à la prison avec le Vice-Inquisiteur Jean Lemaître, plusieurs docteurs et deux témoins. « Jeanne, interrogea le juge, voulez-vous vous en rapporter pour tout ce que vous avez dit ou fait, soit en bien, soit en mal, et tout ce qui regarde votre procès, au jugement de l'Église qui est sur la terre ?

— Je m'en rapporterai à l'Église militante, pourvu qu'elle ne me demande rien d'impossible.

— Qu'appelez-vous impossible ?

— *J'appelle impossible renier les visions et révélations*

_____

(1) *Procès*, t. I, p. 322.

*que j'ai eues, les paroles prononcées, les actes accomplis
par ordre de Dieu. Ces choses, je ne puis les révoquer ;
pour rien au monde je n'irai contre les ordres de Dieu.*

— Si l'Église militante vous dit que vos révélations sont
illusoires, superstitieuses, mauvaises, vous en rapporterez-
vous à l'Église?

— Je m'en rapporterai à Notre-Seigneur, dont j'accompli-
rai à la lettre tous les ordres.

— Pensez-vous donc n'être pas obligée d'obéir à l'Église de
Dieu qui est sur la terre.

— Si, notre sire Dieu premier servi.

— Vos Voix vous commandent-elles de ne pas vous soumettre à l'Église militante?

— Je ne réponds rien de moi-même; ce que je réponds,
c'est par le commandement de mes Voix. Elles ne me dis-
suadent pas d'obéir à l'Église, mais notre sire Dieu premier
servi. »

« Pendant une grande partie du procès, affirme le dominicain Isambard de la Pierre, Jeanne entendit par l'Église l'assemblée des juges et des assesseurs présents. » De là, chez
elle, une résistance aussi ferme que légitime. Cette confusion,
bien compréhensible dans l'esprit d'une paysanne illettrée,
n'en fait que mieux ressortir l'inébranlable fidélité de l'Envoyée de Dieu. Plus tard, continue le même témoin, lorsque
Pierre Maurice lui eut expliqué le sens du mot « Église »,
lorsqu'elle l'eut compris, elle ne cessa de faire acte de soumission parfaite au Pape, ne demandant qu'à être conduite
devant lui. »

La Semaine Sainte finissait ; la Pucelle l'avait passée au
milieu d'angoisses dont la plus poignante était de se voir éloi-
gnée des touchantes cérémonies de l'Église. C'était l'isolement
et l'abandon de Gethsémani. Mais que devint-elle le dimanche
de Pâques? Que se passa-t-il dans ce pauvre cœur, lorsque
les cinq cents cloches de Rouen clamèrent par leurs joyeuses
volées que le monde chrétien ressuscitait avec le Sauveur ?
Que sa prison dut lui paraître morne et froide, au sein de
cette allégresse générale ! Peut-être ses frères du ciel vinrent-
ils la visiter dans sa solitude et lui annoncer que bientôt elle
serait associée aux joies ineffables des Pâques éternelles.

Cependant les 70 articles du réquisitoire furent jugés trop
diffus. On les réduisit à douze, conçus dans le même esprit
d'hostilité et dont voici la matière : les apparitions ; le signe
du roi ; les prédictions de la Pucelle ; ses vêtements d'homme ;
ses lettres; son départ pour Vaucouleurs; sa tentative d'évasion ou « le saut » de Beaurevoir; sa confiance dans le salut
de son âme ; les honneurs rendus à ses deux saintes ; la
langue qu'elles parlaient; enfin le refus de se soumettre à
l'Église. Autant de griefs ; car tout était présenté comme
contraire aux principes du dogme ou de la morale : présomp-
tion, blasphème, mépris de l'Église, recours aux démons,
apostasie ! Ainsi formulés, les douze articles méritaient une
condamnation ; mais cette condamnation n'atteignait nullement l'accusée, absolument indemne de ce qu'on lui reprochait. Pour échapper à de nouvelles protestations de sa part,
*on ne lui donna jamais connaissance de cette nouvelle
rédaction.*

Le texte des douze propositions fut soumis à l'examen des docteurs de Rouen, qui émirent (on sait pour quel motif) un avis défavorable à l'inculpée. Quelques-uns seulement osèrent exprimer quelques restrictions d'ailleurs essentielles. « Jeanne est coupable, dirent-ils, à moins que ses révélations ne viennent de Dieu. » Par là, ils remettaient tout en question. Ils blâmaient l'usage des vêtements d'homme, « à moins que l'accusée ne les ait pris pour préserver sa pudeur. » Quelques autres conseillèrent de déférer le jugement définitif au Saint-Siège.

Le Chapitre de Rouen, consulté, donna tout d'abord un avis trop favorable. Sur l'ordre des Anglais, il dut délibérer de nouveau et prononcer une réprobation plus marquée. En raison sans doute de la violence qui lui était faite, il évita d'inscrire sur le registre officiel la seconde délibération.

A la fin comme au commencement du procès, un homme courageux éleva la voix pour en dévoiler publiquement la perfidie. Cette fois ce fut l'évêque d'Avranches, Jean de Saint-Avit. S'appuyant sur cet enseignement de saint Thomas que dans les cas douteux touchant à la foi, on doit toujours recourir au Pape ou au Concile œcuménique, ce pieux vieillard estimait « qu'il n'y avait rien d'impossible dans ce qu'affirmait Jeanne, rien qui dût être condamné à la légère, et exprimait l'avis que la cause fût déférée au Souverain Pontife. » Cette réponse déplut à Pierre Cauchon ; il ne la fit point insérer au procès-verbal. Les Anglais gardèrent rancune à l'évêque d'Avranches, et trouvèrent bientôt une occasion de le jeter en prison sous prétexte de connivence avec le parti français.

L'évêque de Beauvais, désirant une approbation plus solennelle, fit porter à Paris les douze articles pour les soumettre à l'appréciation de la savante Université de cette ville. Pendant que les docteurs préparent leur réponse, il s'efforce de réaliser le plan qu'il a élaboré dans les ténèbres, c'est-à-dire d'obtenir de Jeanne « une abjuration », le reniement public de sa mission divine. La flétrissure qui atteindrait la Pucelle, rejaillirait sur la personne du roi de France, et la vengeance des Anglais serait complète.

Un moment, tout sembla perdu. Dans les premiers jours du mois d'avril, Jeanne fut prise d'une forte fièvre, suite des fatigues extrêmes de la détention et du procès. Pendant quelques jours sa vie fut en danger. Les Anglais mandèrent les médecins les plus habiles ; car, nous l'avons dit, ils ne voulaient à aucun prix que leur prisonnière mourût de mort naturelle. Une saignée fut jugée nécessaire. « Pas de saignée, s'écrie Warwick ! La jeune fille est rusée ; elle pourrait bien se faire mourir. » Le remède fut néanmoins appliqué, et la malade se trouva mieux. Quelques jours après, elle eut une rechute occasionnée par les injures dont l'avait assaillie le promoteur Jean d'Estivet. Warwick, mécontent, redoubla de soins et signifia au promoteur de s'abstenir désormais de semblables procédés.

Le 18 avril, bien que Jeanne fût encore souffrante, Pierre Cauchon voulut lui adresser une admonestation charitable. Le misérable osa parler de son affection pour elle ; puis, se basant sur le désir qu'elle avait tant de fois exprimé de recevoir les sacrements, il l'engagea par des paroles doucereuses

à se conformer aux recommandations du tribunal. La réponse
de la captive mérite d'être citée : « *Si je meurs en prison,*
murmura-t-elle, *j'attends de vous que vous fassiez déposer
mon corps en terre sainte ; sinon, je m'en rapporte à
Notre-Seigneur.* » — « Ne voulez-vous pas, lui demanda-t-on
encore, qu'on ordonne une belle procession pour mettre votre
âme en bon état, si elle n'y est pas ? — *J'accepte de grand
cœur,* répondit-elle, *que l'Église et les catholiques prient
pour moi.* »

L'évêque, n'ayant pu obtenir autre chose, fit appeler
Jeanne en séance publique, dans la salle des Parements
(2 mai). Le président et les assesseurs la supplièrent, chacun
à leur tour, de s'en remettre à leur décision, sans lui céler que
le refus entraînerait pour elle la condamnation la plus sévère,
« le supplice du feu. » Elle se montra inflexible. Le juge
inique, déçu dans son attente, songea à employer un moyen
qui n'était pas encore tombé en désuétude et qui d'ordinaire
brisait toutes les résistances : la torture. Le 9 mai, la victime
fut introduite dans une salle de la grosse tour du château où
se tenaient les bourreaux, munis de leurs chevalets. Pierre
Cauchon lui reprocha son entêtement et ajouta : « Il est temps
de faire des aveux ; car si vous refusez de nous satisfaire, vous
voyez devant vous les exécuteurs de nos ordres et les instru-
ments de torture dont ils sont prêts à faire usage pour vous
ramener dans la bonne voie, vous contraindre à reconnaître
et à confesser la vérité. »

La jeune fille ne trembla pas. « En vérité, répliqua-t-elle,
quand vous m'arracheriez les membres et me feriez sortir

l'âme du corps, je ne vous dirais pas autre chose. » Elle continua : « J'ai demandé à mes Voix si je devais me soumettre à l'Église comme on m'en pressait. Elles m'ont dit de m'en rapporter à Notre-Seigneur, si je veux qu'il m'aide. Je leur ai demandé si je serais brûlée ; elles m'ont répondu de m'en rapporter à Notre-Seigneur et qu'il m'aiderait. » Ce jour-là, Cauchon n'osa pas aller plus loin. Le 12 mai, il renonça complètement à ce moyen, sur l'avis de onze délibérants contre trois et par crainte aussi d'encourir la disgrâce de Warwick, si l'accusée venait à succomber dans les supplices de la question. Donnons ici, en passant, pour les flétrir, les noms des trois conseillers qui réclamèrent que la Pucelle fût mise à la torture « pour la médecine de son âme » : c'étaient Aubert Morel, Thomas de Courcelles et « le traître » Nicolas Loyseleur.

Vers le milieu du mois de mai, la réponse de l'Université de Paris parvint à Rouen. Elle était telle que l'avait désirée l'évêque de Beauvais. Supposant comme acquises, à la charge de l'inculpée, les propositions contenues dans les douze articles, les savants docteurs déclaraient à l'unanimité qu'elle était « schismatique, hérétique, apostate, menteuse, devineresse, digne d'anathème. » Le 19 mai, tous les assesseurs réunis reçurent communication de la dite censure. « Après délibération, tous se rangèrent à l'avis de l'Université de Paris ; et il fut décidé qu'après une dernière admonition publique, on procéderait à la lecture de la sentence définitive.

Le 23 mai, l'accusée comparaissait à cet effet devant ses juges, dans une salle où se trouvaient rassemblés Pierre

Cauchon, les évêques de Thérouanne et de Noyon et 51 assesseurs. Pierre Maurice, ancien recteur de l'Université de Paris, prononça le discours d'admonestation. Reprenant un à un les douze articles, il mit en évidence « les fautes de la jeune fille », et fit un grand éloge des docteurs éminents qui avaient si nettement condamné les actes et révélations de la Pucelle. Sa parole, dure et menaçante au début, devint insinuante et familière vers la fin, essayant d'être persuasive. Les crimes de Jeanne étaient grands ; néanmoins, dans un esprit de profonde indulgence, on ne lui demandait, pour l'absoudre, qu'une seule chose : qu'elle se soumît à la décision du tribunal, comme tout fidèle devait le faire. Le prédicateur conclut par cette péroraison plutôt cruelle : « Je vous avertis, je vous prie et vous conjure, par cette piété que vous avez envers la Passion de votre Créateur, par l'intérêt que vous prenez au salut de votre âme et de votre corps, de rentrer dans la voie de la vérité, en vous soumettant au jugement et à la décision de l'Église. Si vous le faites, vous sauvez votre âme, et vous arrachez, comme je le pense, votre corps à la mort. Mais si vous vous obstinez dans votre aveuglement, votre âme sera en état de damnation, et votre corps, je le crains, subira le dernier supplice. Daigne Jésus-Christ vous préserver de ces malheurs ! »

L'Envoyée de Dieu était donc exhortée à renier sa mission. Elle eut en ce moment sur les lèvres une réponse digne d'elle-même et de son passé. « *Pour ce qui concerne mes paroles et mes actes, je m'en rapporte à ce que j'ai dit au procès. Quand bien même on me conduirait au supplice, quand je*

*verrais le bûcher dressé devant moi et le bourreau prêt à
y mettre le feu, quand je serais dans le brasier ardent, je
ne dirais pas autre chose et je soutiendrais jusqu'à la
mort ce que j'ai dit au procès.* »

Pierre Cauchon demanda au promoteur et à l'accusée, suivant l'usage, s'ils n'avaient rien à ajouter. Sur leur réponse
négative, les débats furent clos et le prononcé de la sentence
remis au lendemain. Pour cette condamnation, l'évêque de
Beauvais prépara une mise en scène savamment organisée
dans le but d'arracher enfin à l'accusée la rétractation désirée.
Il avait épuisé contre elle toutes les ressources de la science,
de l'habileté et de la terreur. Il lui restait une arme, une
arme empoisonnée, l'*emploi du faux* et des promesses mensongères ; il en usa! Nous touchons ici au nœud du drame
qui va se dérouler dans le cimetière de Saint-Ouen : drame
étrangement défiguré (ce qui n'étonnera personne) dans la
version officielle du procès. Nous tâcherons de le ramener à
son exactitude historique, en prenant pour base de notre récit
les dépositions des témoins, au nombre de trois, qui nous ont
raconté la scène : l'huissier Jean Massieu, le chevalier
Aimond de Macy et l'un des médecins qui visitèrent Jeanne
dans sa prison, Guillaume de la Chambre, maître ès arts et
en médecine. La relation des deux premiers renferme des
assertions contradictoires : reproche qu'on ne saurait adresser
au troisième, Guillaume de la Chambre. Nous l'écouterons
donc de préférence. Il est d'ailleurs plus indépendant, plus
soucieux de la précision des détails, plus sûrement informé
aussi, lui qui, à propos de la cédule d'abjuration, peut signer

l'attestation suivante : « J'étais si rapproché, moi qui dépose, que vraisemblablement j'aurais pu voir les lignes et la manière dont elles étaient tracées (1). »

Quant aux personnages qui figurent dans cette comédie sacrilège, il y a des degrés dans leur culpabilité. Tout a été concerté entre les chefs, et les rôles ont été assignés d'avance aux acteurs, c'est vrai ; mais la plupart de ces derniers (ceci soit dit à leur décharge) n'ont pas conscience de l'iniquité finale pour laquelle on réclame leur concours. Pierre Cauchon, Nicolas Loyseleur, Jean Beaupère, maître Erard, et le cardinal de Winchester semblent avoir été les seuls initiés à ce mystérieux complot. Leur habileté consistera à y faire coopérer activement ceux-là même qui n'en soupçonnent pas l'ignominie.

II. — Scène du Cimetière de Saint-Ouen

Le jeudi 24 mai, deux estrades sont dressées sur la place du cimetière de l'abbaye de Saint-Ouen. Sur l'une, très simple, montera l'accusée, et à ses côtés maître Erard, le prédicateur désigné, l'huissier Jean Massieu, les deux greffiers Manchon et Boisguillaume ; l'autre, encadrée de riches tentures et plus vaste, est réservée aux juges et à tous les hauts dignitaires ecclésiastiques invités par Cauchon : le cardinal de Winchester ; Louis de Luxembourg, évêque de Thérouanne,

____

(1) *Procès*, t. III, p. 49.

chancelier de France pour Henri VI ; Jean de Mailly, évêque
de Noyon, membre du conseil privé du même souverain ;
William Andwick, évêque de Nordwick ; une dizaine d'abbés
attachés à la fortune de l'Angleterre, entre autres celui de
Saint-Ouen ; et un certain nombre d'assesseurs. Le peuple
rouennais, qui n'a jamais eu l'occasion d'apercevoir la célèbre
prisonnière, se tient par masses compactes entre les deux
estrades et couvre l'immensité de la place, lieu ordinaire des
réunions publiques. Les soldats anglais font le service d'ordre.
Non loin des estrades apparaît, sur son lugubre chariot, un
être que chacun évite, le bourreau. Du siège qu'il occupe,
l'évêque de Beauvais peut se rendre compte que la mise en
scène est parfaite ; il ordonne d'amener l'accusée.

Dès le matin, la jeune fille a été avertie par Jean Beaupère
qu'elle serait conduite sur la place du cimetière pour y être
prêchée. Le docteur de Paris lui a donné ce conseil : « Si vous
êtes bonne chrétienne, déclarez que vous vous en remettez
pleinement à la sainte Église, et spécialement aux juges
ecclésiastiques (1). » Jeanne est inquiète et perplexe, d'autant
plus que ses Voix lui ont annoncé qu'on chercherait à la
tromper.

La porte de sa prison s'ouvre avec fracas ; elle suit ses
geôliers et prend place sur une charrette gardée par des soldats anglais. Elle avance ainsi, sous ses vêtements d'homme
et chargée de fers, à travers une foule plutôt sympathique.
Les soldats anglais, qui attendent une condamnation capitale,

____

(1) *Procès*, t. II, p. 20-21 : Dép. de Jean Beaupère.

paraissent eux-mêmes satisfaits. Au moment où la prisonnière, arrivée au pied de l'estrade, descend de la charrette, Nicolas Loyseleur s'approche d'elle ; et lui qui l'a jusque-là encouragée dans la résistance à l'Église, lui tient alors un langage tout différent : « Jeanne, croyez-moi, si vous le voulez, vous serez sauvée. Consentez à prendre les habits de votre sexe, et faites tout ce qui vous sera ordonné. Autrement vous êtes en péril de mort ; mais si vous faites ce que je vous dis, vous serez saine et sauve et remise à l'Église (1). »

Être remise à l'Église, Jeanne l'a si souvent réclamé ! Voudrait-on enfin réaliser ses désirs ? Pendant qu'elle réfléchit à cette pensée, Guillaume Erard, recteur insigne de l'Université de Paris, commence le sermon d'usage. Il a pris pour texte ces paroles de saint Jean : « Le sarment ne peut de lui-même porter de fruit, s'il ne demeure attaché à la vigne. » L'application à l'accusée était facile. Mais traiter Jeanne de schismatique, de sarment stérile, ne suffit bientôt plus au zèle antifrançais du prédicateur ; il affirme de plus qu'avec la Pucelle, le roi, le clergé et tout le peuple français sont hérétiques. A ces mots, la jeune fille s'indigne, elle si sensible quand l'honneur du pays est en jeu ! Elle se contient pourtant. L'orateur insiste sans pudeur ; et apostrophant la prisonnière, il s'écrie : « Oui, je te le dis et je te le répète, ton roi, puisqu'il t'a écoutée, est hérétique et schismatique ! »

Soudain Jeanne entend ses Voix qui lui disent : « Réponds ». Elle obéit. « Par ma foi, révérence gardée, j'ose bien

____

(1) *Procès*, t. III, p. 146 : Dép. de Guillaume Manchon.

vous dire et jurer sous peine de ma vie que mon roi est le plus noble chrétien de tous les chrétiens. Nul mieux que lui n'aime la foi et l'Église ; il n'est donc point tel que vous dites. — Faites-la taire (1) ! » commande le prédicateur embarrassé. Aussitôt il adoucit le ton ; et d'une voix altérée par une feinte commisération, il supplie l'accusée de rétracter ses actions, ses paroles et ses révélations.

« Je vais vous répondre, dit Jeanne. Pour ce qui est de la soumission à l'Église, j'ai demandé que tout ce que j'ai dit ou fait soit envoyé à Rome, à Notre Saint-Père le Pape, auquel, après Dieu, je m'en rapporte. Ce que j'ai dit, ce que j'ai fait, je l'ai dit et fait par ordre de Dieu. Je n'en rends personne responsable, ni mon roi, ni aucun autre ; s'il s'y trouve quelque faute, c'est à moi qu'elle est imputable et non à d'autres.

(Maître Erard). — Révoquez-vous tous vos discours et tous vos actes qui sont réprouvés par les clercs ?

(Jeanne). — Je m'en rapporte à Dieu et à Notre Saint-Père le Pape.

(Pierre Cauchon). — Cela ne suffit pas. On ne peut aller chercher Notre Saint-Père le Pape si loin. Les évêques sont juges, chacun dans son diocèse. Vous devez donc tenir pour vrai ce que les clercs et autres savants ont décidé au sujet de vos paroles et de vos actes. »

Trois fois le juge somme l'accusée de se soumettre ; et trois fois Jeanne répond : « *J'en appelle à Dieu et à Notre*

---

(1) Dépositions de Guillaume Manchon (*Procès*, t. II, p. 15) et d'Isambard de la Pierre (*ibid.*, p. 353).

Saint-Père le Pape des grands torts et aggravances qu'on me fait. »

Cet appel au Pape, si solennellement réitéré, enlevait toute juridiction, dans le cas, au président non moins qu'aux autres membres du tribunal. En n'en tenant pas compte, puis en assurant que l'évêque remplace le Pape dans son diocèse, c'est Pierre Cauchon qui verse du côté du schisme, pendant que la victime demeure dans les limites du droit et de l'orthodoxie.

Lorsque le juge déclare qu'il va prononcer la sentence de condamnation, un frisson parcourt la foule. « Jeanne, crie-t-on de toutes parts, faites ce qu'on vous conseille. Voulez-vous donc votre mort (1) ? » Les docteurs qui sont auprès de la jeune fille, la pressent également de déférer au conseil des juges. Nicolas Loyseleur intervient de nouveau : « Jeanne, sauvez votre âme; faites ce que je vous ai dit; prenez des habits de femme. » De concert avec le prédicateur il lui fait des promesses trompeuses : si elle se soumet, elle sera mise en prison d'Église, elle aura une femme avec elle, elle pourra aller à la messe et communier, elle sera même rendue à la liberté (2). En même temps Erard lui lit une formule d'abjuration qui renfermait, selon les suppositions les plus vraisemblables, un triple engagement : se soumettre aux décisions de l'Église (et par ce mot les juges entendaient le tribunal de Rouen), quitter le costume militaire et renoncer

---

(1) *Procès*, t. III, p. 55 : Dép. de Jean de Mailly, évêque de Noyon.
(2) *Ibid.*, t. I, p. 455 : et t. III, p. 149.
(3) *Ibid.*, t. II, p. 338 ; et t. III, p. 156.

à prendre les armes (1). Erard conclut : « Voilà ce qu'il faut abjurer et révoquer. — Mais, reprend Jeanne, je n'ai rien fait de mal. Je m'en remets à la cour de Rome, et je veux donner croyance à tout ce que l'Église enseigne. — Tu vas abjurer et signer cette cédule ! — Qu'est-ce qu'abjurer? Je ne comprends pas ; qu'on me donne conseil. »

Jean Massieu le lui explique ; et comme la cédule contient un acte de soumission à l'Église universelle, il l'exhorte à y souscrire et à signer. Et la Pucelle de dire aussitôt : — « Je m'en rapporte à l'Église universelle, si je dois abjurer ou non.

— Tu vas abjurer présentement, ou tu seras brûlée aujourd'hui ! » réplique maître Erard. Et du geste il indique le bourreau, là, tout prêt à accomplir son horrible besogne. La jeune fille a soudain la vision nette d'une mort imminente ; cependant elle ne perd rien de son calme ni de sa présence d'esprit, et les faits vont tout de suite nous en fournir la preuve. Maître Erard lui donne lecture du texte de l'abjuration, « petite formule de six ou sept lignes », écrite « sur le revers d'une feuille de papier doublé. » « Signez, signez, répète-t-il avec insistance, et vous serez délivrée de prison (2). » Massieu lui en renouvelle la lecture, puis lui tend la cédule. Jeanne se recueille ; elle se défie, redoute un piège, réclame l'autographe, le lit attentivement, refuse d'y apposer

(1) Déposition de Guillaume de la Chambre : *Procès*, t. III, p. 49.

(2) Massieu et de Macy se sont laissé induire en erreur, à ce sujet, par les inventions mensongères de Laurent Calot. D'après eux, Jeanne répond qu'elle ne sait « ni lire ni écrire ». Or quelques lignes plus loin, Erard lui dit : « Signez. » La contradiction est flagrante.

sa signature et se contente d'y marquer une croix : ce qui
était pour elle un signe conventionnel de désaveu (1). A-t-elle
l'illusion d'échapper, par cette ruse innocente, au supplice
du feu? Peut-être; un sourire lui monte aux lèvres. Mais
Pierre Cauchon n'est pas satisfait; il veut la signature. Alors
un de ses affidés, Laurent Calot, secrétaire d'Henri VI, se
précipite sur l'estrade, saisit la main de la Pucelle et la force
à signer. Elle dessine un rond, en jetant autour d'elle un
sourire ironique dont s'offense l'amour-propre des soldats
anglais. « Elle se joue de nous! » murmurent-ils. Un tumulte
se produit dans l'assemblée : une grêle de pierres tombe sur
l'estrade; un chapelain du cardinal d'Angleterre, apostrophant l'évêque de Beauvais, s'oublie au point de le traiter
« de traître et de complice de l'inculpée (2). » « Vous en avez
menti ! riposte le prélat, très chatouilleux sur ce point. Vous
m'avez injurié; je ne continuerai pas le procès que vous ne
m'ayez fait réparation. » Et de colère, il jette à terre le par-
chemin qu'il serrait d'une main fiévreuse. Le cardinal de
Winchester intervient. Il blâme sévèrement le chapelain et
l'oblige à présenter des excuses.

L'évêque, apaisé, reprend son triste rôle de juge aux gages
des princes de Lancastre. Il prétend que l'accusée a abjuré et
signé ; et se tournant vers le cardinal : « Que faut-il faire, lui

______

(1) « La dite femme avoue avoir fait écrire beaucoup de lettres. Elle
mettait parfois une croix ; et c'était une marque *de ne pas exécuter ce
qu'elle ordonnait* (6ᵉ des 12 articles ou griefs envoyés à l'Université de
Paris). » Jeanne déclare elle-même (séance du 1ᵉʳ mars) avoir plus d'une
fois, au cours de sa correspondance avec les gens de son parti, fait usage
de ce signe dans le même sens négatif.

(2) *Procès*, t. II, p. 322.

demande-t-il ? — L'admettre à la pénitence », répond Winchester (1). Pierre Cauchon, comme s'il eût attendu cette réponse, déploie et lit aussitôt une seconde sentence préparée d'avance. Jeanne y était relevée de l'excommunication ; mais à cause de ses péchés contre Dieu et contre l'Église, elle était condamnée « à la prison perpétuelle, au pain de douleur et à l'eau d'angoisse, afin d'y pleurer ses fautes et de n'en plus commettre qui soient à pleurer. »

La sentence prononcée, la Pucelle, sur le conseil de Jean Massieu et de plusieurs assesseurs, réclame l'accomplissement des promesses antérieures. « Or ça, gens d'Église, conduisez-moi dans vos prisons et que je ne sois plus entre les mains de ces Anglais. » Le chef des gardes interroge l'évêque. « Menez-la où vous l'avez prise (2) », répond le juge prévaricateur : étrange conclusion d'une scène plus étrange encore ! Mais les geôliers s'en autorisent, en obéissant à la consigne, pour rudoyer la captive et décharger sur elle leur mauvaise humeur.

Telle·se présente à nous, une fois dégagée du tissu de ténèbres, de contradictions, de falsifications de toute sorte dont l'avaient enveloppée les juges de Rouen, cette journée du 24 mai qui a si longtemps exercé la patience des érudits et les recherches de la critique. — « Une mystification ! » avouait un témoin oculaire, un chaud partisan de l'influence britannique, Jean de Mailly, évêque de Noyon (3). — « Un

____

(1) *Procès*, t. III, p. 64-65.
(2) *Ibid.*, t. II, p. 14.
(3) Jean de Mailly : *ibid.*, t. III, p. 53.

guet-apens sacrilège ! » déclareront plus tard les commissaires pontificaux chargés de la revision du procès. — « Un guet-apens sacrilège, mais aboutissant à un échec ! » ajouterons-nous à notre tour, pour compléter l'anathème des reviseurs ; et quiconque étudiera les faits sans parti-pris, quiconque prêtera l'oreille aux attestations des contemporains, partagera, nous l'osons croire, notre appréciation. Quel était en effet l'objectif du complot si perfidement ourdi par l'évêque de Beauvais, sinon d'amener la Pucelle à renier elle-même sa mission ? Qu'a-t-il obtenu en réalité ? Une croix, un rond : une croix, marque de désaveu ; un rond, signe d'ironie ; et c'est tout.

Jeanne sait signer ; elle n'a pas signé ; elle a refusé de signer. Donc elle n'a pas abjuré, demeurant ainsi jusqu'au bout « sans faiblir un seul instant (1) », fidèle à elle-même et à sa mission. Et qu'on ne nous objecte pas la formule d'abjuration annexée au procès ! Car cette pièce, composée par Pierre Cauchon, à sa guise et après coup, cette pièce où la vierge domrémoise « répudie ses erreurs » (et par ce mot il désigne ses révélations), est fausse et la simple copie d'un original dont personne, ni l'inculpée, ni les greffiers, ni les assesseurs, n'a connu le texte.

L'héroïne n'a rien nié, rien rétracté. C'est la persuasion des Anglais eux-mêmes, notamment de Warwick. Ne soupçonnant pas les conséquences ultérieures de cette infernale machination, il ne peut s'empêcher d'exhaler son mécon-

____

(1) Déposition de Martin Ladvenu : *Procès*, t. III, p. 165.

tentement. « Les affaires du roi vont mal, murmure-t-il ; cette fille va nous échapper ! — N'ayez cure, lui répond un assesseur mieux renseigné que lui : nous la rattraperons bien (1) ! » Mis alors plus à fond au courant du complot, il y adhère, et nous le verrons bientôt remplir à l'égard de sa prisonnière un rôle peu honorable pour lui.

Il ne nous semble pas qu'on puisse rien alléguer qui soit de nature à infirmer ces divers témoignages. La lumière est donc faite sur l'issue comme sur le fond de la scène du cimetière de Saint-Ouen. L'indigne prélat en sort la mémoire chargée d'un faux et d'une vilenie de plus, tandis que la captive se retire le front auréolé d'un nouveau rayon de beauté, de cette beauté morale que créent les larmes de l'innocence et la force dans l'épreuve.

(1) *Procès*, t. II, p. 376 : Déposition de Jean Fave.

LE SUPPLICE DE JEANNE D'ARC

(Lenepveu ; Panthéon).

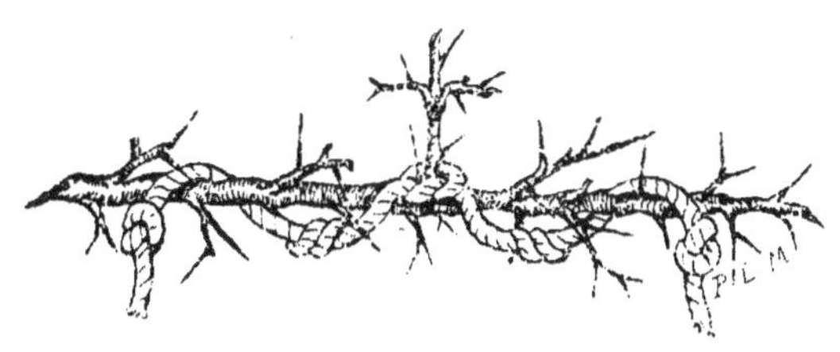

CHAPITRE XVII

LA MARTYRE

La Pucelle a de nouveau franchi l'enceinte de la forteresse. Que va-t-elle faire? Et quel compte va-t-elle tenir des injonctions du tribunal? Les juges sont inquiets; et sur leur ordre, dans la soirée même du 24 mai, un Conseil d'Église, composé du vice-inquisiteur et de plusieurs assesseurs, est chargé de procéder aux constatations requises. Jean Lemaître, trouvant Jeanne vêtue d'une robe et les cheveux coupés, l'exhorte à persévérer dans ces bonnes dispositions; il l'avertit toutefois que si elle retourne à ses premiers errements, elle sera à jamais abandonnée par l'Église.

Après le départ des visiteurs, la pauvre captive jette un regard autour d'elle. Pas d'illusion possible ! Elle est toujours « en prison anglaise. » Même cachot, même supplice, sans excepter les chaînes de fer et cette rebutante promiscuité avec des brutes qui lui pèse plus que tout le reste. A dessein, Warwick a laissé les habits d'homme dans son cachot ; se voyant trompée, elle les reprendrait d'elle-même, pensait-il, et fournirait ainsi matière à de nouvelles accusations. En même temps les geôliers ont été invités à multiplier leurs molestations, les injures et même les coups à leur prisonnière, que les vêtements de femme semblent mettre davantage à la merci de leurs ressentiments. Elle souffre tout avec patience, attendant une occasion pour réclamer ce qui lui a été promis. Mais les Anglais font bonne garde. Pendant deux longs jours, personne ne peut approcher de la prison. Des docteurs de Paris envoyés par Cauchon lui-même auprès de sa victime, furent maltraités par les soldats anglais et s'enfuirent sans avoir pu l'entrevoir.

Nous arrivons ainsi au dimanche 27 mai. Jeanne eut-elle l'espoir qu'ayant endossé la robe, on lui permettrait au moins d'entendre la messe ? Peut-être. Dans tous les cas, dès le matin elle dit à ses gardes : « Déferrez-moi, et je me lèverai. » Car, on s'en souvient, « lorsque la prisonnière était couchée, elle avait les jambes tenues par deux paires de fers et le corps attaché moult étroitement par une chaîne qui traversait le pied de son lit, de telle sorte qu'elle ne pouvait se mouvoir (1). » Les gardes parurent d'abord se rendre à sa prière ;

(1) Déposition de Jean Massieu : *Procès*, t. II, p. 18 ; et t. III, p. 154.

ils lui enlevèrent ses chaînes, mais en même temps l'un d'eux
serra les habits de femme, et mit les autres à la place, c'est-
à-dire le costume masculin, en disant : « Lève-toi. — Vous
savez, fit remarquer la Pucelle, que ce vêtement m'est
défendu. Sans faute, je ne le prendrai pas ! » Mais les soudards s'obstinèrent, — avec cette insolence qui s'appuie sur
les ordres formels ou sur la connivence des autorités supé-
rieures, — à ne point lui en donner d'autres. Le débat dura
jusqu'à midi. A la fin, la nature réclama ses droits, et Jeanne
se vit contrainte de prendre les habits d'homme pour sortir.
Revenue dans sa prison, elle supplia, mais en vain, qu'on
lui restituât sa robe, le vêtement imposé par la sentence du
tribunal.

Une heure plus tard, l'événement était connu de toute la
ville de Rouen. Les esprits non prévenus s'attristèrent ; les
ennemis de Jeanne poussèrent des cris de joie, voyant qu'elle
était perdue sans retour.

L'évêque de Beauvais, ostensiblement prévenu, chargea
plusieurs docteurs de vérifier le fait. Ceux-ci arrivèrent au
château. En attendant qu'ils fussent introduits, ils parlaient
entre eux du nouveau procès en perspective et de la procédure
à suivre. L'un d'eux, André Marguerie, fit cette remarque :
« Constater la reprise des habits d'homme ne suffit pas ; il
serait bon de connaître le motif qui a dirigé ici la jeune fille. »
Les soldats, mécontents de cette marque d'intérêt pour la
captive, chassèrent les docteurs en les menaçant de leurs
armes.

Warwick, averti, comprit qu'il s'était trop pressé et que la victime allait tout compromettre par ses explications. Il lui fallait pallier son forfait et amener la prisonnière à prendre de son propre mouvement et à garder de son plein gré le costume prohibé par les juges. Une idée d'une perversité inouïe le hantait ; il trouva le moyen de la réaliser. Avec son autorisation, un lord anglais qu'on ne nomme pas, s'introduisit la nuit dans la prison de Jeanne et tenta de lui faire violence (1). La vierge pudique le repoussa avec une énergie que doublait l'indignation ; mais, après la victoire, elle sentit plus que jamais toute l'horreur de sa situation. Chez tous les peuples civilisés, « le prisonnier est un être sacré. » Mais elle ! On ne la respecte pas ! Aussi, quand le lundi matin le frère Isambard pénétra dans son cachot, la trouva-t-il tout en larmes, le visage pâle et défait ; il en fut tout ému de compassion.

Le même jour et avant lui, Warwick avait constaté la pleine réussite de son plan. Il s'empressa d'en donner avis à l'évêque de Beauvais. Celui-ci accourut, dès que ses délégués, reçus cette fois avec égard, lui eurent certifié « le délit de relapse ». Sept assesseurs l'accompagnaient. En leur présence, il interrogea la jeune fille. « Vous aviez juré de prendre les habits de votre sexe.

— (Jeanne). *Je n'ai jamais entendu faire pareil serment !*

— (L'évêque). Mais enfin, pourquoi avez-vous repris les vêtements d'homme ?

---

(1) Dépositions de Martin Ladvenu (*Procès*, t. III, p. 158) et d'Isambard de la Pierre (t. II, p. 305).

— (Jeanne). *Parce que, obligée de vivre avec des hommes, il me paraît préférable de porter le costume viril* (1). »

Dans la réponse de la Pucelle à la seconde interrogation, nous avons reproduit la version officielle du Procès ; mais la version officielle est souvent fautive, et c'est le cas. Voici en effet la réponse authentique de Jeanne, telle que l'a entendue le greffier Guillaume Manchon, telle qu'il la consigne vingt ans après, c'est-à-dire dès qu'il a recouvré la liberté de la parole, au procès de revision. « Vous vous étiez engagés, vous juges, à m'ouvrir les portes de ce cachot, à me transférer en prison d'Église, à me donner une femme pour compagne. Vous n'avez rien tenu de vos promesses, et j'ai dû reprendre les vêtements d'homme *pour défendre ma pudeur* (2). » Et faisant allusion à l'attentat du lord anglais, elle leur reprocha d'en être la cause par leur manque de loyauté.

Insérer une réplique si tristement lumineuse eût été se condamner eux-mêmes devant la postérité. Ils le sentirent, et glissèrent dans la rédaction une phrase qui n'eût rien de compromettant pour eux.

Le vierge domrémoise a pleinement justifié sa conduite ; le prélat, confondu, n'essaie pas de justifier la sienne. Il passe sans transition de l'article secondaire qu'est le vêtement à la question capitale et qui le préoccupe le plus : *la nature des visions* de l'héroïne. « Depuis jeudi, avez-vous entendu vos Voix ?

(1) *Procès*, t. I, p. 461.

(2) *Ibid.*, t. II, p. 329 ; et t. III, p. 150. — On voit, par cet exemple, combien les historiens ont raison de suspecter la version officielle du Procès.

— Oui.

— Croyez-vous que vos Voix soient sainte Catherine et sainte Marguerite ?

— Oui, je le crois, comme je crois qu'elles viennent de Dieu.

— Persistez-vous à vous dire envoyée de Dieu ?

— Si je disais que Dieu ne m'a pas envoyée, je me damnerais ; car c'est vraiment lui qui m'a envoyée.

— Ne craignez-vous pas le supplice du feu ?

— J'aime mieux faire ma pénitence en une seule fois et mourir qu'endurer plus longtemps le supplice de la prison. Je n'ai jamais rien fait contre Dieu ni contre la foi. Je n'ai jamais eu l'intention de rien rétracter qu'autant que ce serait le bon plaisir de Notre-Seigneur (1). »

L'annotateur du procès-verbal écrit en marge : « *Responsio mortifera* : Réponse qui entraîne la mort. » C'est donc bien pour avoir affirmé l'origine surhumaine de sa mission que Jeanne sera condamnée au bûcher.

Au sortir du cachot, l'indigne prélat avait un visage rayonnant. Dans la cour du château, il aperçut Warwick au milieu d'un groupe d'officiers anglais. D'un pas rapide il alla vers eux, et leur dit en ricanant : « Réjouissez-vous : c'est fait ! Elle est prise ! » C'est le cri de la bête fauve flairant sa proie !

Le lendemain 29 mai, sur sa convocation et sous sa présidence, Jean Lemaître et quarante-cinq assesseurs se réunis-

____

(1) *Procès*, t. I, p. 461 et suiv.

saient dans une des salles de l'archevêché de Rouen. Il lut
la formule abjuratoire que Jeanne était censée avoir souscrite
(probablement la pièce subreptice de Laurent Calot), exposa
à sa manière comment l'accusée, « poussée par le diable, avait
manqué à tous ses engagements, repris les habits d'homme
et maintenu la réalité divine de ses visions », en fit la preuve
par la lecture du procès-verbal du dernier interrogatoire, puis
demanda l'avis de chacun. Deux assesseurs seulement décla-
rèrent la Pucelle *hérétique et relapse*, sans restriction
aucune. Tous les autres la jugèrent également « relapse » ;
mais ils demandèrent qu'avant de prononcer la sentence définitive, on relut à l'inculpée la formule d'abjuration, clause
normale en elle-même et d'autant plus essentielle dans le cas
(ils devaient le soupçonner), que *la captive n'avait jamais
eu connaissance, en aucune manière, de la teneur du document invoqué contre elle!* Cauchon se garda bien d'en
tenir compte. Le soir même, il fit dresser l'acte de citation par
lequel Jeanne était appelée à comparaître le lendemain, à
huit heures du matin, à Rouen, sur la place du Vieux-
Marché, pour s'entendre déclarer « relapse, excommuniée,
hérétique ».

Mercredi 30 mai. — Le dernier jour de la victime est
arrivé. Aux premières lueurs de l'aurore, les frères Martin
Ladvenu et Jean Toutmouillé, dominicains, envoyés par
l'évêque de Beauvais, pénètrent dans la prison de Jeanne et
lui annoncent que l'exécution de la sentence portée contre
elle aura lieu dans le cours même de la journée : elle sera

brûlée vive (1). A la nouvelle d'un supplice aussi cruel, la jeune fille délicate et sensible se révèle : elle tremble, elle pleure. Tout son corps est secoué par un spasme nerveux ; ses mains labourent sa tête rasée, et de ses lèvres s'échappent de douloureuses lamentations : « Hélas ! Quel horrible traitement on me fait subir ! Quoi ! Ce corps qui n'a jamais été souillé et que j'ai conservé entièrement pur, sera donc aujourd'hui même consumé, reduit en cendres ! Ah ! J'aimerais mieux être décapitée sept fois que d'être ainsi brûlée. Hélas ! Si j'avais été dans les prisons ecclésiastiques, gardée par des gens d'Église, et non par mes adversaires et mes ennemis, je n'aurais pas fait une si misérable fin ! Ah ! J'en appelle à Dieu, le Souverain Juge, des torts et des injustices dont on m'accable ! »

Les deux prêtres lui adressent quelques paroles de consolation. Alors Jeanne, touchée de leur sympathie, leur ouvre son cœur tout débordant d'amertume, et leur raconte l'attentat et les violences dont elle a été l'objet. Mais déjà la chrétienne s'est ressaisie, elle prie le frère Martin Ladvenu d'entendre sa confession ; et les pardons du ciel, en descendant sur son âme, y versent à flots le calme et la paix.

Quelques temps après, Pierre Cauchon entre, accompagné de quelques docteurs. C'est le bourreau poursuivant sa victime jusque dans les affres des derniers moments et s'acharnant à vouloir lui extorquer un aveu qu'elle lui refuse non

----

(1) Tous les détails du supplice de la Pucelle ont été fournis par des témoins présents au drame : Jean Massieu, Martin Ladvenu, Isambard de la Pierre, Manchon, Toutmouillé, Marguerie, etc. Voir leurs dépositions : *Procès*, t. II et III.

moins obstinément, l'aveu « qu'elle a été trompée par ses Voix. » Jeanne devine ses intentions ; elle l'arrête, et se redressant dans la fierté de son titre de « fille de France » et la sublimité de sa mission, elle lui jette à la face cette parole vengeresse : « *Évêque, je meurs par vous* (1) ! » Comme si elle eût dit : « C'est vous, le représentant officiel de la maison de Lancastre ! C'est vous, le président du tribunal qui m'avez condamnée ! C'est sur vous que retomberont toutes les responsabilités ! » Il essaie de parer le coup. « Jeanne, prenez vos douleurs en patience ! Vous mourez, parce que vous n'avez pas tenu ce que vous avez promis et que vous êtes retournée à votre premier maléfice. » Mais la Pucelle riposte aussitôt : « Si vous m'aviez mise en prison ecclésiastique, j'y aurais trouvé des gardiens convenables, et ce que vous dites là ne serait pas arrivé. *C'est pourquoi j'en appelle de votre jugement au jugement de Dieu.* »

C'est sur cet appel à la justice éternelle, cette dernière ressource des âmes opprimées, que se termine le dialogue. En réalité, le représentant des princes de Lancastre n'a rien obtenu, pas plus dans les ombres du cachot qu'au plein jour du cimetière de Saint-Ouen. Outré de dépit et froissé dans son orgueil, il défend aux greffiers de mentionner cet entretien privé. Il y reviendra plus tard, il est vrai, quand sa victime ne sera plus là pour le démentir. Pour servir ses maîtres, il se mettra en frais d'imagination, reconstituera à sa manière les détails de l'entrevue et prêtera à la vierge

(1) Déposition de Martin Ladvenu : *Procès*, t. II, p. 8.

domrémoise morte l'aveu qu'il n'a pu lui extorquer vivante, l'aveu que « ses Voix l'ont trompée (1) » ; mais les greffiers refuseront d'authentiquer de leur signature ce libelle *fantaisiste, faux* et *diffamatoire*, suprême et vain effort du parti qui cherchait à déshonorer du même coup la Pucelle et la France.

Au moment où Pierre Cauchon se retirait avec son escorte, Jeanne dit à Pierre Maurice qui lui avait témoigné quelque sympathie : « Maître Pierre, où serai-je ce soir ?

— N'avez-vous pas bon espoir en Dieu, répondit le docteur ?

— Oh ! si ! J'ai confiance, et, Dieu aidant, ce soir je serai au paradis. »

Restée seule avec Martin Ladvenu, la jeune fille lui confie son extrême désir de recevoir le Pain des forts avant de mourir : faveur qu'elle a sollicitée tant de fois, toujours en vain ! A l'instant même, Jean Massieu, exécuteur des ordres du tribunal, arrive et lit à l'accusée la citation des juges la convoquant sur la place du Vieux-Marché. Ladvenu fait part à l'huissier de la demande de la prisonnière, afin qu'il en parle à l'évêque de Beauvais. Jean Massieu revient bientôt, avec cette réponse du prélat : « Dites au frère Martin qu'il lui donne la communion et tout ce qu'elle demandera. » Concession qui suffirait, à elle seule, à établir l'innocence de la victime.

Quelques minutes de silence ; puis un prêtre paraît, seul, apportant la sainte Hostie, mais sans la pompe accoutumée.

(1) *Procès*, t. I, p. 477-485.

Frère Martin s'indigne de cette façon d'agir trop peu respec-
tueuse. « Retournez, dit-il au prêtre, et accomplissez les cérémonies requises. » Celui-ci défère à un vœu si légitime. Il se
rend à l'église voisine ; un cortège s'organise ; les clercs en
surplis, un cierge à la main, s'avancent solennellement au
chant des Litanies, et à chaque invocation les assistants
répondent : « Priez pour elle. »

Jeanne communie avec une ferveur indicible. Elle ne peut
contenir les élans de sa joie et donne un libre cours aux ten-
dres effusions de sa piété : soupirs enflammés, entremêlés de
sanglots, doux colloque avec le Maître adoré ou touchantes
supplications qui arrachent des larmes aux assistants ! L'Eu-
charistie est le dernier mot, ici-bas, de l'Amour éternel ; le
sacrifice, l'immolation de soi, est en retour le dernier mot de
l'amour humain. L'un conduit à l'autre ; on peut dresser le
bûcher : Jeanne est prête.

II. — LE SUPPLICE.

Un peu avant neuf heures, l'héroïne, vêtue d'une longue
robe, la tête couverte d'un chaperon, sort de sa prison et se
dirige vers la fatale charrette qui l'attend sur la cour du château. A ce moment, un homme écarte les rangs des Anglais et
s'approche, bourrelé de remords, de celle qu'il a indignement
trompée : c'est Loyseleur. Il se jette aux pieds de Jeanne et
lui crie, d'une voix étouffée par les sanglots : « Pardon ! » La

condamnée n'a pas le temps de lui répondre ; déjà les soldats, furieux, se sont précipités sur le chanoine en qui ils ne voient plus qu'un « Armagnac », et l'ont violemment repoussé. Ils l'auraient écharpé sur place, si Warwick ne fût intervenu pour prendre sa défense, en lui intimant l'ordre de disparaître au plus tôt.

La charrette, où Massieu et Martin Ladvenu ont pris place aux côtés de la Pucelle, traverse les rues étroites qui vont de la forteresse à la place du Vieux-Marché. Cent vingt soldats anglais servent d'escorte. Durant le trajet, la Bienheureuse paraît tout abîmée dans la pensée de Dieu; elle accepte en silence, des mains du Sauveur, le calice d'amertume qu'il lui tend. De temps à autre cependant, son cœur s'épanche en plaintes résignées comme celle-ci : « Rouen ! Rouen ! Est-ce donc ici que je dois mourir ? »

On arrive au terme du parcours, la place du Vieux-Marché, gardée par une forte compagnie de guerriers armés jusqu'aux dents. Tout autour, dans les rues adjacentes, des milliers de spectateurs, plutôt sympathiques. On a élevé quatre estrades. La première est réservée aux juges et aux assesseurs ; le cardinal de Winchester, les évêques de Noyon et de Thérouanne ainsi que plusieurs docteurs, occupent la seconde; la troisième reçoit le bailli de Rouen et ses officiers de justice ; la quatrième est destinée à Nicolas Midi, à Jean Massieu et à la victime, assistée des deux Dominicains Martin Ladvenu et Isambard de la Pierre. Tout près d'elle, la condamnée aperçoit des fagots entassés sur une assise en maçonnerie, et au-dessus un poteau qui émerge ; c'est le bûcher qui doit la con-

sumer. A cette vue, elle a dû tressaillir d’effroi ; mais elle ne
faiblit pas. En face de l’instrument du supplice, la foule peut
lire, en grosses lettres, l’inscription suivante : *Jeanne, qui
s’est fait nommer la Pucelle, menteresse, pernicieuse, abu-
seresse du peuple, devineresse, superstitieuse, blasphéme-
resse de Dieu, présomptueuse, mécréante en la foi, vante-
resse, idolâtre, cruelle, dissolue, invocatrice du démon,
apostate, schismatique, hérétique.*

Toute la haine des Anglais se retrouve, condensée, dans ces
quelques lignes.

Pendant une heure, le prédicateur chargé d’expliquer à
l’accusée le motif de sa condamnation, développe ce texte de
saint Paul : « Si un des membres souffre, tous les membres
souffrent avec lui. » Après avoir énuméré les griefs que nous
connaissons, il prononce la phrase alors en usage pour livrer
les comparants au bras séculier : « Jeanne, va en paix !
L’Église ne peut plus te défendre. » Pierre Cauchon parle à
son tour ; il se croit encore le droit d’exhorter sa victime ! Une
hypocrisie de plus ! Puis il lit sa sentence de condamnation :
la Pucelle, déclarée *relapse, hérétique, excommuniée*, est
retranchée de l’Église et abandonnée au pouvoir séculier,
dont le juge implore l’indulgence et la modération.

Au milieu de toutes ces formalités hypocrites, la jeune fille
est restée calme et sereine, l’âme plus au ciel que sur terre,
et comme étrangère à tout ce qui se passe autour d’elle. Mais
lorsque la voix de l’évêque a cessé de frapper ses oreilles,
Jeanne, les yeux sur l’éternité, se prosterne à genoux et
implore à haute voix le secours du Très-Haut. « Sainte Tri-

nité, ayez pitié de moi ! Je crois en vous ! Jésus, ayez pitié de moi ! » Et ensuite : « Priez pour moi, ô Marie. Saint Michel, saint Gabriel, sainte Catherine, sainte Marguerite, venez à mon aide ! » S'adressant au peuple : « Vous tous qui êtes ici, pardonnez-moi comme je vous pardonne. » Aux prêtres qui l'entourent : « Vous, prêtres, dites chacun une messe pour le repos de mon âme. » Elle pense à son roi qui l'oublie, et c'est pour protéger son honneur. « Qu'on n'accuse point mon roi ; il n'a point trempé dans ce que j'ai fait. Si j'ai mal fait, il en est innocent. » En réponse à la sentence de sa condamnation, elle ajoute : « Non, je ne suis pas une hérétique ; non, je ne suis pas une schismatique : je suis une bonne chrétienne. » Puis, elle reprend ses invocations : « O Jésus, ô Marie, benoîts saints et saintes du paradis, protégez-moi, secourez-moi. » Abaissant ses regards sur la populeuse cité : « Rouen ! Rouen ! Seras-tu donc mon tombeau ? »

A ce moment, l'émotion est à son comble : le peuple de Rouen sanglote ; beaucoup d'Anglais pleurent ; le cardinal de Winchester et Cauchon lui-même ne peuvent retenir leurs larmes.

Jeanne demande une croix. Un Anglais lui en fait une avec deux morceaux de bois, et la lui donne. Elle la baise avec effusion et la presse sur son cœur. Mais ce qu'elle voudrait c'est une croix avec l'image sanglante du Rédempteur ; la vue des plaies de l'Homme-Dieu adoucirait, lui semble-t-il, ses propres souffrances. Elle manifeste ses désirs à Massieu ; quelques instants après, la croix de l'église Saint-Sauveur lui est apportée. Elle colle ses lèvres sur les pieds du divin Crucifié et ne veut plus s'en détacher.

Cependant la soldatesque s'impatiente. Gens sans cœur ! « Hé ! prêtre, crient-ils à Jean Massieu, nous ferez-vous dîner ici ? » Après un long regard de pitié et d'adieu donné à la condamnée, l'exécuteur des ordres s'éloigne ; son départ signifie l'abandon définitif de l'Église. Avec lui juges, évêques et docteurs se lèvent et quittent le lieu de supplice, conformément aux règles du droit canonique.

Frère Martin Ladvenu et Isambard de la Pierre restent seuls, pour assister la Pucelle à sa dernière heure. Deux sergents anglais montent alors sur l'estrade et s'emparent de Jeanne au nom de la justice. Ils lui enlèvent son chaperon et la coiffent d'une mitre d'ignominie où sont gravés ces mots : *Hérétique, relapse, apostate, idolâtre.* Puis ils l'entraînent devant le bailli de Rouen, Jehan Salvaing. A lui seul était réservé le droit de prononcer une nouvelle sentence, au nom de la justice séculière. Devant l'impatience des Anglais, il n'ose prendre le temps nécessaire et se contente de dire : « Emmenez-la ! » A ce moment, une voix impérieuse (Warwick lui-même ou l'un de ses officiers) commande au bourreau : « Fais ton devoir (1) ! » Et « sans autre condamnation (2) », Jeanne est poussée vers le bûcher. Elle y monte ; et pendant qu'on l'attache au poteau, elle invoque saint Michel. A la vue de la multitude qui l'environne, elle s'écrie :

(1) Dép. d'Isambard de la Pierre : *Procès*, t. II, p. 6.
(2) Dép. de Laurent Guesdon : *ibid.*, t. III, p. 188.

« Ah ! Rouen, j'ai grand'peur que tu n'aies à souffrir de ma mort! »

Frère Martin Ladvenu l'a suivie ; il se tient à ses côtés et ne se lasse pas d'adresser à la douce victime des paroles de consolation. Le bourreau a mis le feu au bûcher. Tout à coup Jeanne pousse un cri : « Maître Martin, descendez !... Le feu !... Tenez la croix élevée, ajoute-t-elle, afin que je l'aie constamment devant les yeux, jusqu'à ma mort. » Frère Ladvenu rejoint Isambard de la Pierre au pied du bûcher, et tous deux continuent d'exhorter la Pucelle. Cependant la fumée s'élève en noirs tourbillons. « De l'eau bénite! De l'eau bénite ! » demande la victime. Puis elle invoque le nom de Jésus. La flamme crépite et monte ; Jeanne disparaît aux regards de la foule. On l'entend seulement s'écrier : « Saint Michel! Saint Michel! *Non, mes Voix ne m'ont pas trompée! Ma mission était de Dieu!* » Elle murmure encore : « Jésus! Jésus! » Puis une dernière fois, d'une voix vibrante : « Jésus! » Et son âme, libérée des liens de l'exil, s'envole du côté de la France, sous la forme d'une blanche colombe, vers la cité de la béatitude et de la paix (1).

C'était le 30 mai 1431. Jeanne n'avait pas encore vingt ans !

Lorsque la victime eut rendu le dernier soupir, le bourreau écarta les flammes ; secouant les cendres et montrant le corps carbonisé, il permit à tous de constater que la Pucelle était bien morte et qu'il n'y avait pas eu de substitution. L'œuvre du feu accomplie, il aperçut, intact au milieu des brasiers

(1) *Procès*, t. II, p. 352.

ardents, le cœur de la martyre. Croyant à une combustion incomplète, il se fit apporter de l'huile et du soufre, qu'il jeta sur le brasier ; le cœur reparut, frais et vermeil. Alors cet homme demeura confondu. Il fit notifier le prodige au cardinal de Winchester, en lui demandant ce qu'il fallait faire de ce cœur et des restes de la victime. « Jetez tout cela à la Seine ! » répondit le cardinal. Ainsi disparurent les derniers vestiges terrestres de la Libératrice de la France (1).

Du moins ce qui reste d'elle, rien ne pourra l'effacer : c'est le souvenir d'un rôle patriotique qui n'a pas d'égal dans l'histoire. « Non, mes Voix ne m'ont pas trompée ; ma mission était de Dieu », a-t-elle solennellement affirmé au milieu des flammes. Le divin ! C'est là, en effet, la seule solution plausible du problème historique que soulève sa vie. Dunois disait : « Je crois que Jeanne était l'Envoyée de Dieu. » Le Dauphin l'a cru également, et non sans preuves, mais sur la révélation qu'elle lui fit de secrets que lui seul pouvait connaître. Les docteurs de Poitiers l'ont cru et proclamé, après un sérieux examen ; les soldats et les chefs de l'armée française, eux aussi, ont reconnu le surnaturel au langage inspiré de la jeune fille, à la pureté virginale de ses mœurs, à l'accomplissement de ses nombreuses prophéties. Elle avait prédit qu'elle parviendrait sans encombre jusqu'au roi ; elle avait prédit qu'Orléans serait délivré, qu'on lui trouverait

____

(1) Après la mort de la vierge domrémoise, surgirent de divers côtés de fausses Pucelles. La plus célèbre est Jeanne des Armoises, qui finit par confesser sa faute. Voir les lettres de rémission du roi René : MARIUS SEPET, *Jeanne d'Arc*, p. 419.

une épée près de l'autel de sainte Catherine à Fierbois, et que le roi serait sacré à Reims. Elle avait prédit qu'elle serait capturée avant la Saint-Jean et que Compiègne serait délivrée avant la Saint-Martin; elle avait prédit enfin qu'avant sept ans, Paris serait repris par les Français et qu'un jour les Anglais seraient « boutés hors de France. » Et toutes ces prédictions se sont réalisées à la lettre. Le Très-Haut seul pouvait ainsi déchirer aux yeux de son Envoyée les voiles qui nous dérobent la connaissance des mystères de l'avenir. Nous aussi, nous croyons à la mission divine de la Pucelle et nous y applaudissons, non pas parce qu'elle nous honore, mais parce qu'elle jaillit, lumineuse, du sein même des faits non moins que des constantes affirmations de notre héroïne.

Ainsi nous apparaît, dans le drame historique qui nous occupe, la fille d'Isabelle Romée : un sourire du ciel à la France agonisante, un vrai miracle de la grâce. Derrière son visage inspiré, se laisse entrevoir, comme le soleil derrière un nuage, la main « du Seigneur qui l'emploie. » C'est lui qui appelle à Domrémy; c'est lui qui délivre à Orléans; c'est lui qui remporte la victoire à Patay; c'est lui qui triomphe à Reims. La petite paysanne meusienne n'est que son instrument, mais un instrument libre, désintéressé jusqu'à l'oubli d'elle-même, dévoué jusqu'au sublime, jusqu'à l'holocauste final.

CHAPITRE XVIII

LA GLORIFICATION

Dieu veille avec un soin jaloux sur la mémoire aussi bien que sur les ossements de ses fidèles serviteurs. Il ne permettra pas que la honte du dernier supplice retombe sur le front de son Envoyée, pour le marquer d'une flétrissure indélébile. Il interviendra directement, sous le voile des faits et des prodiges ; et sous l'action de sa toute-puissance, le bûcher d'infamie se changera en un trône de gloire, la mitre d'ignominie sera remplacée par un nimbe lumineux.

La réhabilitation commence au pied même du bûcher. Jean Tressard, secrétaire du roi d'Angleterre, était présent au supplice. Après la mort si émouvante de l'héroïne française, il s'éloigna triste et inquiet, disant à tous ceux qu'il rencontrait : « Nous sommes tous perdus ! Nous avons brûlé une sainte ! »

Maître Jean Alespée faisait une réflexion analogue, en se retirant : « Plût à Dieu que mon âme fût où est la sienne ! » Le jour même de l'exécution, dans l'après-midi, le bourreau, tout bouleversé, vint trouver les frères Isambard de la Pierre et Martin Ladvenu et leur raconta les circonstances merveilleuses du supplice. Pour lui, il regrettait amèrement d'avoir accompli cette œuvre d'iniquité; il désespérait même de jamais obtenir son pardon, et s'écriait : « Mon péché est trop grand ! J'ai brûlé une sainte ! »

Un soldat anglais, qui haïssait mortellement l'ennemie de son pays, s'était vanté d'apporter un fagot au bûcher. Il le fit; mais aussitôt il demeura comme foudroyé. Il se repentit et protesta devant un Frère-Prêcheur qu'il considérait désormais la victime comme une sainte. C'est lui qui fut favorisé de cette vision que nous avons relatée au chapitre précédent : l'âme de la Pucelle, sortant, sous la forme d'une blanche colombe, du sein des flammes et s'envolant du côté de la France.

« J'ai entendu raconter par plusieurs personnes, déclare à son tour le prieur Thomas-Marie, qu'on vit briller le nom de Jésus parmi les flammes du bûcher de Jeanne. »

« On avait brûlé une sainte ! » Le peuple de Rouen qui avait assisté au supplice, en était pleinement convaincu; il ne cachait pas son mépris pour les juges de la Pucelle, et montrait du doigt « les bourreaux de Jeanne. » Pour arrêter l'expression trop manifeste de la sympathie générale, les Anglais durent même employer la force armée.

Quant aux auteurs du crime, froissés dans leur orgueil
par cette réprobation publique, ils redressaient la tête et
affectaient la plus grande tranquillité d'âme. Le lendemain
du supplice, en la fête du Saint-Sacrement, Pierre Cauchon
officia pontificalement dans la cathédrale de Rouen. Il était
résolu à braver le mépris des hommes, peut-être aussi la
colère de Dieu. Pour se garantir contre les représailles éven-
tuelles de la justice humaine, il obtint du roi d'Angleterre des
lettres qui le plaçaient, lui et ses complices, sous la protection spéciale du monarque. Puis il essaya d'étouffer les mille
voix qui plaidaient la cause de sa victime. Il rédigea le rapport apocryphe dont nous avons parlé plus haut, ce rapport
où la Pucelle « renie ses Voix. » A son instigation, le
monarque anglais adressa à l'empereur, aux rois, ducs et
princes de la chrétienté une lettre dans laquelle étaient longuement énumérés « les blasphèmes et actes d'impiété »
reprochés à la Pucelle et les motifs de sa condamnation.
L'Université de Paris, à son tour, eut soin de se disculper :
elle prit la précaution de renseigner le pape (Eugène IV) et le
collège des cardinaux « sur la régularité du procès et l'indulgence des juges à l'égard de l'accusée. »

Mais Dieu résiste aux superbes ; on le vit une fois de plus.
Il semble bien que la grande préoccupation du juge de l'héroïne ait été de paraître irréprochable aux yeux de la postérité ; or ce sera là précisément son châtiment. Pierre Cauchon
n'aura point la récompense qu'il attendait de sa forfaiture.
L'archevêché de Rouen lui sera refusé ; promu au siège de
Lisieux, il mourra, frappé d'apoplexie, entre les mains de son

barbier, sans qu'on sache si le repentir a racheté la faute. Et cet homme qui a pris tant de soin pour cacher son iniquité, sera à tout jamais rangé parmi les juges prévaricateurs dont la froide cruauté a étonné les générations humaines (1). Toute la perfidie du Procès de Rouen sera dévoilée, à l'honneur de la victime, à la honte du bourreau !

Nous n'étalerons point ici les noms de ses complices. La justice divine a passé sur eux ! Lâches ou coupables, qu'ils demeurent à jamais ensevelis dans les ténèbres de l'oubli, ce second linceul des morts ! Nous avons hâte d'arriver à l'œuvre de réparation, inaugurée par Charles VII le Victorieux, qui était enfin sorti de sa torpeur (2), puis solennellement reprise au nom de l'Église et poursuivie avec une inlas-

---

(1) « Per corruptissimos judices. » *Office de la B*. — Résumons ici, brièvement, les dernières années de Pierre Cauchon. Il assista en 1434 au tumultueux concile de Bâle qui, déchirant la robe de l'Eglise, attribuait aux assemblées conciliaires la suprématie qui n'appartient qu'au Pape. Il encourut les censures pontificales, non pour le meurtre juridique de Rouen, mais pour avoir refusé de payer les droits dus à la Chambre apostolique pour son transfert du siége de Beauvais à celui de Lisieux. On ne saurait l'accuser d'avarice : il distribua ou légua sa fortune en œuvres pies. Il expira, de la façon tragique que nous avons racontée, le 18 décembre 1442, dans son manoir de Rouen, fut transporté à Lisieux et inhumé dans une des chapelles de sa cathédrale : chapelle qu'il avait, sinon érigée, au moins achevée et embellie, et qui demeure un des monuments les plus exquis de cette époque. Son mausolée, en marbre noir recouvert d'une statue en marbre blanc qui le représentait mitre en tête et crosse en main, fut profané et mutilé au XVIII° siècle (postérieurement à 1763) ; il a été reconstitué en 1903. Voir de Formeville, *Histoire de l'évêché de Lisieux*, t. II.

(2) Lettre du 15 janvier 1449 à maître Guillaume Bouillé. Charles VII s'éteignit à Mehun-sur-Yèvre, le 22 juillet 1461. Avant d'expirer, il eut un mot de repentir. « Il est bon, murmura-t-il, que le plus grand pécheur de la terre meure le jour de sainte Madeleine, la pécheresse convertie. »

sable persévérance par les pontifes qui se succèdent sur le siège de Pierre, de Calixte III à Pie X.

Le 7 novembre 1455, sous les voûtes de Notre-Dame de Paris, de cette basilique où la France a tour à tour chanté ses triomphes et pleuré ses malheurs, la foule se pressait, haletante, émue comme on l'est en face des grandes iniquités de la terre. Une femme en deuil, courbée par l'âge, les yeux voilés par les larmes, s'avançait, appuyée au bras de l'un de ses fils, vers un auguste tribunal où siégeaient les délégués pontificaux, Jean Jouvenel des Ursins, archevêque de Reims, Guillaume Chartier, évêque de Paris, et Richard de Longueil, évêque de Coutances. Elle demandait justice pour sa fille, indignement condamnée et plus odieusement flétrie, vingt-quatre ans auparavant, par des juges vendus; et elle en appelait de leur sentence au Siège apostolique, « ce dernier refuge des opprimés. » Et cette femme, c'était la mère de Jeanne d'Arc. Le peuple, ému par tant de douleur et ressuscitant par la pensée la radieuse figure de la Pucelle d'Orléans, se joignit à elle pour crier : « Justice ! Justice ! »

Cent douze témoins furent entendus, personnes de tout rang et de tout pays ; des paysans comme Durand Laxard et Gérardin d'Epinal ; des amies intimes comme Hauviette et Mengette ; des guerriers comme le duc d'Alençon et Dunois ; des acteurs du procès comme le frère Martin Ladvenu, l'huissier Massieu, le greffier Manchon et ce docteur Thomas de Courcelles qui a postulé contre Jeanne le supplice de la question et qui ne trouve plus rien pour défendre le juge qu'il a si fortement secondé (1).

Les audiences se terminèrent l'année suivante dans la ville de Rouen, revenue à son légitime souverain. Ne convenait-il pas que les mêmes lieux qui avaient été le théâtre de l'injustice, fussent aussi témoins de la réparation ? Le 14 juillet 1456, la forfaiture des premiers juges était démontrée, et leur sentence publiquement lacérée, le lendemain, sur cette même place du Vieux-Marché où s'était dressé l'échafaud de la Pucelle (2). Peu de temps après, Calixte III, dûment informé, vengeait la mémoire de la martyre de Rouen et portait un premier verdict de réhabilitation, fondé sur le seul témoignage des contemporains. Aujourd'hui, plus de doute ni d'incertitude. L'Église, cette mère des âmes qui n'abandonne ni n'oublie jamais les siens, l'Église a de nouveau évoqué ce procès. Elle a interrogé le tribunal du Très-Haut, le seul dont elle relève ; puis elle a dit au monde, par la voix de Pie X, ce qu'elle a vu : le nom de la vierge domrémoise inscrit là-haut, au Livre de vie.

Le 18 avril 1909 (date mémorable !), dans la basilique vati-

____

(1) C'est ce même docteur qui a traduit et classé les pièces du procès de condamnation.

(2) « Nous décrétons que les dits procès et sentences entachés de dol, calomnie, de contradiction et d'erreur manifeste, en fait et en droit, y compris l'abjuration susdite, les exécutions et toutes leurs conséquences, ont été nuls, sans valeur, sans effet et mis à néant ;

« Ordonnant que notre présente sentence aura de suite son exécution ou promulgation dans cette ville en deux endroits : à savoir, l'un ici près, sur la place Saint-Ouen, à la suite d'une procession publique et d'un sermon général ; l'autre, demain, au Vieux-Marché, c'est-à-dire au lieu même où Jeanne a été étouffée ; avec une prédication solennelle et la plantation d'une haute croix pour en perpétuer éternellement le souvenir (*Procès*, t. III, p. 355). »

cane, Jeanne d'Arc était proclamée Bienheureuse. en présence de soixante-dix évêques et de 50.000 pèlerins français, en tête desquels on distinguait 150 descendants de la famille de la Pucelle. Le lendemain. Pie X, traversant les rangs pressés des pèlerins français. eut un beau geste; il saisit le drapeau tricolore et le baisa, en signe de réconciliation avec la fille aînée de l'Église et comme gage de bénédiction pour l'avenir.

Le 18 avril, la papauté a prononcé sur Jeanne d'Arc le mot qu'on attendait. Les chroniqueurs de son époque ont raconté. dans leur style naïf et coloré, l'incomparable épopée de la délivrance nationale; « les mystères » d'Orléans ont popularisé son nom; les princes de l'art, Ingres, Paul Delaroche, Foyatier, Chapu, Frémiet, se sont ingéniés à reproduire ses traits; les orateurs de la chaire. Frayssinous, Dupanloup, Freppel, ont mis en relief la sublimité de sa vocation providentielle; les poètes et les dramaturges, français ou étrangers, Casimir Delavigne dans ses *Messéniennes*, l'espagnol Lope de Véga, l'anglais Shakespeare, ont trouvé pour elle des accents émus; Shakespeare surtout, lui qui n'a pas craint de dire à ses compatriotes : « Jeanne, *la mal jugée*, a été vierge et, dès sa plus tendre enfance, chaste et immaculée dans toutes ses pensées, et son sang virginal, répandu par vous. criera vengeance aux portes du ciel (1). » Voltaire l'a insultée ; et c'est encore un hommage, l'hommage involontaire que le vice rend à la vertu. L'Église, elle, passant à son tour devant

---

(1) *Le roi Henri VI* : acte IV, scène IV. — L'allemand Schiller n'a pas compris la vierge domrémoise ; trop de passion érotique, et à faux.

cette grande figure du haut moyèn-âge, n'a considéré et pré-
conisé en elle que *la Sainte*, l'excellence de ses mérites,
l'héroïcité de ses vertus; mais par le fait même qu'elle lui
érige des autels, elle pose dans ses mains une palme et sur
son front un diadème près desquels pâlira toujours tout ce
qui est d'origine simplement humaine.

Mais la Pucelle n'est pas seulement une sainte; elle est
une sainte à part. D'autres femmes ont sauvé leur pays ou
tenu dans leurs mains le sceptre de l'autorité : Esther, Judith,
Débora, chez le peuple d'Israël; en France, sainte Clotilde
qui donna la France naissante à l'Église, et sainte Geneviève,
qui sauva Paris des hordes d'Attila. Notre Bienheureuse les
éclipse toutes par l'importance sociale de sa mission et l'éclat
de ses vertus. A elle toutes les auréoles! Vierge, elle sait
résister aux séductions du monde, au milieu des camps, à la
cour, aussi bien que dans son village. Héroïne, soldat pendant la lutte, elle s'établit sœur de charité après le combat.
Martyre, elle expie les crimes de ses contemporains et paie
de son sang la rançon de la France. Libératrice, toujours. Elle
est une gloire, une espérance, un drapeau : être vraiment idéal
en qui bat le cœur de la France chrétienne de tous les temps.

Aussi la seule annonce des fêtes du triduum traditionnel
souleva-t-elle, par toute la France, un enthousiasme que ne
purent refroidir ni l'abstention des pouvoirs publics ni l'hostilité des Loges maçonniques. Ces fêtes se prolongèrent, pendant toute une année (1909-1910) en une longue ovation, spontanée, délirante, délicieusement harmonieuse. C'étaient les
prémices d'un culte de reconnaissance et de vénération qui

va toujours grandissant. Déjà on commence à bâtir des
temples sous le vocable de la martyre de Rouen (1) ; on l'invoque avec confiance. Sa fête liturgique, qui deviendra
demain la *fête nationale*, réunit au pied des autels toutes
les classes de la société. En ce jour-là, les imaginations
s'éprennent de la beauté de cette figure virginale ; les fronts
s'inclinent respectueusement, les cœurs s'épuisent à la
louange, et le mot d'un de ses panégyristes de 1910 est toujours
vrai :

« Toutes ces voix qui s'unissent, d'un bout à l'autre du
pays, en de vibrantes acclamations : voix de la montagne et
de la plaine ; voix des villes et des hameaux ; voix de l'enfance, de la jeunesse, de l'âge mûr et de la vieillesse ; voix
des champs, de l'usine et de l'atelier ; voix des cloches, bour-
dons des cathédrales, cloches et clochettes des villages, des
monastères et des écoles catholiques, qui donc chantent-
elles (2) ? » Elles chantent, dans un concert qui ne se taira
plus :

La vierge de Domrémy ;
La Pucelle d'Orléans ;
La triomphatrice de Reims ;
La martyre de Rouen ;

----

(1) Compiègne donne l'exemple. Le 5 juin 1911, Mgr l'évêque de Beauvais
bénissait la première pierre d'une église dédiée à la Libératrice et construite, sur la rive droite de l'Oise, à l'endroit même où Jeanne, désar-
çonnée, fut faite prisonnière.

(2) Chanoine CROSNIER. *Revue des facultés catholiques de l'Ouest*, février
1910, p. 291.

La patronne de la France moderne;
L'ange tutélaire de la patrie (1).

Trois guérisons miraculeuses

Voici les trois guérisons miraculeuses examinées et approuvées
par la Congrégation des Rites, pour la béatification de la Pucelle.
— En 1891, sœur Jeanne-Marie Sagnier, de la congrégation de
la Sainte-Famille, à Fruges (diocèse d'Arras) : guérie d'une périos-
tite tuberculeuse. — En 1893, à Faverolles (diocèse d'Evreux),
Julie Gauthier, de la congrégation de la divine Providence : d'un
ulcère cancéreux au sein gauche. — En 1900, à Orléans, sœur
Thérèse de Saint-Augustin, bénédictine du Calvaire : d'un ulcère
à l'estomac.

On a relevé, depuis les fêtes de la béatification, de nouvelles
faveurs réputées miraculeuses; et l'évêque d'Orléans est actuel-
lement en instance à Rome pour obtenir la canonisation de la
Libératrice nationale.

(1) « Patrona Galliæ. Tutrix et custos patriæ. » *Office de la B*

TABLE DES MATIÈRES

TABLE DES GRAVURES

ANGERS, IMP. J. SIRAUDEAU. — 12-4098